문화로 배우는 타이어 강독

การอ่านภาษาไทยผ่านวัฒนธรรม

| 김홍구 · 쑤찬야 · 파니따 공저 |

부산외국어대학교 출판부

문화로 배우는 타이어 강독

การอ่านภาษาไทยผ่านวัฒนธรรม

2016년 2월 29일 초판1쇄 발행

저　자/ 김홍구 · 쑤찬야 · 파니따
발행인/ 정 해 린
발행처/ 부산외국어대학교 출판부
등　록/ 제 14-11-15호
주　소/ 46234 부산 금정구 금샘로485번길 65
전　화/ 051) 509-6466~7 팩스/ 051) 509-6468
인터넷/ http://press.bufs.ac.kr
편　집/ 주간 · 김동하, 디자인 · 황은석
인쇄처/ 세종문화사 (051) 463-5898
공급처/ 한국출판협동조합 (02) 716-5616~9

* 이 도서는 부산외국어대학의 연구활동을 진작시키고
  출판물의 저작 · 보급을 촉진하기 위해
  도서개발 연구비가 지원된 도서입니다.

ISBN 978-89-8312-414-2　93730

정가 28,000 원

머리말

국내에서 발간된 타이어 책들은 대부분 회화 책들이다. 그래서 타이어를 보다 다양하고 깊이 있게 공부하려는 사람들은 그 이상의 내용을 담고 있는 책에 대한 필요성을 항상 느끼게 된다. 필자는 이에 부응하고자 2005 년 『종합태국어』를 발간한 바 있다. 이번에 발간되는 『문화로 배우는 타이어 강독』의 차이점은 다양한 태국의 문화를 언어와 접목해 독자들이 지루하지 않게 타이어를 배울 수 있도록 했다는 점 일 것이다.

모두 3 부로 이루어진 이 책의 구성과 특징은 다음과 같다.

1 부에서는 타이어의 특징과 문장구조에 대해서 설명을 하고 있다. 2 부 강독은 대주제 7 개-지리, 역사, 사회, 중요행사일, 종교, 예술과 전통, 음식-와 82 개의 소주제로 구성된다. 태국 문화와 관련된 거의 모든 주제들이 망라되어있다.

각 주제들의 양은 많지 않지만, 꼭 필요한 내용만을 소개했다. 그것이 학습에 도움이 될 것이라는 판단에서였다. 각 주제는 문장해석, 어휘와 발음정리, 문법과 표현설명, 연습문제 등으로 구성되어 있다. 학습자들이 따라 읽기 쉽게 단어와 예문들을 모두 한국어로 발음표기하고 성조표기도 함께 해두었다. 주제 마지막 부분에서 관련 사진과 함께 문화적인 내용을 보완해 둔 것도 이 책의 특징이라고 할 수 있다.

3 부에서는 소주제에서 제시한 연습문제 해답을 정리했으며, 마지막으로 색인을 달아 두었다. 색인에 실린 타이어의 중요한 표현과 숙어들을 본문에서 찾아보면 자연스럽게 문법과 작문공부에 도움을 줄 수 있도록 했다. 각 주제의 타이어 본문과 단어들을 모두 CD 에 녹음해 혼자서도 따라 읽기와 듣기 공부를 할 수 있게 했다.

이 책은 3 인 공동작업의 결과물이다. 자료수집, 문장편집과 해석, 어휘와 발음정리, 문법설명, 타이어 녹음, 태국 문화 설명, 색인작업에 이르기까지 각자의 책임분담을 통해 이뤄졌다. 자료수집, 문장편집 등은 치양마이 랏차팟 대학교 태국어과 쑤찬야 웡웻 교수, 어휘와 발음

정리, 색인과 사진자료 정리는 부산외국어대학교 태국어과 파니따 따키얀까오 교수, 한국어 해석과 문법설명, 문화설명 등은 부산외국어대학교 태국어과 김홍구 교수가 담당했다. 또 녹음은 쑤찬야 윙웻 교수와 파니따 따키얀까오 교수가 공동작업을 했다. 때에 따라서는 각자가 맡은 부분을 뛰어 넘어 공동으로 작업한 부분도 적지 않으며 이 점에서 파니따 교수의 노고가 컸다. 이외에도 까다로운 타이어 편집을 맡아 준 부산외국어대학교 석사과정 재학 중인 나릿싸 까녹왓타나메타 양의 노고를 빼 놓을 수 없다.

끝으로 이 책의 출간 및 편집과정에서 아낌 없는 배려를 해주신 도서관장 박경수 교수님과 황은석 선생님, 세종출판사 관계자 여러분께 머리 숙여 감사 드린다.

부산외대 연구실에서 세 명의 필자를 대표하여
2016 년 2 월 김홍구 씀

목　차

제 1 부
타이어의 특징과 구문론

I. 타이어의 특징

타이어는 쑤코타이왕조(Sukhothai) 람캄행대왕(Ramkhamhaeng : 1279 년-1298 년)이 남인도계 문자에서 유래된 몬(Mon)과 크메르(Khmer) 문자를 기본으로 하여 1283 년에 창제했다. 이후, 타이어는 여러 차례 개정이 되었다. 현재 사용되고 있는 타이어는 라마 1세(Rama Ⅰ : 1782 년-1809 년) 때 개정된 것이다.

타이어의 주요 특징

1) 타이어는 단음절로, 성립되는 단어가 굴절하지 않는 고립어로서 인칭, 시제, 태, 법 등에 따른 어형의 변화가 없이 어순과 단어끼리의 연결방법에 따라 구문이 이해되고, 문법기능이 형성된다.

ฉันอ่านหนังสือ　　나는 책을 읽는다.
ˇ \ ˇ ˇ
찬 아-ㄴ 낭 쓰-

พวกเราอ่านหนังสือ　　우리는 책을 읽는다.
^ \ ˇ ˇ
푸-웍 라오 아-ㄴ 낭 쓰-

ปีนี้อากาศอบอุ่น　　올해는 날씨가 따뜻하다.
/ \ \ \
삐- 니- 아- 까-ㅅ 옵 운

ปีก่อนอากาศอบอุ่น　　작년에는 날씨가 따뜻했다.
\ \ \ \
삐- 꺼-ㄴ 아- 까-ㅅ 옵 운

2) 타이어의 문장구조는 영어와 같은 기본구조를 가지고 있다.

주어 + 동사 + 목적어

부사는 주어와 동사 또는 동사와 목적어 사이에 위치할 수 없다. 보통 시간부사 또는 장소부사는 문장의 끝 또는 시작부분에 위치하는데 비해 양태부사는 문장 끝에만 위치할 수 있다.

시간부사인 경우 :

เขาออกกำลังกายตอนเช้า　　그는 아침에 운동한다.
ˇ \ /
카오 어-ㄱ 깜 랑 까-이 떠-ㄴ 차오

ตอนเช้าเขาออกกำลังกาย　　아침에 그는 운동한다.
/ ˇ \
떠-ㄴ 차오 카오 어-ㄱ 깜 랑 까-이

장소부사인 경우 :

เขามีบ้านที่ประเทศเกาหลี　　그는 한국에 집이 있는다.
ˇ ^ ^ \ ^ ˇ
카오 미- 바-ㄴ 티- 쁘라 테-ㅅ 까올 리-

ที่ประเทศเกาหลีเขามีบ้าน　　한국에 그는 집이 있는다.
^ \ ^ ˇ ˇ ^
티- 쁘라 테-ㅅ 까올 리- 카오 미- 바-ㄴ

양태부사인 경우 :

เขาออกกำลังกายบ่อยมาก　　그는 자주 운동 한다.
ˇ \ \ ^
카오 어-ㄱ 깜 랑 까-이 버-이 마-ㄱ

3) 형용사 또는 부사는 보통 수식하는 단어 뒤에 위치한다.

หนุ่มหล่อ　　멋진 남자
\ \
눔 러-

หมาอ้วน　　뚱뚱한 개
v ^
마- 우-원

หนาวมาก　　매우 춥다.
v ^
나-우 마-ㄱ

นอนแล้ว　　이미 잤다.
/
너-ㄴ 래-우

4) 영어의 "be 동사" 뒤에 오는 형용사는 타이어에서는 동사로 간주된다.

คนนี้ดี　　이 사람은 좋다.
/
콘 니- 디-

กระเป๋านี้เก่า　　이 가방은 오래되었다.
\ v / \
끄라 빠오 니- 까오

5) 타이어에는 관사가 없다.

6) 타이어에서 시제는 중요하지 않다. 시제는 어형 또는 문장의 구조를 변화시키지 않는다. 타이어는 시간부사를 이용하여 문장 시제를 만든다.

เดือนก่อนเขาอยู่เกาหลี　지난 달에 그는 한국에 있었다.

\ v \ v

드-언 꺼-ㄴ 카오 유- 까올 리-

ตอนนี้เขาอยู่ไทย　지금 그는 태국에 있다.

/ v \

떠-ㄴ 니- 카오 유- 타이

또한 문장 시제를 명백하게 만들어 주는 보조동사와 부사가 있다.

① กำลัง 현재(과거)진행형을 나타낸다.

ฉันกำลังทำงาน　그는 일을 하고 있다.

v

찬 깜 랑 탐 응아-ㄴ

② กำลัง...อยู่, ...อยู่ 현재진행형을 나타낸다.

เขากำลังขับรถอยู่, เขาขับรถอยู่　그는 운전하고 있는 중이다.

v \ / \ v \ / \

카오 깜 랑 캅 롯 유-, 카오 캅 롯 유-

③ ...มา 현재완료시제를 나타낸다.

เขาทำงานที่เกาหลีมา 2 ปีแล้ว　그는 2 년동안 한국에서 일했다.

v ^ v v /

카오 탐 응아-ㄴ 티- 까올 리- 마- 써-ㅇ 삐- 래-우

④ จะ... 미래시제를 나타낸다.

เขาจะไปที่ห้องสมุด　그는 도서관에 갈 것이다.

v \ ^ ^ \ \

카오 짜 빠이 티- 허-ㅇ 싸 뭇

⑤ กำลังจะ... 가까운 미래시제를 나타낸다.

เขากำลังจะเรียนจบ　그는 곧 졸업할 것이다.

v \ \

카오 깜 랑 짜 리-얀 쫍

⑥ ได้... 과거시제를 나타낸다.

เขาได้พบเพื่อน　　　　　　그는 친구를 만났다.

v ^ / ^
카오 다이 폼 프-언

⑦ ...แล้ว 과거시제나 완료시제를 나타낸다.

คุณแม่ทำอาหารเสร็จแล้ว　엄마가 벌써 요리를 하셨다.

^ v \ /
쿤 매- 탐 아- 하-ㄴ 쎗 래-우

เขากลับประเทศไทยแล้ว　　그는 태국에 돌아갔다.

v \ \ ^ /
카오 끌랍 쁘라 테-ㅅ 타이 래-우

7) 타이어에는 사물을 세는 유별사라 부르는 품사가 잘 발달되어 있는 데 셀 수 있는 대상을 가르키는 모든 명사는 일정한 유별사를 갖고 있으며 그 명사가 수사 (양사를 포함) 또는 지시사, 형용사를 갖는 경우에 쓰인다.

บ้าน 2 หลัง　　　　　　　집 2 채 (หลัง 집을 세는 유별사)

^ v v
바-ㄴ 써-ㅇ 랑

รองเท้าคู่นี้　　　　　　　이 신발 (คู่ 신발을 세는 유별사)

/ ^ /
러-ㅇ 타오 쿠- 니-

8) 하나의 단어는 다른 기능과 의미를 가질 수 있다. 그 단어가 문장내에 어디에 위치하는냐에 따라 달라진다.

ฉันสระผม　　　　　　　　나는 머리를 감는다. (สระ 는 동사)

v \ v
찬 싸 폼

น้องว่ายน้ำอยู่ในสระ　　동생은 수영장에서 수영을 하고
/　　^　　/　\　　\
너-ㅇ 와-이 남 유- 나이 싸　　있다. (สระ 는 명사)

9) 타이어는 단음절어인 까닭에 동음어가 많아 이를 구별하기 위해서 모든 음절 또는 단어가 성조를 갖는다. 처음과 끝이 같은 단어라도 성조가 다르면 다른 단어로 간주하게 되고 또한 다른 의미를 갖는다.

ปา	빠	던지다
ป่า	\ 빠	숲
ป้า	^ 빠	고모

10) 타이어에는 문장부호 - 마침표, 쉼표, 물음표 - 가 거의 사용되지 않는다. 만약 사용되었다면 그것은 영어의 영향을 받은 것이다. 마침표를 사용하는 경우도 있는데 그것은 축약의 의미이다. 예를 들면 พ.ศ. (พุทธศักราช 불력) ด. ญ. (เด็กหญิง 소녀…)

타이어에만 사용되는 문장부호는 다음과 같다.
① ฯ (ไปยาลน้อย) 단어뒤에 생략된 몇 단어가 더 있다는 것을 나타내기 위해 사용된다. 예를 들면 กรุงเทพฯ (방콕), กรุงเทพ 뒤에 ฯ 은 태국수도의 정식명칭이 3 줄 정도로 길다는 것을 말해준다.
② ฯลฯ (ไปยาลใหญ่) 단어뒤에 생략된 몇 단어들이 더 있다는 것을 나타내기 위해 사용된다. 예를 들면 ผลไม้ไทยมีหลายชนิด เช่น ทุเรียน มังคุด มะม่วง ฯลฯ (태국 과일들은 여러 종류가 있다. 예를

들면 투리안, 망고스틴, 망고 등등…)

③ ๆ (ไม้ยมก) 단어, 구, 문장 등을 반복할 때 사용한다. 예를 들면 เสื้อสีขาวๆ (하얀 옷)을 เสื้อสีขาวขาว 으로 읽어야 한다. ๆ 은 반복하는 단어가 동일한 철자, 발음, 의미를 가질 때에만 사용될 수 있다.

11) 일반적으로 명확한 의미를 만들고자 할 때를 제외하고는 영어와 마찬가지로 문장내의 단어간에 띄어쓰기가 없다. 올바른 자리에 띄어쓰기를 할 수 있다는 것은 아마 오랜 세월 습득한 언어의 감각에 의존된다고 볼 수 있다.

ครอบครัวของฉันมีสี่คน มีพ่อ แม่ น้องสาว และฉัน

내 가족은 아버지, 어머니, 동생 그리고 나 네 명이 있다.

12) 타이어는 계동사(be 동사)와 일부 전치사의 생략이 가능하다.

นี่สามีฉัน 여기는 내 남편이다.
^ ˇ ˇ
니- 싸- 미- 찬

ผมเธอสวย 그녀의 머리 가락은 예쁘다.
ˇ ˇ
폼 트ㅓ- 쑤-워이

พ่อไปบริษัท 아버지는 회사에 가신다.
^ / \
퍼- 빠이 버- 리 싿

แม่อยู่บ้าน 어머니는 집에 계신다.
^ \ ^
매- 유- 바-ㄴ

13) 존재사가 문장 앞에 오면 무주어 문장도 가능하다.

มีปลาในแม่น้ำ 강에 물고기가 있다.

^ /
미- 쁠라- 나이 매- 남

มีคนมาที่บ้าน 집에 온 사람이 있다.

^ ^
미- 콘 마- 티- 바-ㄴ

14) 동사가 없는 문장이 가능하다. 이 때는 특정한 명사가 술어 역할을 한다.

คุณอายุเท่าไร 당신은 나이가 얼마입니까?

/ ^
쿤 아- 유 타오 라이

เธอชื่อสมหญิง 그녀 이름은 쏨잉이다.

^ v v
트ㅓ- 츠- 쏨 잉

15) 경어법

태국은 전통적으로 계급사회였기 때문에 경어가 발달되어 있다. 타이어의 경어는 인칭대명사, 문미에 붙이는 종조사 남성은 ครับ, 여성은 ค่ะ 와 고급 용어를 사용함으로써 만들어진다. 인칭대명사는 화자와 청자의 신분 관계, 친밀도, 남성과 여성, 상황 등에 따라 대단히 풍부하고 복잡한 체계로 되어 있다. 타이어는 국왕 및 왕실에 대한 경어법과 승려에 대한 경어법을 사용한다. 이러한 경어는 주로 명사와 동사에서 산스크리트어·캄보디아어 및 타이 고어 등의 특수 어휘를 사용한다. 예를 들어, 일반인의 눈은 ตา 라고 하지만 왕족의 눈은 พระเนตร 이라고 부른다. 친구 사이에 사용하는 '먹다'라는 동사는 กิน 인데, 불교의 승려들에게는 ฉัน 이라고 표현하며 왕족의 경우는 เสวย 라고 한다.

16) 다양한 외래어

타이어의 어휘는 고유어와 빨리어·산스크리트어 계통의 외래어, 캄보디아어로부터 유래한 외래어, 근래의 서양어 주로 영어 계통의 외래어로 나눌 수 있다. 타이어 고유어 어휘는 단음절로 이루어져 있으며, 일상적으로 사용되는 기본 어휘에 많다. 빨리어·산스크리트어 계열의 어휘는 한국어에서 한자어가 차지하는 위상과 비슷한데, 불교를 받아들이면서 흡수한 어휘가 상당 부분을 차지한다. 캄보디아어계의 어휘는 주로 궁중 용어에 많다. 근래에는 영어를 중심으로 한 서양어 어휘를 다수 받아들이고 있다. 그러나 타이어 음운 규칙에 맞추어 그 음이 변화하기 때문에 한국인 기준으로 보면 원어와 상당한 차이를 보이는 경우가 많다.

Ⅱ. 구문론

1. 타이어의 문형

타이어의 기본문형은 술어의 구성에 따라 체언술어문, 동사술어문, 형용사술어문으로 구분할수 있다.

(1) 체언술어문

체언 또는 체언구가 술어의 중요 성분이 된 문을 말한다. 체언 및 체언구가 계동사라는 계사와 맺어진 술어는 주어에 대하여 판단 및 설명의 구실을 하며, 술어을 이루는 체언 및 체언구는 주어를 보충하는 주격보어가 된다.

• 주어 + 계동사 + 체언

คุณพ่อเป็นตำรวจ　　아버지는 경찰이다.

^　\
쿤 퍼- 뻰 땀 루-윋

นี่คืออาจารย์　　여기는 교수님이다.

^
니- 크- 아- 짜-ㄴ

• 주어+계동사+체언구

นี่เป็นเงินของฉัน　　이것은 나의 돈이다.

^　v　v
니- 뻰 응으ㅓ-ㄴ 커-ㅇ 찬

รถคันนี้เป็นของเขา　　이 자동차는 그의 것이다.
/ / v v
롯 칸 니- 뻰 커-ㅇ 카오

(2) 형용사술어문

형용사가 보통명사와 물질명사 다음에 직접 올 때는 한정어의 구실을 하고, 고유명사,대명사, 지시형용사 다음에 올 때는 술어의 구실을 한다. 형용사가 술어의 구실을 하는 문을 형용사술어문이라 한다. 형용사는 사람 또는 사물의 성질 상태 및 형상을 나타내는 것이므로 형용사술어문의 술어는 주어가 나타내는 사람 또는 사물의 성질, 상태,형상을 "어떠하다" 고 묘사한 것이다.

• 주어 + 형용사

เธออ้วน　　그녀는 뚱뚱하다.
^
트ㅓ- 우-원

เธอสูง　　그녀는 키가 크다.
v
트ㅓ- 쑤-ㅇ

เขาใจร้อน　　그는 성급하다.
v /
카오 짜이 러-ㄴ

(3) 동사술어문

동사가 술어 구실을 하는 문을 동사술어문이라 한다. 동사는 원래 동작, 행위, 변화를 나타내므로 동사술어문의 술어는 주어가 제시하는 사람이나 사물의 동작, 행위, 변화를 진술한다.

• 주어 + 동사

น้องร้องไห้ 동생이 울다.

/ / ^

너-ㅇ 러-ㅇ 하이

พวกเราเดิน 우리는 걷는다.

^

푸-워 라오 드ㅓ-ㄴ

• 주어 + 동사 + 목적어

พวกเราดื่มกาแฟ 우리는 커피를 마신다.

^ \

푸-워 라오 드-ㅁ 까- 쾌-

เขาเล่นฟุตบอล 그는 축구를 한다.

v ^ /

카오 레-ㄴ 풋 버-ㄴ

• 주어 + 동사 + 직접목적어 + 간접목적어

เด็กขอขนมคุณครู 아이가 선생님에게 과자를 요구한다.

\ v \ v

덱 커- 카놈 쿤 크루-

คุณพ่อรดน้ำต้นไม้ 아버지가 나무에 물을 뿌린다.

^ / / ^ /

쿤 퍼- 롯 남 똔 마이

• 주어 + 동사 + 목적어 + 보어

เราเรียกมันว่าเจ้าตูบ 우리는 그 것을 "짜오뚭" 이라고 불렀다.

^ ^ ^ \

라오 리-약 만 와- 짜오 뚜-ㅂ

ประชาชนเลือกเขาเป็นผู้นำประเทศ 국민은 그를 국가 지도자로 선출했다.

\ ^ v ^ \ ^
쁘라 차- 촌 르-억 카오 뻰 푸- 남 쁘라 테-ㅅ

상기 예문에서 목적보어는 전치사 "ว่า" (~라고) 와 "เป็น" (~으로)을 수반하고 있다.

2. 문의 종류

타이어 문장은 의미상, 구문상으로 분류할 수 있다.

(1) 의미상의 분류

타이어 문장의 종류를 의미상으로 살펴보면 긍정문, 부정문, 의문문, 명령문 그리고 감탄문으로 나눌 수 있다.

① 긍정문

사실을 서술하는 문장이다.

เราไปสวนสนุก v \ \ 라오 빠이 쑤-원 싸 눅	우리는 놀이공원에 간다.
ดิฉันดื่มน้ำ \ v \ / 디 찬 드-ㅁ 남	나는 물을 마신다.
เขาพบอาจารย์ v / 카오 폽 아- 짜-ㄴ	그는 교수를 만난다.
ผู้ชายคนนั้นสูง ^ / v 푸- 차-이 콘 난 쑤-ㅇ	그 남자는 키가 크다.

② 부정문

사실을 부정하는 문장이다. 타이어의 부정문은 긍정문의 동사 혹은 조동사앞에 부정부사 ไม่ 를 사용하여 나타낸다. 체언술어문의 경우는 계동사 เป็น 앞에 ไม่ใช่ 를 사용하여 나타낸다.

เขาไม่ไปโรงเรียน　　그는 학교에 가지 않는다.

v ^

카오 마이 빠이 로-ㅇ 리-얀

ฉันไม่ใช่ลูกของเขา　　나는 그의 자식이 아니다.

v ^ ^ ^ v v

찬 마이 차이 루-ㄱ 커-ㅇ 카오

พวกเราไม่กินผัก　　우리는 야채를 먹지 않는다.

^ ^ \

푸-웍 라오 마이 낀 팍

กาแฟแก้วนี้ไม่อร่อย　　이 커피는 맛있지 않다.

^ / ^ \ \

까- 왜- 깨-우 니- 마이 아 러-이

แม่กินเนื้อไก่ไม่ได้　　어머니는 닭고기를 먹을 수 없다.

^ / \ ^ ^

매- 낀 느-어 까이 마이 다이

③ 의문문

타이어의 의문문은 크게 2 가지로 나눌수 있다. 평서문의 끝에 의문사 ไหม 와 หรือ 를 사용하는 의문문과 의문대명사, 의문형용사, 의문부사(누가, 언제, 어디서, 무엇을, 어떻게, 왜)를 문장중의 각 위치에 사용하여 만드는 의문문이 있다.

가. ไหม,หรือ 를 사용한 의문문

의문사 ไหม 는 현재 및 미래 의문문을 만드는 동시에 상대방의 의사를 타진하는 의미를 가지며 부정문이나 과거 문장에는 절대로 사용할 수 없다. หรือ 는 시제와 상관없이 의문문을 만드나 상대방의 의사를 타진하는 것이 아니고 상황이나 상대방의 행위,동작, 의사 등을 확인하는 의미를 가진다.

คุณดื่มกาแฟไหม　　당신은 커피를 마시겠습니까?

\ v
쿤 드-ㅁ 까- 왜- 마이

ไปเดินเล่นไหม　　산책하러 가시겠습니까?

^ v
빠이 드ㅓ-ㄴ 레-ㄴ 마이

คุณเป็นคนวาดรูปนี้หรือ　　당신은 이 그림을 그린 사람이지요?

^ ^ / v
쿤 뻰 콘 와-ㅅ 루-ㅂ 니- 르-

จริงหรือ　　정말이지요?

v
찡 르-

หรือ 와 ไหม 는 특히 긍정부사 ใช่ (그렇습니다) 혹은 부정부사 ไม่ใช่ (그렇지 않습니다)와 결합하며, ใช่หรือ, ใช่ไหม, ไม่ใช่หรือ 는 หรือ 와 마찬가지로 시제와 관계없이 상대방의 행위, 동작, 의사 등을 확인하는 의미를 가진다.

คุณเป็นคนเชียงใหม่ใช่ไหม　　당신은 치앙마이사람 이지요?

\ ^ v
쿤 뻰 콘 치-양 마이 차이 마이

คุณเป็นคนเชียงใหม่ไม่ใช่หรือ　　당신은 치앙마이사람이 아닙니까?

\ ^ ^ v
쿤 뻰 콘 치-양 마이 마이 차이 르-

คุณเป็นคนเชียงใหม่ใช่หรือ 당신은 치앙마이사람 이지요?

\ ^ v
쿤 뻰 콘 치-양 마이 차이 르

(이럴 경우에는 ใช่หรือ 보다는 ใช่ไหม 를 사용함)

ไหม 가 형용사, 부사, 조동사 등과 함께 의문문을 이룰 때는 의사타진의 의미가 없고 상대나 상황을 확인하거나 능력이나 가능성을 확인하는 의미를 가진다.

เธอดื่มเหล้าเร็วไหม 그녀는 술을 빨리 마십니까?

\ ^ v
트ㅓ- 드-ㅁ 라오 레우 마이

ลูกสาวเขาน่ารักไหม 그의 딸은 귀엽습니까?

^ v v ^ / v
루-ㄱ 싸-우 카오 나- 락 마이

나. 의문사(누가,언제,어디서,무엇을,어떻게,왜)를 사용한 의문문

ใครเป็นเจ้านายคุณ 누가 당신의 고용주 입니까?

^
크라이 뻰 짜오 나-이 쿤

เมื่อไรคุณเรียนจบ 당신은 언제 졸업합니까?

^ \
므어 라이 쿤 리-얀 쫍

คุณทำงานที่ไหน 당신은 어디서 일합니까?

^ v
쿤 탐 응아-ㄴ 티- 나이

คุณกินอะไร 당신은 무엇을 먹습니까?

쿤 낀 아 라이

เราจะไปกันอย่างไร　　우리 어떻게 갈 것입니까?

라오 짜 빠이 깐 야-ㅇ 라이

ทำไมเธอไม่ตอบ　　그녀는 왜 대답하지 않아요?

탐 마이 트ㅓ- 마이 떠-ㅂ

อายุเท่าไร　　나이가 어떻게 됩니까?

아- 유 타오 라이

คุณมีพี่น้องกี่คน　　당신은 형제가 몇 명 있습니까?

쿤 미- 피- 너-ㅇ 끼- 콘

의문사를 사용한 문장이 항상 의문문이 되는 것은 아니며 불확정적인 내용을 표현할 수도 있다.

ใคร ๆ ก็อยากรวย　　누구라도 부자가 되고 싶어 한다.

크라이 크라이 꺼 야-ㄱ 루-워이

ไม่มีอะไรนอกจากความสุข　　행복밖에는 없다.

마이 미- 아 라이 너-ㄱ 짜-ㄱ 콰-ㅁ 쑥

④ 명령문

명령문은 명령, 권유, 종용, 의뢰, 간청, 금지의 뜻을 나타내는 문장으로 주로 주어가 생략되며, 평서문에 조동사를 전치 또는 후치하거나 동사만을 써서 만든다.

กินช้า ๆ　　　　천천히 먹어.

/　/
낀 차- 차-

ดูซิ　　　　보시오.

두- 씨

อย่าพูด　　　　말하지 마.

\　^
야- 푸-ㅅ

จงตอบ　　　　대답하시오.

\
쫑 떠-ㅂ

⑤ 감탄문

감탄문은 기쁨, 슬픔, 놀라움, 괴로움 등의 감정을 표현하며, 문장앞에 감탄사를 놓아 만들며 감탄사와 문장사이는 띄운다.

แหม น่ากินจัง　　　　아이! 맛있어 보이네.

v　^
매- 나- 낀 짱

โอ้ย เจ็บ　　　　앗! 아프다.

/　\
오이 쩹

ว๊าย ตกใจ　　　　아이고! 놀래라.

/　\
와-이 똑 짜이

(2) 구조상의 분류

문장의 구조상 [주부-술부]가 하나로 이루어져 있는지 혹은 둘

이상으로 이루어져 있는지에 따라 다음과 같이 3 종류로 나눌 수 있다.

① 단문

하나의 [주부-술부]로 이루어진 문장이다.

ผมเป็นพ่อของเขา　　나는 그의 아버지입니다.
ˇ ^ ˇ ˇ
폼 뻰 퍼- 커-ㅇ 카오

ดิฉันชื่อ รวิดา　　나는 라위다입니다.
\ ˇ ^ / /
디 찬 츠- 라 위 다-

ผมอยู่ชั้นปี 3　　나는 3 학년이다.
ˇ \ / ˇ
폼 유- 찬 삐- 싸-ㅁ

② 중문

둘 이상의 단문이 และ, แต่, หรือ 등의 등위 접속사로 결합한 문장이다.

ฉันอ่านหนังสือและน้องอาบน้ำ　　나는 책을 읽고 동생은 샤워한다.
ˇ \ ˇ ˇ / / \ /
찬 아-ㄴ 낭 쓰- 래 너-ㅇ 아-ㅂ 남

เธอใจดีแต่เขาใจร้าย　　그녀는 착하나 그는 나쁘다.
\ ˇ /
트ㅓ- 짜이 디- 때- 카오 짜이 라-이

เธอจะเรียนหรือเธอจะทำงาน 그녀가 공부를 할 것인가 혹은

\ v \

트ㅓ- 짜 리-얀 르- 트ㅓ- 짜 탐 응아-ㄴ 일을 할 것인가?

③ 복문

둘 이상의 단문이 종속접속사나 관계사에 의해 주절과 종속절로 이루어진 문장이다. 복문에 사용되는 종속접속사와 관계사는 ว่า, ที่, เพราะ, จึง, เพื่อ, ถ้า, ถึงแม้ว่า, เพราะฉะนั้น 등이 있다.

เขาเรียนไม่จบเพราะไม่มีเงิน

v ^ \ / ^

카오 리-얀 마이 쫍 프러 마이 미- 응으ㅓ-ㄴ

돈이 없기 때문에 그는 졸업하지 못했다.

ฉันคิดว่าเขาเป็นคนน่าเบื่อ

v / ^ v ^ \

찬 킷 와- 카오 뻰 콘 나- 브-어

나는 그가 지겨운 사람이라고 생각한다.

เขาป่วยจึงไม่ทำงาน

v \ ^

카오 뿌-워이 쯩 마이 탐 응아-ㄴ

그는 아파서 일을 할 수 없습니다.

ถ้าเขาตื่นสายเราจะไม่ได้ไปเที่ยว

^ v \ v \ ^ ^ ^

타 카오 뜨-ㄴ 싸-이 라오 짜 마이 다이 빠이 티-여우

만약 그가 늦게 일어나면 우리는 여행 갈 수 없을 것이다.

ที่นี่เป็นร้านอาหารที่ฉันชอบ

티^- 니^- 뻰/ 라-ㄴ 아- 하ˇ-ㄴ 티^- 찬ˇ 처^-ㅂ

이곳은 내가 좋아하는 식당이다.

제 2 부
강 독

บทที่ 1 ภูมิประเทศ

เรื่องที่ 1 ที่ตั้ง

ประเทศไทย หรือ ราชอาณาจักรไทย มีชื่อเดิมว่า สยาม ตั้งอยู่ในภูมิภาคเอเชียตะวันออกเฉียงใต้ เป็นประเทศที่มีขนาดใหญ่เป็นอันดับ 3 ของภูมิภาค มีรูปร่างคล้ายขวาน และมีอาณาเขตติดต่อกับประเทศใกล้เคียงคือ พรมแดนภาคเหนือติดต่อกับประเทศพม่า พรมแดนภาคตะวันออกติดต่อกับประเทศลาวและกัมพูชา พรมแดนด้านตะวันตกติดต่อกับประเทศพม่าและพรมแดนภาคใต้ติดต่อกับประเทศมาเลเซีย

<u>คำศัพท์</u>

ราชอาณาจักร	[라-ㅅ 차 아- 나- 짝] (^ / \\)	왕국
ภูมิภาค	[푸-ㅁ 미 파-ㄱ] (/ ^)	지방, 지역
ขวาน	[콰-ㄴ] (v)	도끼

อาณาเขต	[아- 나- 케-ㅅ]	국경, 영토
ติดต่อ	[띳 떠-]	연락하다, 연계하다
พรมแดน	[프롬 대-ㄴ]	국경,경계
ภาคเหนือ	[파-ㄱ 느-어]	북부
ภาคตะวันออก	[파-ㄱ 따 완 어-ㄱ]	동부
ภาคตะวันตก	[파-ㄱ 따 완 똑]	서부
ภาคใต้	[파-ㄱ 따이]	남부

위치

태국 또는 타이 왕국의 원래 이름은 "싸얌"이다. 동남아시아에 위치하며, 지역에서 3 번째로 큰 나라이며, 도끼와 닮은 형태를 하고 있다. 인접국과 국경을 맞대고 있는데 북쪽 국경은 버마, 동쪽 국경은 라오스와 캄보디아, 서쪽 국경은 버마, 남쪽 국경은 말레이시아 접해 있다.

ไวยากรณ์

1. A เป็น B, A คือ B　　　A 는 B 이다

เป็น 과 คือ 는 모두 "~는/~이다"의 의미이나 เป็น 은 속성(屬性)을 คือ 는 등치(等置)의 의미를 갖는다.

เขาเป็นนักศึกษา　　　　　　　　그는 대학생이다.

v　　/　\ v
카오 뻰 낙 쓱 싸-

กรุงเทพเป็นเมืองหลวงของไทย　　　방콕은 태국의 수도이다.

　^　　　　v　　v
크룽 텝 뻰 므-엉 루-웡 커-ㅇ 타이

ผลไม้ที่มีชื่อเสียงของประเทศไทยคือ ทุเรียน

v　/　/　^　　^　　v　　v　　\　^　　　　　/
폴 라 마이 티- 미- 츠- 씨-양 커-ㅇ 쁘라 테-ㅅ 타이 크- 투 리-얀

태국의 유명한 과일은 두리안이다.

หน้าที่ที่สำคัญของนักศึกษา　คือ　การเรียน

^　^　^　v　　v　　/　\ v
나- 티- 티- 쌈 칸 커-ㅇ 낙 쓱 싸- 크- 까-ㄴ 리-얀

학생의 중요한 역할은 공부하는 것이다.

2. A ติดต่อกับ B　　　　　　A 는 B 과/와 연결되어 있다.

เกาหลีใต้มีพรมแดนติดต่อกับเกาหลีเหนือ

　v　^　　　　　　　\　\　\　　　v　v
까올 리- 따이 미- 프롬 대-ㄴ 띳 떠- 깝 까올 리- 느-어

한국의 국경은 북한과 접해 있다.

ฉันติดต่อกับสถานทูตก่อนมาเรียนที่ประเทศเกาหลี

ˇ \ \ \ \ ˇ ^ \ ^ \ ^ ˇ

찬 띳떠- 깝 싸타-ㄴ 투-ㅅ 꺼-ㄴ 마- 리-얀 티- 쁘라 테-ㅅ 까올 리-

나는 한국에 공부하러 오기 전에 대사관과 연락했다.

<u>คำถามท้ายบท</u>

1. ประเทศไทยมีชื่อเดิมว่าอย่างไร

....

2. ประเทศไทยมีรูปร่างคล้ายกับสิ่งใด

....

3. พรมแดนภาคตะวันออกของประเทศไทยติดต่อกับประเทศใด

....

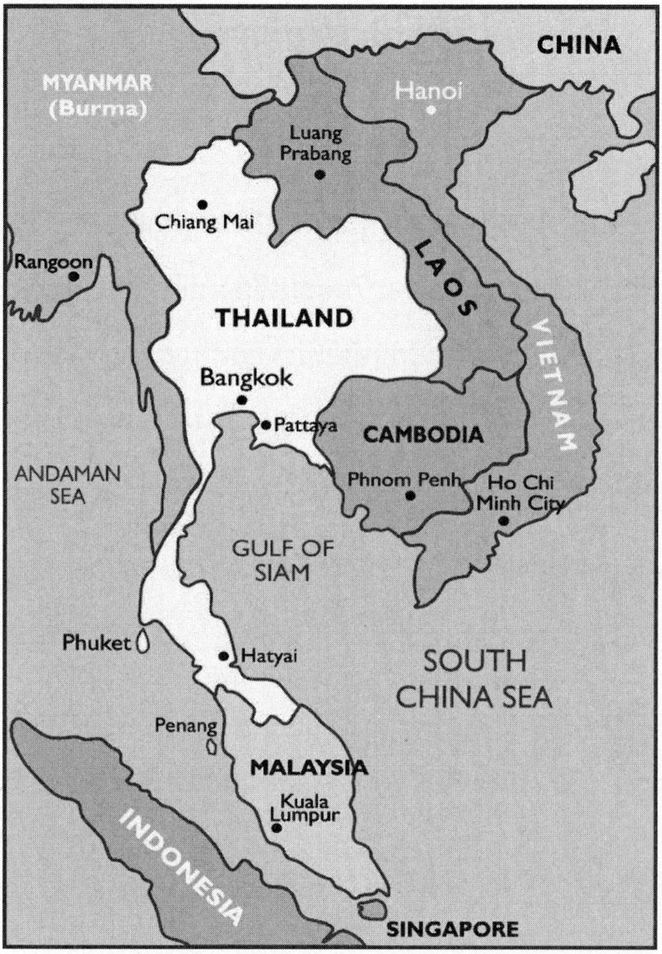
CHINA
MYANMAR
(Burma)
Hanoi
Luang
Prabang
Chiang Mai
Rangoon
LAOS
THAILAND
VIETNAM
Bangkok
Pattaya
CAMBODIA
ANDAMAN
SEA
Phnom Penh
Ho Chi
Minh City
GULF OF
SIAM
Phuket
Hatyai
SOUTH
CHINA SEA
Penang
MALAYSIA
Kuala
Lumpur
INDONESIA
SINGAPORE

태국 지도

เรื่องที่ 2 ภูมิภาค

เดิมประเทศไทยแบ่งภูมิภาคเป็น 4 ภาค 77 จังหวัด คือ ภาคเหนือ ภาคกลาง ภาคตะวันออกเฉียงเหนือ (คนไทยเรียกภาคอีสาน) และภาคใต้ แต่ในปัจจุบันแบ่งออกเป็น 6 ภาค โดยเพิ่มภาคตะวันตกและภาคตะวันออกเข้าไป ปัจจุบันเมืองหลวงของไทยอยู่ที่กรุงเทพมหานครซึ่งตั้งอยู่ในภาคกลางของประเทศ

<u>คำศัพท์</u>

ภาค	[파̂-ㄱ]	부, 지구
ภาคอีสาน	[파̂-ㄱ 이- 싸̌-ㄴ]	동북부
ภาคกลาง	[파̂-ㄱ 끌라-ㅇ]	중부
เมืองหลวง	[므-엉 루̌-웡]	수도
จังหวัด	[짱 왓̀]	도

지형

원래 태국은 북부, 중부, 동북부(태국사람들은 이싼 지방으로 부른다), 남부 등 4 개 지역, 77 개도로 나누었다. 하지만 오늘날은 서부와 동부를 추가 해 6 개 지역으로 나눈다. 현재 태국의 수도는 방콕이며, 중부에 위치한다.

ไวยากรณ์

1. ที่ ...에, 장소를 나타내는 전치사이다.

เขาทำงานอยู่ที่กรุงเทพ 그는 방콕에서 일하고 있다.

v \ ^ ^

카오 탐 응아-ㄴ 유- 티- 끄룽 테-ㅂ

แม่ทำอาหารอยู่ที่ห้องครัว 엄마가 부엌에서 요리하고 있다.

^ v \ ^ ^

매- 탐 아-하-ㄴ 유- 티- 허-ㅇ 크루-워

2. เดิม 최초의, 원래

เขากลับมาบ้านหลังเดิมที่เขาเคยอาศัย

v \ ^ v ^ v v

카오 끌랍 마- 바-ㄴ 랑 드ㅓ-ㅁ 티- 카오 크ㅓ-이 아- 싸이

그는 자신이 살던 원래 집으로 돌아왔다.

เดิมทีเขาเป็นคนเชียงใหม่แต่ย้ายมาอยู่ที่กรุงเทพ

ˇ \ \ / \ ^ ^

드ㅓ-ㅁ 티- 카오 뻰 콘 치-양 마이 때- 야-이 마- 유- 티- 끄룽 테-ㅂ

원래 그는 치양마이 사람이었지만 방콕으로 이사왔다.

<u>คำถามท้ายบท</u>

1. ในปัจจุบันประเทศไทยแบ่งเป็นกี่ภาค

....

2. เมืองหลวงของประเทศไทยมีชื่อว่าอย่างไร

....

3. เมืองหลวงของประเทศไทยตั้งอยู่ในภาคใด

....

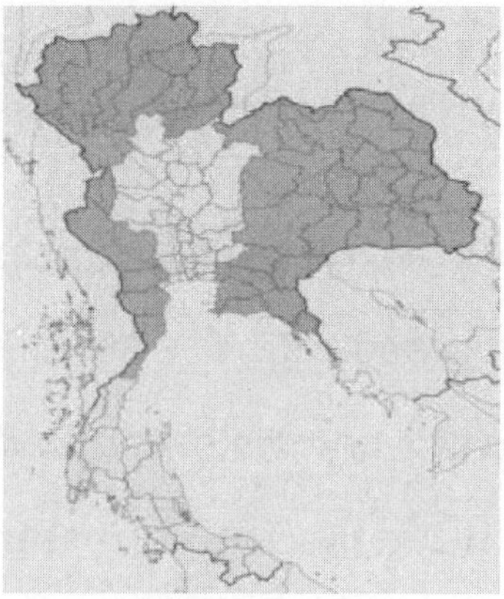

태국 6 개 지역

(태국의 서부와 동부)

기존의 북부, 동북부, 중부, 남부 중 중부는 다시 동부, 중부, 서부로 나눌 수 있다. 서부와 동부는 북부, 동북부, 중부, 남부 같이 지리적, 문화적 특성에 따른 분류 지역은 아니다. 그러나 동부 지역은 경제적으로 매우 중요하다. 타이만 지역에는 석유와 천연가스가 발견되었으며 라영은 자동차 산업이 급속도로 발전되고 있다(Detroit of the East). 짠타부리는 주요한 보석과 과일 산지이며, 베트남 카톨릭 공동체가 있다. 이 지역에는 유명한 휴양도시인 팟타야, 꺼싸멧, 꺼창, 꺼꿋이 있으며 램차방(แหลมฉบัง) 항구와 베트남전때 미군기지로 사용된 후 지금은 국제공항이 된 우따파오 국제공항(ท่าอากาศยานนานาชาติอู่ตะเภา)이 있다. 서부 깐짜나부리도는 영화 콰이강의 다리(The Bridge on the River Kwai, แม่น้ำแคว)로 널리 알려진 곳이기도 하다.

เรื่องที่ 3 สภาพอากาศ

ภูมิอากาศของประเทศไทยมีลักษณะเป็นแบบร้อนชื้น อุณหภูมิเฉลี่ยทั่วประเทศอยู่ระหว่าง 19-38 องศาเซลเซียส มี 3 ฤดู ได้แก่ ฤดูร้อน ฤดูฝน และ ฤดูหนาว ฤดูร้อนเริ่มตั้งแต่เดือนมีนาคมถึงเดือนเมษายน ฤดูฝนเริ่มตั้งแต่เดือนพฤษภาคมถึงเดือนตุลาคม ฤดูหนาวเริ่มตั้งแต่เดือนพฤศจิกายนถึงเดือนกุมภาพันธ์

<u>คำศัพท์</u>

ลักษณะ	/ \ \ [락 싸 나]	성질,특징,형태
ร้อนชื้น	/ / [러-ㄴ 츠-ㄴ]	덥고 습하다
อุณหภูมิ	\ [운 하 푸-ㅁ]	온도
ภูมิอากาศ	/ \ [푸-ㅁ 미 아- 까-ㅅ]	기후, 날씨, 기상
ฤดูร้อน	/ / [르 두- 러-ㄴ]	여름
ฤดูฝน	/ v [르 두- 혼]	우기
ฤดูหนาว	/ v [르 두- 나-우]	겨울

기후

태국의 날씨는 덥고 습하다. 전국 평균기온은 섭씨 19-38 도이며, 3 개의 계절 - 여름, 우기, 겨울 - 이 있다. 여름은 3 월에 시작해 4 월까지, 우기는 5 월부터 10 월까지, 겨울은 11 월부터 2 월까지다.

ไวยากรณ์

1. ระหว่าง A กับ B　　A 와 B 사이에, 거리의 구간을 나타내는 전치사이다

โรงเรียนอยู่ระหว่างบ้านกับวัด　　학교는 집과 사원 사이에 있다.

\ / \ ^ \ /
로-ㅇ 리-얀 유- 라 와-ㅇ 바-ㄴ 깝 왓

เขาอยู่ระหว่างการศึกษา　　그는 공부 중이다.

v \ / \ \ v
카오 유- 라 와-ㅇ 까-ㄴ 쓱 싸-

2. ตั้งแต่.....ถึง…　　주로 같이 사용되는 전치사로 시간이나 기간을 표시하며 ...부터...까지의 의미이다.

ฉันอ่านหนังสือตั้งแต่เช้าถึงเย็น

v \ v v ^ \ / v
찬 아-ㄴ 낭 쓰- 땅 때- 차오 등 옌

나는 아침부터 저녁까지 책을 읽는다.

จาก.....ถึง... ...부터...까지 장소를 표시한다.

แม่เดินจากบ้านถึงตลาด 어머니가 집에서 시장까지 걸었다.

^ \ ^ v \ \

매- 드ㅓ-ㄴ 짜-ㄱ 바-ㄴ 틍 딸 라-ㅅ

<u>คำถามท้ายบท</u>

1.ประเทศไทยมีอุณหภูมิเฉลี่ยกี่องศาเซลเซียส

....

2.ประเทศไทยมีกี่ฤดู อะไรบ้าง

....

3.เดือนพฤษภาคมถึงเดือนตุลาคมอยู่ในฤดูใด

....

우기

(태국에서 가장 춥고 더웠을 때)

태국의 최저기온은 10 도를 내려가지 않지만 1974 년 1 월 2 일 싸꼰나컨 도에서는 영하 1.4 도를 기록한 적이 있다. 또 1960 년 4 월 27 일 우뜨라딧 도는 44.5 도를 기록하기도 했다.

บทที่ 2 ประวัติศาสตร์ไทย

เรื่องที่ 1 สมัยสุโขทัย

สุโขทัยเป็นราชธานีแห่งแรกของไทย เริ่มก่อตั้งเมื่อปี พ.ศ.1781 มีการสถาปนาราชวงศ์พระร่วงขึ้นปกครองสุโขทัย และมีพ่อขุนศรีอิทราทิตย์เป็นกษัตริย์ปกครองเมืองพระองค์แรก ใช้ระบบการปกครองแบบพ่อปกครองลูกอาณาจักรสุโขทัยมีระยะเวลายาวนาน 140 ปี

<u>คำศัพท์</u>

ราชธานี	[라-ㅅ 차 타- 니-]	왕궁, 왕도, 수도
ก่อตั้ง	[꺼- 땅]	건립하다, 창건하다
สถาปนา	[싸 타- 빠 나-]	건립하다
ราชวงศ์	[라-ㅅ 차 웡]	왕조
ปกครอง	[뽁 크러-ㅇ]	통치하다

쑤코타이 시대

쑤코타이는 태국 최초의 수도이며 불기 1781 년(서기 1238 년) 최초로 설립되었으며 쑤코타이를 통치한 것은 프라루웡 왕조였다. 퍼 쿤 씨인트라팃은 쑤코타이를 통치한 초대 왕이며 아버지가 자식을 다스리는 것 같은 통치제도를 사용했다. 쑤코타이 왕국은 140 년 지속되었다.

ไวยากรณ์

1. เมื่อ ...때, ...할 때

ผมได้รับจดหมายเมื่อเช้า 나는 아침에 편지를 받았다.

v ^ / \ \ ^ /
폼 다이 랍 쫏 마-이 므-어 차오

เมื่อคืนฉันอ่านหนังสือทั้งคืน 어젯밤에 나는 밤새 책을 읽었다.

^ v \ v v /
므-어 크-ㄴ 찬 아-ㄴ 낭 쓰- 탕 크-ㄴ

2. มี “가지다, 소유하다”의 의미로 뒤에 목적어를 동반한다.

เธอมีลูกสาวสองคน 그녀는 딸 두 명이 있다.

^ v v
트ㅓ- 미- 루-ㄱ 싸-우 써-ㅇ 콘

ฉันมีรถยนต์หนึ่งคัน 나는 차동차 1 대가 있다.

v / \
찬 미- 롯 욘 능 칸

동사 มี는 체언(주어 역할) 앞에 나와 문장을 유도하기도 한다. "~이/가 있다"의 의미이다.

มีนักเรียนสี่ร้อยคน　　　　　　　학생이 사백명 있다.

　　/　　　\　/
미- 낙 리-얀 씨- 러-이 콘

มีการแสดงรำไทยที่หอประชุม　　강당에서 태국 춤 공연이 있다.

　　\　　　　　^　v　\
미- 까-ㄴ 싸 대-ㅇ 람 타이 티- 허- 쁘라 춤

3. การ

타이어에서 추상명사를 만드는 방법은 2 가지가 있다. 인간의 행동이나 동작을 나타내는 추상명사는 การ, 성질이나 상태 혹은 감정을 나타내는 추상명사는 ความ 을 해당 단어 앞에 첨가하여 만든다.

การ 으로 된 추상명사

การ　+　กิน (먹다)　　การกิน　먹기

까-ㄴ 낀

การ　+　อ่าน (읽다)　　การอ่าน 읽기

　　\
까-ㄴ 아-ㄴ

ความ 으로 된 추상명사

ความ + รู้ (알다) ความรู้ 지식

/
콰-ㅁ 루-

ความ + คิด (생각하다) ความคิด 사고

/
콰-ㅁ 킷

<u>คำถามท้ายบท</u>

1.ราชวงศ์ใดที่ขึ้นปกครองอาณาจักรสุโขทัยเป็นลำดับแรก

....

2.กษัตริย์พระองค์แรกที่ขึ้นปกครองสุโขทัยมีชื่อว่าอะไร

....

3.อาณาจักรสุโขทัยใช้การปกครองบ้านเมืองแบบใด

....

(쑤코타이 왕국)

쑤코타이 왕국이 건립된 13 세기 초 태국 북부 지방에는 다수의 소왕국들이 도시 국가의 형태를 띠고 할거했는데, 이들 소왕국 중 랏 (ราด) 과 방양 (บางยาง) 왕국이 합세하여 1238 년 당시 쑤코타이 지역을 지배하고 있었던 앙코르 왕국을 몰아내고 쑤코타이 왕국을 건립했다. 초대 왕은 씨인트라팃 왕 (พ่อขุนศรีอินทราทิตย์, 1238-1279 년) 이었으며 이후 200 년 동안 9 명의 왕이 통치했다. 쑤코타이 왕국은 람캄행 대왕 (พ่อขุนรามคำแหงมหาราช,1279-1298 년) 이후 쇠퇴하기 시작했다. 그의 아들인 르ㅓ타이왕 (พระยาเลอไทย) 때는 많은 조공국들이 독립을 선언했으며 왕실 내에는 왕위 계승을 둘러싼 내분이 발생해, 1378 년 속국이었던 아윳타야 (อยุธยา) 왕국에게 항복함으로써 140 년 만에 실질적인 독립을 상실했다. 이후 탐마라차 4 세 (พระมหาธรรมราชาที่ 4, 1419~1438 년)가 죽은 후에는 아윳타야에게 완전히 병합되었다.

เรื่องที่ 2 สมัยอยุธยา

สมัยอยุธยาเป็นยุคที่รุ่งเรืองของประเทศ กลุ่มคนไทยที่อาศัยอยู่บริเวณลุ่มแม่น้ำเจ้าพระยาตอนล่างได้สร้างเมืองขึ้นมาใหม่ และให้ชื่อว่ากรุงศรีอยุธยา กรุงศรีอยุธยามีระยะเวลายาวนานถึง 417 ปี มีระบบการปกครองแบบสมบูรณาญาสิทธิราชย์

<u>คำศัพท์</u>

/
ยุค [육] 시대, 시기

^
รุ่งเรือง [룽 르-엉] 밝다, 발전하다, 번창하다

v
อาศัย [아- 싸이] 거주하다, 체류하다

/
บริเวณ [버- 리 웨-ㄴ] 범위, 지역, 경내

^
ลุ่ม [룸] 낮다, 저지대

^
ตอนล่าง [떠-ㄴ 라-ㅇ] 아래, 밑

^
สร้าง [싸-ㅇ] 건립하다, 설립하다

เมือง [므-엉] 도시, 국가

아윳타야 시대

아윳타야 시대는 국가의 번영기이다. 하부 짜오프라야강 유역에 거주한 태국인 집단이 새롭게 도시를 건설하고 끄룽씨 아윳타야라고 이름을 지었다. 417 년간 지속되었으며 절대군주제 통치제도를 갖추었다.

ไวยากรณ์

1. ที่ 관계대명사로 앞 명사를 수식하며, 의미를 보충 또는 한정시켜준다.

คนที่ตัวสูงคือพี่ชายของฉัน 키가 큰 사람은 제 오빠이다.

^ v ^ v v

콘 티- 뚜-워 쑤-ㅇ 크- 피- 차-이 커-ㅇ 찬

คนที่ไม่สบายคือเพื่อนของฉัน 아픈 사람은 제 친구이다.

^ ^ \ ^ v v

콘 티- 마이 싸 바-이 크- 프-언 커-ㅇ 찬

2. ให้ "주다"는 의미를 갖는 동사로 사용된다. 목적어를 동반할 때는 "A+ ให้ +목적어+B", 즉 " A 는 B 에게 ~를 주다"라는 의미이다.

ฉันให้ขนมแก่เขา 나는 그에게 과자를 주었다.

v ^ \ v \ v

찬 하이 카 놈 깨- 카오

แม่ให้เงินลูกชาย 엄마가 아들에게 돈을 주셨다.

^ ^ ^

매- 하이 응으ㅓ-ㄴ 루-ㄱ 차-이

ให้ 는 사역동사로 "~가 ~하게하다"의 의미도 있다.

A+동사 1+(목적어)+ ให้ +(주어)+동사 2 형태를 갖는다.

เขาช่วยให้เธอสอบผ่าน

v ^ ^ \ \

카오 추-워이 하이 트ㅓ- 써-ㅂ 파-ㄴ

그는 그녀가 시험에 합격하도록 도와 주었다.

แม่จัดบ้านให้เรียบร้อย 어머니가 집을 깔끔하게 정리하신다.

^ \ ^ ^ ^ /

매- 짯 바-ㄴ 하이 리-얍 러-이

3. ได้ 과거를 나타내는 조동사이다.

เขายังไม่ได้มา 그는 아직 오지 않았다.

v ^ ^

카오 양 마이 다이 마-

ตำรวจได้ตรวจค้นบ้านของเรา 경찰은 우리 집을 수색했습니다.

\ ^ \ / ^ v

땀 루-웟 다이 뜨루-웟 콘 바-ㄴ 커-ㅇ 라오

คำถามท้ายบท

1.ใครที่สร้างเมืองอยุธยาขึ้นมาใหม่

....

2.เมืองที่สร้างขึ้นใหม่ในสมัยอยุธยามีชื่อว่าอย่างไร

....

3.การปกครองแบบสมบูรณาญาสิทธิราชเป็นการปกครองที่มีลักษณะเป็นอย่างไร

....

아윳타야시에 있는 사원

(아윳타야 왕국)

아윳타야 왕국은 단일 왕계(王系)가 아닌 5 개의 왕계, 35 명의 왕들이 번갈아 가면서 417 년간 (1350-1767 년) 지배했던 왕국이다.

เรื่องที่ 3 สมัยกรุงธนบุรี

สมัยกรุงธนบุรีมีระยะเวลาเพียง 15 ปี มีพระมหากษัตริย์ปกครองเพียงพระองค์เดียว คือ สมเด็จพระเจ้ากรุงธนบุรี หลังจากอาณาจักรอยุธยาล่มสลายได้ย้ายเมืองหลวงจากเดิม ไปยังฝั่งตะวันออกของแม่น้ำเจ้าพระยา และยังมีการปกครองแบบสมบูรณาญาสิทธิราชย์

<u>คำศัพท์</u>

ล่มสลาย	^ \ ˇ [롬 쌀 라-이]	멸망하다, 거꾸러뜨리다
ย้าย	/ [야-이]	옮기다, 이동하다
เมืองหลวง	ˇ [므-엉 루-웡]	수도
เดิม	[드ㅓ-ㅁ]	최초의, 시초의, 원래, 이전
ฝั่ง	\ [황]	측, 쪽

톤부리 시대

톤부리 시대는 겨우 15 년의 기간이었고 통치군주는 "쏨뎃 프라짜오 끄룽 톤부리" 한명 뿐 이었다. 아윳타야 왕국이 붕괴되고 원래 수도를 짜오프라야강 동안(岸)으로 옮기고 절대군주제 통치체도를 갖추고 있었다.

ไวยากรณ์

1. หลังจาก ...의 뒤에, ...한 후에

หลังจากฝนตกแล้วแดดก็ออก 비온 후에 햇빛이 났다.

v \ v \ / \ ^ \
랑 짜-ㄱ 혼 똑 래-우 대-ㅅ 꺼- 어-ㄱ

เขาอาบน้ำหลังจากออกกำลังกาย 그는 운동한 후에 목욕을 한다.

v \ / v \ \
카오 아-ㅂ 남 랑 짜-ㄱ 어-ㄱ 깜 랑 까-이

หลังจากเรียนจบฉันจะไปทำงานที่ต่างประเทศ

v \ \ v \ ^ \ \ ^
랑 짜-ㄱ 리-얀 쫍 찬 짜 빠이 탐 응아-ㄴ 티- 따-ㅇ 쁘라 테-ㅅ

졸업한 후에 나는 외국에 일하러 갈 것이다.

2. ไปยัง ...에게, 로

โรงงานไฟฟ้าระเบิดส่งผลกระทบไปยังหลายจังหวัด

/ / \ \ v \ / v \

로-ㅇ 응아-ㄴ 화이 화- 라 브ㅓ-ㅅ 쏭 폰 끄라 톱 빠이 양 라-이 짱 왓

발전소의 폭발은 여러 지방으로 영향을 미쳤다.

เขาส่งพัสดุไปยังต่างประเทศ 그는 외국으로 화물을 보냈다.

v \ / \ \ \ \ ^

카오 쏭 팟 싸 두 빠이 양 따-ㅇ 쁘라 테-ㅅ

<u>คำถามท้ายบท</u>

1. กรุงธนบุรีได้ย้ายอาณาจักรไปอยู่บริเวณใด หลังจากอาณาจักรอยุธยาล่มสลาย

....

2. กรุงธนบุรีมีพระมหากษัตริย์ปกครองทั้งหมดกี่พระองค์

....

3. กรุงธนบุรีมีระบบการปกครองบ้านเมืองเป็นแบบใด

....

방콕에 있는 딱씬 동상

(딱씬과 궁예)

톤부리 왕조(1767~1782 년)의 시조인 딱씬은 한국의 궁예와 매우 유사한 운명을 타고난 인물이었다.

딱씬과 궁예는 800 년 이상 차이가 나는 시대적 배경에서 태어난 인물이지만, 승려로 지냈던 어린 시절, 혼란한 정치 상황 속에서 보였던 영웅적 면모, 불교심취로 인한 비정상적 통치행태, 최측근에 의한 정권의 몰락에 이르기까지 상당히 유사한 특성을 갖고 있던 흥미로운 역사적 인물들이다.

딱씬은 아윳타야 왕조가 1767 년 버마의 공격을 받아 왕조의 운명이 풍전등화 같았을 때 나타나 구국의 영웅이 되었던 인물이었다. 그는 버마군을 물리치고, 분열된 국내 정치세력 통일에 성공해 톤부리 왕조를 창건했다. 하지만 딱씬은 구국의 영웅이었음에도 불구하고 명상과 관련해 비정통적인 행동을 보여 승가와 충돌하게 되었고 승가와의 충돌은 정치적 정통성의 상실과 정권의 몰락을 초래하는 중요한 원인이 되었다.

딱씬은 불교 명상에 대해 관심을 가진 것으로 알려졌다. 명상에 심취하게 되는 그는 “자신이 신이 될 것이라는 것을 믿었으며...그의 피는 신의 피와 같이 흰 색으로 변할 것이고, 하늘을 날게 될 것이라고 믿었다” 그는 이것이 가능한 것인지를 여러 사람들에게 물어 본 후 확신을 갖게 되었다.

궁예는 혼란한 국가체제를 정비하였고, 한때 전국의 3 분의 2 가량을 차지하는 등 세력을 떨치기도 했으나 말년에는 미륵신앙(พระศรีอาริย์) 에 기반을 둔 신정적 전제주의 정치를 추구하다, 918 년 이에 반발한 정변이 일어나 왕위에서 쫓겨나 죽음을 당했다. 궁예가 전가의 보도처럼 휘두르던 것이 사람의 마음을 읽는다는 관심법(วิธีการอ่านใจคน)이었다.

เรื่องที่ 4 สมัยรัตนโกสินทร์

ในปี พ.ศ. 2325 ได้มีการปราบดาภิเษกพระมหากษัตริย์พระองค์แรกของกรุงรัตนโกสินทร์ พระนามว่า พระบาทสมเด็จพระพุทธยอดฟ้าจุฬาโลกมหาราชและมีการย้ายเมืองจากกรุงธนบุรีไปยังอีกฝั่งแม่น้ำเจ้าพระยา ได้เปลี่ยนชื่อเป็นกรุงรัตนโกสินทร์ หรือ ปัจจุบันคือกรุงเทพมหานคร ในปัจจุบันมีพระมหากษัตริย์ปกครองมาแล้ว 9 พระองค์ และใช้ระบบการปกครองแบบประชาธิปไตย

คำศัพท์

ปราบดาภิเษก [쁘라-ㅂ 다- 피 쎄-ㄱ] 즉위

พระนาม [프라 나-ㅁ] 이름 (왕족)

เปลี่ยน [쁠리-얀] 변하다, 변경하다

ปัจจุบัน [빳 쭈 반] 현재, 지금, 근대

ประชาธิปไตย [쁘라 차- 티 빠 따이] 민주주의

랏따나꼬씬 시대

불기 2325 년(서기 1782 년)랏따나꼬씬 초대 왕의 대관식이 있었다. (초대 왕의) 이름은 "프라밧쏨뎃프라풋타엿화쭐라록"이었고 수도를 톤부리에서 짜오프라야 강의 또 다른 강안(岸)으로 옮겼으며 그 이름을 끄룽 랏따나꼬씬(오늘날의 끄룽텝마하나컨)으로 바꾸었다. 현재까지 모두 9 명이 왕이 통치했으며 민주주의 통치제도를 운용하고 있다.

<u>ไวยากรณ์</u>

1. หรือ　선택을 나타내는 전치사로 "혹은", "또는"의 의미를 갖는다.

คุณจะเรียนภาษาไทยหรือภาษาญี่ปุ่น

\ v v v ^ \

쿤 짜 리-얀 파- 싸- 타이 르- 파- 싸- 이- 뿐

너는 태국어를 공부할 것이냐 일본어를 공부할 것이냐.

ทุกอย่างเป็นเรื่องจริงหรือโกหก　모든 것이 진실 또는 거짓이냐.

/ \ ^ v \

툭 야-ㅇ 뻰 르-엉 찡 르 꼬- 혹

2. มาแล้ว　...해 왔다

동사(구)+มา 의 형태로, 과거부터 현재까지의 계속되는 행동이나 상태를 나타낸다.

เขาเรียนภาษาไทยมาแล้วสองปี

ˇ　　　ˇ　　　/　ˇ
카오 리-얀 파- 싸- 타이 마- 래-우 써-ㅇ 삐-

그는 태국어를 2 년 동안 공부해 왔다.

คุณพ่อกลับบ้านมาแล้ว　　아버지는 집으로 돌아왔다.

^　\　^　　/
쿤 퍼- 끌랍 바-ㄴ 마- 래-우

คำถามท้ายบท

1. กษัตริย์พระองค์แรกของกรุงรัตนโกสินทร์มีพระนามว่าอย่างไร

....

2. กรุงเทพมหานครเดิมมีชื่อว่าอย่างไร

....

3. ในปัจจุบันประเทศไทยใช้ระบบการปกครองบ้านเมืองแบบใด

....

태국 가정에 걸린 라마 9 세 사진

เรื่องที่ 5 พ่อขุนรามคำแหงมหาราช

พ่อขุนรามคำแหงมหาราชทรงเป็นพระมหากษัตริย์พระองค์ที่ 3 แห่งราชวงศ์พระร่วงในสมัยสุโขทัย ปกครองอาณาจักรสุโขทัย ประมาณ 19 ปี เป็นกษัตริย์พระองค์แรกของไทยที่ได้รับการยกย่องเป็น “มหาราช” เพราะสร้างคุณประโยชน์มากมายให้แก่แผ่นดินไทย ทรงรวบรวมอาณาจักรไทยจนเป็นปึกแผ่นกว้างขวางที่สำคัญได้ประดิษฐ์ตัวอักษรไทยขึ้น ทำให้ชาติไทยได้สืบทอดความรู้ทางศิลปะวัฒนธรรม และวิชาการต่างๆผ่านอักษรไทยมาจนถึงปัจจุบัน

<u>คำศัพท์</u>

/ ^
ยกย่อง [욕 여-ㅇ] 칭찬하다, 격찬하다

\ \
คุณประโยชน์ [쿤 쁘라 요-ㅅ] 이익, 유익

\
แผ่นดิน [패-ㄴ 딘] 토지, 땅, 국가, 나라

^
รวบรวม [루-웝 루-웜] 수집하다, 집중하다

\ \
ปึกแผ่น [쁙 패-ㄴ] 강건하다

^ ˇ
กว้างขวาง [꽈-ㅇ 콰-ㅇ] 광대하다, 폭 넓다

ประดิษฐ์	[쁘라 딧]	창조하다, 발명하다
ตัวอักษร	[뚜-워 악 써-ㄴ]	문자
สืบทอด	[쓰-ㅂ 터-ㅅ]	계승하다
ศิลปะ	[씬 라 빠]	예술, 공예
วัฒนธรรม	[왓 타 나 탐]	문화
วิชาการ	[위 차- 까-ㄴ]	학술, 기술

람캄행 대왕

람캄행 대왕은 쑤코타이 시대 프라루윙 왕조 3 대 왕이다. 쑤코타이 왕조를 약 19 년 통치했다. 왕국에 큰 이익을 주었기 때문에 대왕으로 칭송 받는 최초의 왕이다. 왕국을 안정되게 통합하고 확대시켰다. 중요한 것은 타이어를 창제해 예술, 문화 지식과 여러 가지 학문을 오늘날까지 계승시킨 것이다.

ไวยากรณ์

1. เพราะ ...때문에, ...원인으로

เพราะ 는 인과접속사로 "이유, 원인"을 나타낸다.

เขาขาดเรียนเพราะไม่สบาย 그는 아파서 결석했다.

ˇ　＼　　　/　　^　　＼
카오 카-ㅅ 리-얀 프러 마이 싸 바-이

เพราะอะไรเธอจึงไม่กินข้าว 뭐 때문에 그녀는 밥을 먹지 않았어요?

/　＼　　　　^　　^
프러 아라이 트ㅓ- 쯩 마이 낀 카-우

2. แห่ง ...의

แห่ง 은 소유, 소속을 나타내는 의미로 일반적인 소유관계를 나타내는 ของ 과 동일한 의미지만 주로 공식적인 관계에서 많이 사용된다.

เธอเป็นพระราชินีแห่งประเทศอังกฤษ 그녀는 영국의 왕비이다.

/　　/　　＼　＼　^　　＼
트ㅓ- 뻰 프라 라- 치 니- 해-ㅇ 쁘라 테-ㅅ 앙 끄릿

ที่นี่คือการรถไฟแห่งประเทศไทย

^　^　　　/　　＼　＼　^
티- 니- 크- 까-ㄴ 롯 화이 해-ㅇ 쁘라 테-ㅅ 타이

이곳은 태국의 국영 철도회사이다.

3. จน …하기까지(할 정도)

시간이나 정도의 한도를 표시한다.

ฉันอยู่กับยายจนเข้ามหาวิทยาลัย

ˇ \ \ ^ / ˇ / /
찬 유- 깝 야-이 쫀 카오 마 하- 윗 타 얄- 라이

나는 대학에 들어갈 때까지 할머니와 함께 살고 있었다.

เขาทำงานหนักจนรวย　그는 부자될 때까지 열심히 일했다.

ˇ \
카오 탐 응아-ㄴ 낙 쫀 루-워이

คำถามท้ายบท

1. พ่อขุนรามคำแหงมหาราชเป็นกษัตริย์ในราชวงศ์ใดของอาณาจักรสุโขทัย

....

2. เพราะเหตุใดพ่อขุนรามคำแหงจึงได้รับการยกย่องเป็น “มหาราช”

....

3. ผลงานสำคัญที่สุดของพ่อขุนรามคำแหงมหาราชที่มีต่อชาติไทยคืออะไร

....

람캄행 대학교에 있는 람캄행 대왕 동상

(람캄행 대왕의 업적)

쑤코타이 왕국은 3 대왕인 람캄행 대왕때 최대의 번영을 구가했다. 람캄행 대왕은 1283 년에 남인도에서 유래된 먼과 크메르 문자를 기초로 하여 태국문자를 창제했을 뿐 아니라 스리랑카에서 수학하고 돌아온 고승을 나컨씨탐마랏 (นครศรีธรรมราช) 에서 초빙해 상좌부(上座部) 불교를 도입했다. 영토확장에도 심혈을 기울여 북으로는 란나 왕국, 북동쪽은 루엉프라방 (Luang Prabang), 남쪽으로는 북부 말레이반도, 서쪽으로는 버고(Pegu, Bago)까지 영토를 확장했다.쑤코타이 왕국은 람캄행 대왕 이후 쇠퇴하기 시작했다.

เรื่องที่ 6 สมเด็จพระนเรศวรมหาราช

สมเด็จพระนเรศวรมหาราช หรือ สมเด็จพระสรรเพชญ์ที่ 2 มีพระนามเดิมว่า พระองค์ดำ ทรงเป็นพระมหากษัตริย์ในสมัยอยุธยา ขึ้นครองราชย์เมื่อวันที่ 29 กรกฎาคม พ.ศ. 2133 ถึง 25 เมษายน พ.ศ.2148 รวมเวลาในการปกครองบ้านเมือง 15 ปี ทรงเป็นพระมหากษัตริย์ที่สร้างเหตุการณ์ที่ยิ่งใหญ่และสำคัญของชาติไทย โดยได้กู้อิสรภาพของชาติไทยจากการเสียกรุงศรีอยุธยาครั้งแรกและได้ทรงแผ่อำนาจของราชอาณาจักรไทยอย่างกว้างใหญ่ไพศาล พระราชกรณียกิจต่างๆ ของพระองค์เป็นไปเพื่อประโยชน์ของบ้านเมืองจนประเทศไทยอยู่เป็นปกติสุขปราศจากศึกสงครามเป็นระยะเวลายาวนาน

<u>คำศัพท์</u>

ครองราชย์	[크러-ㅇ 라̂-ㅅ]	통치하다
สำคัญ	[쌈̌ 칸]	중요하다, 긴요하다
เหตุการณ์	[헤̀-ㅅ 까-ㄴ]	사건, 사태, 상황
กู้	[꾸̂-]	만회하다, 구하다

อิสรภาพ	\ \ \ ^ [잇 싸 라 파-ㅂ]	독립, 자유
เสีย	v [씨-야]	잃다, 상하다
แผ่	\ [패-]	펼치다, 확장하다
อำนาจ	^ [암 나-ㅅ]	권력, 능력
กว้างใหญ่ไพศาล	^ \ v [꽈-ㅇ 야이 파이 싸-ㄴ]	광대하다
พระราชกรณียกิจ	/ ^ / \ / / \ [프라 라-ㅅ 차 까 라 니- 야 낏]	국왕의 일상사
ปกติสุข	\ \ \ \ [빠 까 띠 쑥]	행복하다, 안정되다
ปราศจาก	\ \ \ [쁘라-ㅅ 싸 짜-ㄱ]	...이 없다
สงคราม	v [쏭 크라-ㅁ]	전쟁

나레쑤원대왕

쏨뎃프라나레쑤원마하랏 또는 쏨뎃프라싼펫 2 세라고 불리는 왕은 원래 이름이 "프라옹 담"이었다. 아윳타야 시대의 왕으로 불기 2133 년 7 월 29 일부터 2148 년 4 월 25 일까지 모두 15 년 동안 왕국을 통치했다. 그는 태국이라는 나라를 위해 위대하고 중요한 업적을 이룩한 왕이다. 아윳타야가 최초로 망한 후 독립을 회복시켰으며 왕국의 힘을 널리 펼쳤다. 왕이 행한 여러가지 일들은 국가의 이익을 위한 것이었으며, 태국은 오랜 세월동안 전쟁을 치르지 않고 행복했다.

<u>ไวยากรณ์</u>

1. เพื่อ …위하여, ...하기 위하여”(목적)의 의미이다.

เขาตั้งใจทำงานเพื่อประสบความสำเร็จ

ˇ ^ ^ \ \ ˇ \

카오 땅 짜이 탐 응아-ㄴ 프-어 쁘라 쏩 콰-ㅁ 쌈 렛

그는 성공하기 위하여 열심히 일했다.

เขาใช้บัตรเครดิตเพื่อจ่ายค่าอาหาร

ˇ / \ \ ^ \ ^ ˇ

카오 차이 밧 크레- 딧 프-어 짜-이 카- 아- 하-ㄴ

그는 식비를 지불하기 위해 신용카드를 사용했다.

2. เป็นเวลา …동안

เลขานุการของท่านประธานเคยไปเรียนที่ประเทศอังกฤษเป็นเวลา 3 ปี

ˇ / ˇ ^ \ ^ \ ^

레-카-누까-ㄴ 커-ㅇ 타-ㄴ 쁘라타-ㄴ 크ㅓ-이 빠이 리-얀 티- 쁘라 테-ㅅ

\ ˇ

앙 끄릿 뻰 웰- 라- 싸-ㅁ 삐-

회장님 비서는 영국에서 3 년동안 공부한 적이 있다.

เขาพักการเรียนเป็นเวลา 1 เดือน 그는 한 달 동안 휴학을 한다.

ˇ / \

카오 팍 까-ㄴ 리-얀 뻰 웰- 라- 능 드-언

3. ที่ + 기수사는 서수사가 된다.

หนึ่ง 하나 ที่หนึ่ง 제 1

\ ^ \

능 티- 능

สอง 둘 ที่สอง 제 2

v ^ v

써-ㅇ 티- 써-ㅇ

<u>คำถามท้ายบท</u>

1.สมเด็จพระนเรศวรมหาราชมีพระนามเดิมว่าอย่างไร

....

2.เหตุการณ์สำคัญที่สมเด็จพระนเรศวรมหาราชได้สร้างขึ้นคือ

เหตุการณ์ใด

....

(나레쑤원 대왕과 임진왜란)

명사(明史) 에 의하면, 1592 년 임진왜란이 발생하자 나레쑤원 대왕은 배후에서 일본군을 공격해 조선을 도울 것이라는 제안을 하고 사절단을 중국에 파견했다. 그러나 이 제안은 실현되지는 못했다. 당시 나레쑤원 대왕은 전통적으로 태국의 해외무역에서 중요한 남중국해 및 동중국해 무역이 일본의 패권확립으로 위협을 받을 경우 태국 정부의 수입이 큰 타격을 입을 수 있다는 우려를 한 것으로 추측된다.

เรื่องที่ 7 สมเด็จพระเจ้าตากสินมหาราช

สมเด็จพระเจ้าตากสินมหาราช หรือ สมเด็จพระเจ้ากรุงธนบุรี เป็นพระมหากษัตริย์พระองค์เดียวในสมัยอาณาจักรธนบุรี มีพระนามเดิมว่า สิน พระราชกรณียกิจที่สำคัญของพระองค์ คือ การกอบกู้เอกราชจากพม่าภายหลังการเสียกรุงศรีอยุธยาครั้งที่สอง โดยขับไล่ทหารพม่าออกจากราชอาณาจักรจนหมดสิ้น และยังทรงทำสงครามตลอดรัชสมัยเพื่อรวบรวมแผ่นดินซึ่งอยู่ภายใต้การปกครองของกลุ่มต่างๆ ให้เป็นปึกแผ่นพร้อมกับการขยายอาณาเขตการปกครองออกไปอย่างกว้างขวาง นอกจากนี้ พระองค์ยังทรงมุ่งมั่นที่จะฟื้นฟูประเทศในด้านต่างๆ ให้กลับคืนสู่สภาวะปกติหลังสงคราม ทรงส่งเสริมด้านเศรษฐกิจ ศาสนา ศิลปะวัฒนธรรม วรรณกรรม และการศึกษา

<u>คำศัพท์</u>

กอบกู้	[꺼-ㅂ 꾸-] (\ ^)	회복하다, 되찾다
เอกราช	[에-ㄱ 까 라-ㅅ] (\ \ ^)	독립

ขับไล่	\ ^ [캅 라이]	쫓아내다
ทหาร	/ ˇ [타 하-ㄴ]	군인
ภายใต้	^ [파-이 따이]	하부, 아래쪽, ...밑
ขยาย	\ ˇ [카 야-이]	확대하다, 확장하다
กว้างขวาง	^ ˇ [꽈-ㅇ 콰-ㅇ]	광대하다, 폭 넓다
ฟื้นฟู	/ [흐-ㄴ 후-]	회복하다, 복구하다
สภาวะ	\ / [싸 파- 와]	정형, 상황, 상태
ส่งเสริม	\ ˇ [쏭 쓰ㅓ-ㅁ]	후원하다, 촉진하다
เศรษฐกิจ	\ \ \ [쎄-ㅅ 타 낏]	경제
ศาสนา	\ \ ˇ [싸-ㅅ 싸 나-]	종교, 신앙
วัฒนธรรม	/ / / [왓 타 나 탐]	문화
วรรณกรรม	/ [완 나 깜]	문학 작품
การศึกษา	\ ˇ [까-ㄴ 쓱 싸-]	교육

딱씬 대왕

쏨뎃프라짜오딱씬마하랏 또는 쏨뎃프라짜오끄룽톤부리라 불리는 왕은 톤부리 왕국의 유일한 왕이다. 원래 이름은 "씬"이다. 왕이 하신 중요한 일들은 아윳타야가 두번째로 망한 후 버마로부터 독립을 회복하고 버마군을 왕국에서 모두 몰아냈으며 통치기간 내내 여러집단의 지배하에 있던 땅을 통합해 안정되게 하기 위해 전쟁을 치렀으며 통치영역을 크게 확대시켰다. 이 외에도 전후 여러가지 면에서 국가를 부흥시켜 정상상태로 회복시키는 데 전념했다. 경제, 종교, 문화예술, 문학, 교육을 진흥시켰다.

ไวยากรณ์

1. โดย ...(으)로, ...에 의해, ...통해서, ...로써

โดย 뒤에는 수단이나, 상황을 나타내는 부사절이 나온다.

เขาไปโรงเรียนโดยขี่รถจักรยาน

v \ / \ \

카오 빠이 로-ㅇ 리-얀 도-이 키- 롯 짝 끄라 야-ㄴ

그는 자전거로 통학을 하고 있다.

เขาทำงานที่บ้านโดยใช้อินเทอร์เน็ต

v ^ ^ / \

카오 탐 응아-ㄴ 티- 바-ㄴ 도-이 차이 인 트ㅓ- 넷

그는 인터넷을 사용해 집에서 일한다.

2. นอกจาก　　　　　　　　이 외에, 이것 외에

นอกจากฟุตบอลแล้ว เขาไม่เล่นกีฬาอย่างอื่น

^　\　/　/　v　^　^　\　\

너-ㄱ 짜-ㄱ 훗 버-ㄴ 래-우 카오 마이 레-ㄴ 낄- 라- 야-ㅇ 으-ㄴ

그는 축구외에 다른 운동을 하지 않는다.

วันหยุดฉันไม่ทำอะไรเลยนอกจากนอน

\　v ^　\　^　\

완 윳 찬 마이 탐 아라이 르ㅓ-이 너-ㄱ 짜-ㄱ 너-ㄴ

휴일에 나는 잠 자는 것을 제외하고 아무것도 하지 않는다.

คำถามท้ายบท

1.สมเด็จพระเจ้าตากสินมหาราชทรงเป็นพระมหากษัตริย์ในสมัยใดของชาติไทย

....

2.ชาติใดที่เข้าปกครองกรุงศรีอยุธยาก่อนที่สมเด็จพระเจ้าตากสินมหาราชจะขับไล่ออกจากชาติไทย

....

3.สมเด็จพระเจ้าตากสินมหาราชทรงฟื้นฟูพัฒนาประเทศในด้านใดบ้าง

....

เรื่องที่ 8 รัชกาลที่ 5

รัชกาลที่ 5 มีพระนามเต็มว่า พระบาทสมเด็จพระปรมินทรมหาจุฬาลงกรณ์ฯพระจุลจอมเกล้าเจ้าอยู่หัว หรือ พระพุทธเจ้าหลวง เป็นพระมหากษัตริย์ พระองค์ที่ 5 แห่งราชวงศ์จักรี ในสมัยรัตนโกสินทร์ พระองค์เป็นพระมหากษัตริย์ที่มีพระราชกรณียกิจที่สำคัญเพื่อพัฒนาความเจริญของไทย ให้ทัดเทียมกับชาวตะวันตก ทรงพระกรุณาโปรดเกล้าให้มีการเลิกทาส การป้องกันการเป็นอาณานิคมของฝรั่งเศส และจักรวรรดิอังกฤษ นอกจากนี้ยังนำระบบความเจริญก้าวหน้าของชาติตะวันตกมาใช้พัฒนาในประเทศ เช่น ระบบการใช้ธนบัตร และ เหรียญบาท สร้างระบบเขตการปกครองใหม่ เช่น จังหวัด อำเภอ และได้มีการสร้างรถไฟสายแรก คือ กรุงเทพฯ ถึง เมืองนครราชสีมา ด้วยเหตุนี้ประชาชนชาวไทยจึงเคารพและเทิดทูนพระองค์ ทำให้พระองค์ได้รับพระราชสมัญญานามว่า สมเด็จพระปิยมหาราช มีความหมายว่า พระมหากษัตริย์ผู้ทรงเป็นที่รักยิ่งของปวงชน

คำศัพท์

พัฒนา	/ / [팟 타 나-]	발전하다, 개발하다
ความเจริญ	\\ [콰-ㅁ 짜 르ㅓ-ㄴ]	번영, 번창, 발전
ทัดเทียม	/ [탓 티-얌]	동등하다, 같다
เลิก	^ [르ㅓ-ㄱ]	끊다, 취소하다
ทาส	^ [타-ㅅ]	노예, 노비, 종
อาณานิคม	/ [아- 나- 니 콤]	속국, 식민지
ธนบัตร	/ / \\ [타 나 밧]	지폐
เหรียญ	v [리-얀]	메달, 동전, 훈장
รถไฟ	/ [롯 화이]	기차, 열차
เคารพ	/ [카오 롭]	존경하다, 존중하다
ปวงชน	[뿌-웡 촌]	군중, 대중

5 세

5 세 왕의 완전한 이름은 "프라밧쏨뎃프라뻐라민마하쭐라롱껀 프라쭐라쩜끄라오짜오유후워" 또는 "프라픗타짜오루웡"이라고 한다. 짝끄리 왕조의 5 대 왕이다. 왕께서는 국가를 발전시켜 서양사람들과 어깨를 나란히 하도록 중요한 일을 했다. 노예제를 폐지하고, 프랑스와 영국제국의 식민지가 되는 것을 방지했다. 이외에도 서양의 발달된 제도를 도입해서 태국발전에 이용했다-예를 들면, 지폐와 동전의 사용, 도와 군 같은 새로운 통치영역제도의 신설, 방콕-나컨랏차씨마 간의 최초 철도 건설. 이로 인해서 태국사람들은 그 분을 존경하고 숭배하게 되 "쏨뎃프라삐야마하랏"이라는 이름을 갖게 되었는데 이는 태국사람들이 가장 사랑하는 왕이라는 의미이다.

ไวยากรณ์

1. เช่น 예를 들면

ผลไม้ไทยมีหลายอย่าง เช่น มะม่วง ทุเรียน และสับปะรด เป็นต้น

ˇ / / ˇ \ ^ / ^ / / \ \ / ^
폴 라 마이 타이 미- 라-이 야-ㅇ 체-ㄴ 마 무-웡 투 리-얀 래 쌉 빠 롯 뻰 똔

태국 과일은 여러 종류가 있는데 망고, 두리안, 파인애플 등등이다.

การออกกำลังกายทำได้หลายวิธี เช่น เดิน ว่ายน้ำ ทำงานบ้าน เป็นต้น

\ ^ v / ^ ^ /
까-ㄴ 어-ㄱ 깜 랑 까-이 탐 다이 라-이 위 티- 첸 드ㅓ-ㄴ 와-이 남 탐 응아-ㄴ
^ ^
바-ㄴ 뻰 똔

운동은 여러 가지 방법으로 할 수 있다. 예를 들어, 걷기, 수영하기, 집안일 하기 등등 이다.

2. ด้วยเหตุนี้ 이러한 이유로, 그러므로

คนตัดไม้ทำลายป่าด้วยเหตุนี้จึงเกิดน้ำท่วม

\ / \ ^ \ / \ / ^
콘 땃 마이 탐 라-이 빠- 두-워이 헤-ㅅ 니- 쯩 끄ㅓ-ㅅ 남 투-웜

사람들이 나무를 자르고 삼림을 파괴했기 때문에 홍수가 났다.

ประเทศไทยมีอาหารอร่อยด้วยเหตุนี้ชาวต่างชาติจึงชอบมาเที่ยว

\ ^ v \ \ ^ \ / \ ^
쁘라테-ㅅ 타이 미- 아- 하-ㄴ 아러-이 두-워이 헷 니- 차-우 따-ㅇ 차-ㅅ 쯩
^ ^
처 -ㅂ 마- 티-여우

외국인이 태국에 즐겨 놀러 오는 이유는 맛있는 음식이 있기 때문이다.

คำถามท้ายบท

1.พระนามเต็มของพระพุทธเจ้าหลวงมีว่าอย่างไร

....

2.รัชกาลที่ 5 ทรงเป็นพระมหากษัตริย์แห่งราชวงศ์ใด

....

3.เส้นทางรถไฟสายแรกในประเทศไทยเริ่มต้นจากจังหวัดใดถึงจังหวัดใด

....

4. เพราะเหตุใดประชาชนชาวไทยจึงเคารพและเทิดทูนสมเด็จพระจุลจอมเกล้าเจ้าอยู่หัว รัชกาลที่ 5

....

5. พระราชสมัญญานาม ของสมเด็จพระจุลจอมเกล้าเจ้าอยู่หัว รัชกาลที่ 5 มีความหมายว่าอย่างไร

....

เรื่องที่ 9 รัชกาลที่ 9

พระมหากษัตริย์องค์ปัจจุบันของประเทศไทยมีพระนามเต็มว่า พระบาทสมเด็จพระปรมินทรมหาภูมิพลอดุลยเดช เป็นพระมหากษัตริย์ลำดับที่ 9 แห่งราชวงศ์จักรี ในสมัยรัตนโกสินทร์ พระองค์ทรงเป็นกษัตริย์นักพัฒนา เสียสละความสุขส่วนพระองค์เสด็จพระราชดำเนินไปทั่วทุกภาคของไทยโดยเฉพาะในถิ่นทุรกันดาร จนทำให้เกิดโครงการในพระราชดำริขึ้นเพื่อสร้างประโยชน์แก่ประชาชนและแผ่นดินไทยมากกว่า 2000 โครงการ อันเป็นโครงการที่เป็นพื้นฐานสำคัญของการดำรงอยู่ของประชาชนชาวไทย ปัจจุบันทรงเป็นพระมหากษัตริย์ที่มีระยะเวลาในการปกครอง งแผ่นดินยาวนานที่สุดในโลก

<u>คำศัพท์</u>

ลำดับ	[람 답]	순서, 절차, 배열하다
นักพัฒนา	[낙 팟 타 나-]	개발가
เสียสละ	[씨-야 쌀 라]	희생하다

เสด็จพระราชดำเนิน	[싸 뎃 프라 라-ㅅ 차 담 느ㅓ-ㄴ]	행차하시다
ทุรกันดาร	[투 라 깐 다-ㄴ]	미개발지의, 험로의
โครงการ	[크로-ㅇ 까-ㄴ]	계획, 기획
พื้นฐาน	[프-ㄴ 타-ㄴ]	기초, 근본, 기본
ดำรง	[담 롱]	보존하다, 존재하다
พระราชดำริ	[프라 라-ㅅ 차 담 리]	생각하다

9 세 왕

태국의 오늘날의 국왕은 "프라밧쏨뎃프라빼라민마하푸미폰 아둔야뎃"이다. 그 분은 랏따나꼬씬 왕조의 9 대 왕이시다. 국왕은 개발왕이시며 개인의 행복을 희생하셨다. 태국 전 지역 특히 산간 벽지를 방문해 국민과 국가에 이익이 되는 2000 개 이상의 왕실개발계획을 실시했다. 이 계획은 태국 국민생활에 중요하고 기본적인 계획이다. 오늘날 국왕은 세계에서 가장 오랫동안 통치하는 국왕이 되셨다.

<u>ไวยากรณ์</u>

1. โดยเฉพาะ 특히, 오로지, 특별히

เขาชอบอาหารเกาหลีโดยเฉพาะแกงกิมจิ

v ^ v v / / \

카오 처-ㅂ 아- 하-ㄴ 까올 리- 도-이 차 퍼 깨-ㅇ 낌 찌

그는 한국 음식을 좋아하는데 특히 김치찌개를 더 좋아한다.

ฉันตั้งใจทำอาหารให้เธอโดยเฉพาะ

v ^ v ^ \ /

찬 땅 짜이 탐 아- 하-ㄴ 하이 트ㅓ- 도-이 차 퍼

나는 특히 그녀를 위해 요리를 했다.

2. ทำให้... ...가 되게 만들다

주어+ ทำให้ +(목적어)+동사(절)의 형태를 갖는다. 사역문의 일종으로 ทำให้ 의 앞에 원인이 오고 뒤에 결과가 온다.

เนื้อสัตว์ทำให้อ้วน 고기는 살이 찌게 만든다.

/ \ ^ ^

느-어 쌋 탐 하이 우-원

ผู้ชายคนนี้ทำให้ฉันโกรธ 이 남자는 나를 화나게 한다.

^ / ^ v \

푸- 차-이 콘 니- 탐 하이 찬 끄로-ㅅ

3. 비교표현과 최상급 표현

"~보다/ ~다" 라는 비교표현에는 กว่า 를 사용한다. กว่า 앞에는 비교되고 있는 내용을 나타내는 수식어가 필요하게 된다.

เขาพูดเก่งกว่าดิฉัน 그는 나보다 말을 잘한다.

v ^ \ \ \ v
카오 푸-ㅅ 께-ㅇ 꽈- 디 찬

กว่า 뒤는 생략할 수도 있다. 문미에 ~ ดีกว่า 라는 말이 오면 "~ 보다 좋다"라는 의미가 된다.

อาหารไทยเผ็ดกว่าอาหารเกาหลี

- v - \ \ - v / v
아- 하-ㄴ 타이 펫- 꽈- 아- 하-ㄴ 까올 리-

태국 음식은 한국 음식보다 맵다.

최상급은 수식사 + ที่สุด 을 사용하다

ผมรักคุณแม่มากที่สุดในโลก

v / - ^ ^ ^ \ - ^
폼 락 쿤 매- 마-ㄱ 티- 쑷 나이 로-ㄱ

나는 어머니를 세상에서 가장 사랑한다.

คำถามท้ายบท

1.พระมหากษัตริย์พระองค์ปัจจุบันของประเทศไทยมีพระนามว่าอย่างไร

....

2.โครงการในพระราชดำริในพระบาทสมเด็จพระเจ้าอยู่หัวรัชกาลที่ 9 สร้างขึ้นเพื่อสาเหตุใด

....

3.ปัจจุบันประเทศไทยในสมัยรัตนโกสินทร์มีพระมหากษัตริย์รวมทั้งหมดกี่พระองค์

....

(푸미폰 국왕과 왕실개발계획)

라마 9세, 푸미폰 국왕은 1946년 즉위했다. 1986년 12월 5일 60회 생일에 푸미폰 대왕으로 추대되어 입헌군주로서는 최초의 대왕이 되는 영광을 누리게 되었을뿐 아니라 1988년에는 태국 역사상 가장 오래 재위하는 국왕이 되었다.

푸미폰 국왕은 입헌군주다. 입헌군주는 정치적 실권이 없는 '의전'상의 존재다. 더구나 입헌군주는 정치적 역할이 금지되고 있다. 그러나 푸미폰 국왕은 절대군주 못지않게 정치·사회적으로 막강한 영향력을 발휘하고 있다. 이유는 그가 갖는 카리스마 때문이라고 할 수 있다. 불교 국가인 태국에서 입헌군주 푸미폰 국왕은 진정한 불교도 국왕의 자질을 보여 왔다. 국민의 이익과 행복을 위해서 불법(佛法)에 따라 행동하고 통치한다는 믿음을 국민들에게 확실히 심어 주었다. 그 대표적인 예를 왕실개발계획에서 찾아 볼 수 있다.

일종의 경제사회개발계획이라고 할 수 있는 왕실개발계획은 내용에 따라 수자원 및 관개개발, 토지개발, 농업개발, 연구개발, 보건위생, 교육개발 등의 범주로 분류할 수 있다. 푸미폰 국왕은 이른바 태국판 새마을 운동이라고 할 수 있는 왕실개발계획을 성공적으로 실행해 옴으로써 모든 국민들에게 "우리를 잘살게 해 준 아버지 같은 왕"으로 각인되어 왔다. 이에 대한 공로로 유엔으로부터 특별상을 수상하기도 한 푸미폰 국왕은 세계에서 가장 열심히 일하는 왕, 태국 역사상 국민들로부터 가장 사랑받는 국왕이 되었다.

บทที่ 3 สังคมไทย

เรื่องที่ 1 นิสัยคนไทย

คนไทยเป็นชนชาติที่ยึดติดความสบาย พิถีพิถันไม่เร่งรีบในการทำงานและมีความอ่อนน้อมถ่อมตน เคารพผู้ใหญ่ และมีความเกรงใจต่อบุคคลอื่น เป็นชาติที่มีความเป็นมิตรไมตรีกับผู้อื่นอยู่เสมอ คนไทยมีรอยยิ้มตลอดเวลาในการทักทายหรือการพูดคุย ลักษณะแบบนี้ทำให้ชาวต่างชาติหลงใหลความเป็นไทย จนเรียกประเทศไทยว่า "สยามเมืองยิ้ม"

<u>คำศัพท์</u>

ชนชาติ	^ [촌 차-ㅅ]	종족, 국민, 인종, 민족
พิถีพิถัน	/ v / v [피 티- 피 탄]	정교하다, 섬세하다
เร่งรีบ	^ ^ [레-ㅇ 리-ㅂ]	서두르다, 급히 하다
อ่อนน้อม	\ / [어-ㄴ 너-ㅁ]	겸손하다
เคารพ	[카오 롭]	존경하다, 존중하다

เกรงใจ [끄레-ㅇ 짜이] 사양하다, 어려워하다

/
มิตรไมตรี [밋 마이 뜨리-] 우호관계

/
รอยยิ้ม [러-이 임] 미소자국

/
ทักทาย [탁 타-이] 인사하다

v v
หลงใหล [롱 라이] 도취하다, 빠지다

<u>태국인의 성격</u>

태국사람들은 편안함을 고수하고, 일하는 데 섬세하고, 서두르지 않고, 겸손하고, 윗사람을 존경하며, 다른 사람을 대할 때 조심스러운 민족이다. 태국사람은 다른 사람과 항상 우호적 관계를 유지하며, 인사하거나 이야기 할 때 항상 미소를 짓는다. 이 같은 이유로 외국사람들은 태국다움(Thainess)에 빠져 태국을 미소의 나라라고 부른다.

<u>ไวยากรณ์</u>

1. ต่อ …대해서 ต่อ 는 대상을 나타내는 전치사이다.

บุหรี่มีอันตรายต่อร่างกาย 담배는 건강에 해롭다.

\ \ \ \ ^
부 리- 미- 안 따 라-이 떠- 라-ㅇ 까-이

ผลไม้ดีต่อสุขภาพ　　과일은 건강에 좋다.

v / /　　\ \ \ ^

폰 라 마이 디- 떠- 쑥 카 파-ㅂ

2. ยึดติด　집착하다

เขาไม่ยึดติดอดีต　그는 과거에 집착하지 않는다.

v ^ /　\ \ \

카오 마이 으ㅕㅅ 띳 아 디-ㅅ

พ่อยึดติดกับความคิดของตนเอง

^ /　\ \　/ v

퍼- 으ㅕㅅ 띳 깝 콰-ㅁ 킷 커-ㅇ 똔 에-ㅇ

아버지는 자기 생각에 집착하신다.

3. ความ　형용사/명사 앞에 붙이는 접두사로 추상명사를 만든다.

เขามีความรู้และความสามารถด้านภาษาไทย

v　/ /　v ^ ^　v

카오 미- 콰-ㅁ 루- 래 콰-ㅁ 싸- 마-ㅅ 다-ㄴ 파- 싸- 타이

그는 태국어 지식과 능력이 있다.

ความดีทำให้สังคมมีความสุข

^ v　\

콰-ㅁ 디- 탐 하이 쌍 콤 미- 콰-ㅁ 쑥

선행은 사회를 행복하게 한다.

คำถามท้ายบท

1.คนไทยมีนิสัยเป็นอย่างไร

....

2.ในเวลาพูดคุยหรือทักทายกันคนไทยจะมีลักษณะพิเศษอย่างไร

....

3.เพราะอะไรชาวต่างชาติจึงหลงใหลความเป็นไทย

....

태국 학생들의 미소

(태국인의 몇 가지 특성들)

태국인들의 특성 또는 가치관을 몇 가지 소개하면 다음과 같다.

국왕에 대한 존경심: 국왕은 국가의 원수로서 국가와 사회 통합의 구심점 역할을 하며 국민들의 존경을 한 몸에 받고 있다.

권위: 태국인은 권위에 복종하는 습성이 강하다. 권위에 복종하는 습성을 갖는 태국인들은 어려서부터 연장자에 대해 존경할 것을 교육받으며 연장자 우대의식의 비교적 강하다.

개인주의: 태국인들은 자신이 좋아하는 것을 할 수 있는 사람이 진정한 태국인 이라는 말이 있듯이 개인주의적 성향이 강하며 규율이 부재하다. 그러면서도 이러한 개인주의적 태도는 권위를 갈등 없이 잘 수용해 권위 앞에 복종하고 예의를 갖추며 존경한다.

탐분(ทำบุญ): 불교 사회인 태국에서는 불교적 가치관을 중시해 불교의 교리에 따른 선업선과 (善業善果), 악업악과(惡業惡果)의 법칙을 믿고 있으며 승려나 사원, 또는 불우이웃에 대한 탐분(공덕) 쌓기 행위를 일상화하고 있다.

남짜이(น้ำใจ): 태국인은 남짜이(인정)가 많다. 인정은 불교의 가르침인 자비로움과도 같은 것이다.

마이뻰라이(ไม่เป็นไร): 태국인들은 불행한 일을 당했을 때 체념이 빠르다. 태국인들은 마이뻰라이 (천만에요, 괜찮아요)라는 말을 자주 사용하는 데 불교의 업의 교리에 의한 것으로 볼 수 있다. 즉 현세의 행, 불행이 모두 과거 선업과 악업의 소산이라는 믿음을 갖게 되기 때문이다.

짜이옌(ใจเย็น): 짜이옌은 냉정함을 의미한다. 냉정함이란 어떤 일에 간섭하지 않고 성내지 않으며 자신의 감정을 억제함을 뜻한다. 냉정함을 갖고 불행한 일을 피하며 각 상황에서 즐거운 것을 취한다.

끄렝짜이(เกรงใจ): 태국인들은 다른 사람을 직접적으로 비난하거나 괴롭힘으로써 생겨나는 불필요한 갈등을 극력 회피하며 이런 일을 하는 것을 사회적 조화를 깨뜨리는 위험한 일로 무지하고 미성숙한 것으로 인식한다. 태국인들의 이러한 성격을 끄렝짜이라고 한다.

콰싸눅(ความสนุก): 태국인들은 콰싸눅(즐기는 일)을 좋아한다. 비록 많은 이익을 주는 일이라도 즐거움을 주지 않는 일이라면 하지 않는다고 한다. 태국인들은 오락 행위나 행사를 아주 즐기는 데 아마도 풍부한 자연 환경에서 기인한 물질적, 정신적 풍요로움 때문이라고 볼 수 있다.

เรื่องที่ 2 ธงชาติไทย

ธงชาติไทย หรือ เรียกว่า ธงไตรรงค์ มีความหมายว่าธง 3 สี เป็นเอกลักษณ์อย่างหนึ่งของประเทศไทย เริ่มใช้ครั้งแรกในสมัยรัชกาลที่ 6 ของกรุงรัตนโกสินทร์ มีแถบทั้งหมด 5 แถบ เริ่มจากสีแดง สีขาว สีน้ำเงิน สีขาว และสุดท้ายสีแดง โดยแต่ละสีของธงชาติไทยมีความหมายดังนี้ สีแดง หมายถึง ชาติ หรือ ผืนแผ่นดินไทย สีขาว หมายถึง ศาสนา ความบริสุทธิ์และความสะอาด ซึ่งคนไทยในประเทศไทยส่วนใหญ่นับถือศาสนาพุทธ สีน้ำเงิน หมายถึง พระมหากษัตริย์ ผู้เป็นที่เคารพของประชาชนในชาติ

<u>คำศัพท์</u>

ธงชาติ [통 차̂-ㅅ] 국기

สี [씨̌-] 색, 색깔

แดง [대-ㅇ] 붉다, 빨갛다

ขาว [카̌-우] 하얗다

น้ำเงิน [남́ 응으ㅓ-ㄴ] 남색

เอกลักษณ์	[에-ㄱ 까 락]	동질성, 정체성
แถบ	[태-ㅂ]	띠(선) 모양의 부분
บริสุทธิ์	[버- 리 쑷]	순수하다, 허물이 없다
สะอาด	[싸 아-ㅅ]	청결하다, 깨끗하다
นับถือ	[납 트-]	존경하다, 신봉하다

태국의 국기

태국의 국기는 뜨라이롱 기라고 하는 데 이는 세가지 색을 갖는 국기라는 의미로 태국의 정체성의 한 가지다. 랏따나꼬씬 왕조 6 대왕때부터 처음 사용했다. 모두 5 개의 띠를 갖는 데 적색으로부터 시작해서 백색, 청색, 백색, 마지막으로 적색이다. 태국 국기의 각각의 색은 의미를 갖고 있는 데, 적색은 민족 또는 국가(토), 백색은 종교·순결함·깨끗함을 뜻한다. 태국 사람들은 대부분 불교를 믿는다. 청색은 국민들이 존경하는 국왕을 의미한다.

ไวยากรณ์

1. ส่วนใหญ่ 대부분, 대다수

นักเรียนส่วนใหญ่พูดภาษาไทยเก่ง

/ \ \ ^ v \

낙 리-얀 쑤-원 야이 푸-ㅅ 파- 싸- 타이 께-ㅇ

학생 대부분은 태국 말을 잘 한다.

คนไทยส่วนใหญ่ทานข้าวเหนียวกับส้มตำ

\ \ ^ v \ ^

콘 타이 쑤-원 야이 타-ㄴ 카-우 니-여우 깝 쏨 땀

대부분의 태국인은 쏨땀과 찹쌀밥을 먹는다.

2. อย่างหนึ่ง 한 가지

ผัดไทยเป็นอาหารที่มีชื่อเสียงอย่างหนึ่งของไทย

\ v ^ ^ v \ \ v

팟 타이 뻰 아- 하-ㄴ 티- 미- 츠- 씨-양 야-ㅇ 능 커-ㅇ 타이

팟타이는 태국의 유명한 음식의 한 가지다.

อาหารอย่างหนึ่งที่คนเกาหลีนิยมทานคือกิมจิ

v \ \ ^ v / \

아- 하-ㄴ 야-ㅇ 능 티- 콘 까올 리- 니 욤 타-ㄴ 크- 낌 찌

한국인이 먹기를 즐기는 음식의 한 가지는 김치이다.

<u>คำถามท้ายบท</u>

1.ธงชาติไทยมีใช้ครั้งแรกเมื่อใด

....

2.ธงชาติไทยมีกี่สี สีอะไรบ้าง

....

3.ความบริสุทธิ์ ความสะอาด คือความหมายของสีอะไร

....

태국 국기

(태국 국기의 유래)

뜨라이롱이라고 불리는 3 색의 국기는 라마 6 세때(1910-1925 년)인 1917 년부터 사용되었다. 그 이전에 사용된 국기는 붉은 바탕위에 흰 코끼리가 있는 형상이었다.

เรื่องที่ 3 ดอกไม้ประจำชาติไทย

ดอกไม้ประจำชาติไทย คือ ดอกราชพฤกษ์ ภาษาอีสานเรียก ดอกคูน ภาษาเหนือเรียก ดอกลมแล้ง มีสีเหลืองสวยงาม เมื่อเบ่งบานแล้วให้ความรู้สึกอบอุ่น ดอกราชพฤกษ์จะเบ่งบานในช่วงเดือนกุมภาพันธ์ถึงพฤษภาคม มีจุดเด่นเวลาเบ่งบานคือการผลัดใบออกจนหมดต้น เหลือไว้เพียงแค่สีเหลืองอร่ามของดอกราชพฤกษ์เท่านั้น คนไทยในสมัยโบราณยังมีความเชื่อว่าบ้านใดปลูกต้นราชพฤกษ์ไว้ประจำบ้านจะช่วยให้มีเกียรติมีศักดิ์ศรี ทั้งยังเชื่อว่าต้นราชพฤกษ์เป็นไม้มงคล นิยมนำมาใช้ประกอบพิธีกรรมต่างๆ เช่น พิธีเสาไม้หลักเมือง พิธีปลูกบ้าน เป็นต้น

<u>คำศัพท์</u>

สีเหลือง	[씨- 르-엉]	노란 색
เบ่งบาน	[베-ㅇ 바-ㄴ]	(꽃이)피다, 열어 젖히다
อบอุ่น	[옵 운]	따뜻하다
ผลัด	[플랏]	교대하다, 교체하다
ต้น	[똔]	식물의 줄기, 초목의 총칭

โบราณ	[보- 라-ㄴ]	고대의, 옛날의
ความเชื่อ	^ [콰-ㅁ 츠-어]	신념, 신뢰
เกียรติ	\\ [끼-얏]	존경, 명예
มงคล	[몽 콘]	행복과 번영을 가져다 주는 것
ศักดิ์ศรี	\ ˇ [싹 씨-]	영예, 존엄
พิธีกรรม	/ [피 티- 깜]	종교 의식, 의전

국화

태국의 국화는 랏차프륵이다. 동북부 지방에서는 "덕 쿤" 이라고 부르며 북부 지방에서는 "덕 롬랭"이라고 부르는 아름다운 노란색의 꽃이다. 꽃이 피면 따뜻한 느낌을 갖게 한다. 랏차프륵은 2 월에서 5 월까지 핀다. 꽃이 피었을 때 나뭇잎은 모두 떨어져 버리고 노란색 꽃만 남는 것이 눈에 띈다.

옛날에 태국사람들은 어떤 집에 랏차프륵 나무를 항상 심어두면 명예와 신성함을 갖게 된다고 믿었다. 또 랏차프륵 나무는 상서로운 나무이며 락므엉(도시의 중심)의 기둥을 세우거나 집을 지을 때와 같은 여러가지 행사에 즐겨 사용했다.

<u>ไวยากรณ์</u>

1. ถึง　　...(으)로, ...까지

เขาดูโทรทัศน์ถึงเช้า　　그는 아침까지 텔레비전을 본다.

v　　　　　　/　/　v　/
카오 두- 토- 라 탓 틍 차오

เขาไม่ทำงานถึงปีหน้า　　그는 내년까지 일을 안 한다.

v　　^　　　　　　　v　　^
카오 마이 탐 응아-ㄴ 틍 삐- 나-

2. ทั้งยัง　　…랑, …도

มะนาวช่วยบรรเทาอาการปวดศีรษะ ทั้งยังรักษาอาการท้องผูก

/　　　^　　　　　　　　　　　　\　　v　\　/　　　/　v
마 나-우 추-워이 반 타오 아- 까-ㄴ 뿌-웟 씨- 싸 탕 양 락 싸- 아- 까-ㄴ
/　　\
터-ㅇ 푸-ㄱ

레몬은 두통을 완화하는 데 도움이 되고 변비도 치료한다.

ผลไม้ทำให้ผิวสวย ทั้งยังช่วยลดความอ้วน

v　/　/　　　^　　v　　v　　　/　　　　　/　　　^
폴 라 마이 탐 하이 피우 쑤-워이 탕 양 추-워이 롯 콰-ㅁ 우-원

과일은 피부를 예쁘게 하고 다이어트도 도움이 된다.

คำถามท้ายบท

1. ดอกไม้ประจำชาติไทยคือดอกอะไร

....

2. ในภาษาเหนือเรียกดอกไม้ประจำชาติไทยว่าอย่างไร

....

3. ดอกราชพฤกษ์จะบานในช่วงใดของปี

....

4. ดอกราชพฤกษ์มีสีอะไร

....

5. ทำไมคนไทยจึงนำต้นราชพฤกษ์มาปลูกไว้ที่บ้าน

....

랏차프륵꽃

เรื่องที่ 4 ครอบครัวไทย

ในอดีตสังคมไทยทำอาชีพเกษตรกรรม ระบบครอบครัวไทยจึงเป็นครอบครัวใหญ่หรือที่เรียกว่า ครอบครัวขยาย คือ ปู่ ย่า ยาย ตา ทวด พี่ ป้า น้า อา อยู่บ้านหลังเดียวกัน หรืออาจจะอยู่ในอาณาบริเวณรั้วเดียวกัน แต่ในปัจจุบันสังคมไทยเปลี่ยนแปลงไป คนนิยมทำงานในเมือง ครอบครัวไทยเริ่มเป็นครอบครัวเดี่ยวมากขึ้น คือ มีพ่อ แม่ ลูกเท่านั้น

<u>คำศัพท์</u>

อดีต	[아 디-ㅅ]	과거, 옛날의
สังคม	[쌍 콤]	사회, 단체, 사회교제
อาชีพ	[아- 치-ㅂ]	직업, 생업, 생계
เกษตรกรรม	[까 세-ㅅ 뜨라 깜]	농업
ครอบครัว	[크러-ㅂ 크루-워]	가정, 가족
ปู่	[뿌-]	조부, 할아버지

ย่า	^[야-]	조모
ตา	[따-]	외할아버지
ยาย	[야-이]	외할머니
ทวด	^[투-웟]	증조부(모), 외증조부(모)
พี่	^[피-]	형, 누나, 오빠, 언니
ป้า	^[빠-]	부모의 손위 누이나 손위 남자 형제의 부인
น้า	/[나-]	어머니의 남동생이나 여동생
อา	[아-]	아버지의 남동생이나 여동생
พ่อ	^[퍼-]	아버지
แม่	^[매-]	어머니
ลูก	^[루-ㄱ]	자식, 자녀, 아이
บ้าน	^[바-ㄴ]	집, 주택
บริเวณ	[버- /리 웨-ㄴ]	범위, 지역
รั้ว	/[루-워]	울타리, 장벽

เปลี่ยนแปลง [쁠리-얀 쁠래-ㅇ] 변화하다, 개변하다

가족

과거 태국 사회는 농사를 업으로 삼았으며 그래서 가족제도는 대가족제도였다. 즉 할아버지, 할머니, 외할머니, 외할아버지, 증조부 · 모, 형, 이모, 고모, 아저씨 등이 같은 집이나 같은 울타리에서 살았다. 하지만 오늘날 태국사회는 변화했다. 사람들은 도시에서 일하기를 좋아하고 가족들은 소가족 즉 아빠, 엄마, 자식들 뿐이다.

ไวยากรณ์

1. อาจจะ 아마~일 것이다

อาจจะ 는 불확실의 정도가 강할 때 사용하며, 미래의 예측이나 과거에 일어났던 일을 추측할 때도 사용한다.

วันนี้ฝนอาจจะตก 오늘은 아마도 비가 올 것 같다.

/ v \ \ \
완 니- 혼 아-ㅅ 짜 똑

ถ้าคุณไม่เลิกสูบบุหรี่อาจจะตายได้

^ ^ ^ \ \ \ \ \ ^
타 쿤 마이 르ㅓ-ㄱ 쑤-ㅂ 부리 아-ㅅ 짜 따-이 다이

당신은 담배를 끊지 않으면 죽을 수 있다.

2. จึง　　그러므로, 그래서

จึง 은 접속사로 결과를 나타내는 주절에 위치하며, 주어가 있으면 그 뒤에, 그렇지 않으면 문두에 놓인다.

น้องชายเดินตากฝน เขาจึงเป็นหวัด

/　　　　　　\　v　v　　　\
너-ㅇ 차이 드ㅓ-ㄴ 따-ㄱ 혼 카오 쯩 뻰 왓

남동생은 빗 속에 걸어서 감기에 걸렸다.

ประเทศไทยร้อนมาก คนไทยจึงไปเที่ยวน้ำตก

\　^　　　　/　^　　　　　　　　^　　/　\
쁘라 테-ㅅ 타이 러-ㄴ 마-ㄱ 콘 타이 쯩 빠이 티-여우 남 똑

태국은 매우 더워서 태국인들은 폭포에 놀러 간다.

<u>คำถามท้ายบท</u>

1.ในอดีตสังคมไทยนิยมทำอาชีพอะไร

....

2.มีใครอยู่ในครอบครัวใหญ่บ้าง

....

3.ปัจจุบันสังคมไทยมีครอบครัวเป็นอย่างไร

....

태국인의 대가족

เรื่องที่ 5 การเมืองไทย

ประเทศไทยปกครองระบอบราชาธิปไตยภายใต้รัฐธรรมนูญ และประชาธิปไตยระบบรัฐสภา มีพระมหากษัตริย์อยู่ภายใต้รัฐธรรมนูญเป็นประมุขแห่งรัฐ และนายกรัฐมนตรีเป็นหัวหน้ารัฐบาล มีระบบพรรคการเมืองเป็นแบบหลายพรรค ดังนั้นการจัดตั้งรัฐบาลจึงต้องใช้พรรคการเมืองหลายพรรครวมกัน อย่างไรก็ตาม การเมืองไทยยังมีการต่อสู้ระหว่างกลุ่มการเมือง ระหว่างแนวคิดเก่าแนวคิดใหม่ ข้าราชการ นายพล ประเทศไทยเกิดรัฐประหารหลายครั้ง ซึ่งมักเปลี่ยนแปลงให้ประเทศไทยอยู่ภายใต้อำนาจของคณะรัฐประหารชุดแล้วชุดเล่า จนถึงปัจจุบันการเมืองไทย (พ.ศ.2558) อยู่ในระบอบเผด็จการทหาร

<u>คำศัพท์</u>

ระบอบ	[라 버-ㅂ]	제도, 체제, 정체
ประชาธิปไตย	[쁘라 차- 티 빠 따이]	민주주의
รัฐธรรมนูญ	[랏 타 탐 마 누-ㄴ]	헌법

รัฐสภา	/ / \\ [랏 타 싸 파-]	국회, 의회
รัฐบาล	/ / [랏 타 바-ㄴ]	정부, 정권, 내각
ประมุข	\\ / [쁘라 묵]	원수, 수뇌, 우두머리
รัฐ	/ [랏]	국토, 국가, 나라
นายกรัฐมนตรี	/ / \\ [나- 욕 랏 타 몬 뜨리-]	수상, 총리
หัวหน้า	ˇ ^ [후-워 나-]	우두머리, 보스
รัฐมนตรี	/ / [랏 타 몬 뜨리-]	각료, 장관
การเมือง	[까-ㄴ 므-엉]	정치, 정무
พรรคการเมือง	/ [팍 까-ㄴ 므-엉]	정당
แนวคิด	/ [내-우 킷]	노선, 경향
ข้าราชการ	^ ^ / [카- 라-ㅅ 차 까-ㄴ]	공무원, 관료
นายพล	[나-이 폰]	장군
รัฐประหาร	/ / \\ ˇ [랏 타 쁘라 하-ㄴ]	정변, 쿠데타
เผด็จการ	\\ \\ [파 뎃 까-ㄴ]	독재

정치

태국은 입헌군주국이며 의회 민주주의 국가이다. 입헌군주는 국가원수이며, 총리는 정부의 수반이다. 정당제는 다당제이며 정부 구성은 여러 당이 연립해서 구성하게 된다. 아무튼 태국정치는 정치 집단간· 구세대· 신세대· 공무원· 군 장성들 사이의 경쟁이 발생한다. 태국에는 쿠데타가 여러 번 발생해 대체적으로 쿠데타 주도세력의 영향력 하에 놓였다. 오늘날(서기 2015 년) 태국정치는 군사독재 하에 놓여있다.

ไวยากรณ์

1. ต้อง ...해야 한다

ต้อง 은 "~해야 한다"라는 의미의 조동사로 "의무, 당연, 필연"을 나타내며 동사 앞에 놓여 사용된다.

ฉันต้องทำงานบ้าน 나는 집안 일을 해야 한다.

v ^ ^
찬 떠-ㅇ 탐 응아-ㄴ 바-ㄴ

คุณต้องพักผ่อนมากๆ 당신은 많이 쉬어야 한다.

^ / \ ^ ^
쿤 떠-ㅇ 팍 퍼-ㄴ 마-ㄱ 마-ㄱ

2. ซุดแล้วซุดเล่า 반복적으로

แม่รีดผ้าชุดแล้วชุดเล่า 어머니가 반복적으로 다림질을 하신다.

^ ^ ^ / / / ^

매- 리-ㅅ 파- 춧 래-우 춧 라오

3. อย่างไรก็ตาม 아무튼간에

อย่างไรก็ตามเราต้องดูสภาพอากาศก่อน

\ ^ ^ \ ^ \ \

야-ㅇ 라이 꺼 따-ㅁ 라오 떠-ㅇ 두- 싸 파-ㅂ 아- 까-ㅅ 꺼-ㄴ

아무튼 우리는 우선 날씨를 봐야 한다.

อย่างไรก็ตามนักเรียนต้องส่งการบ้านภายในวันนี้

\ ^ / ^ \ ^ /

야-ㅇ 라이 꺼 따-ㅁ 낙 리-얀 떠-ㅇ 쏭 까-ㄴ 바-ㄴ 파-이 나이 완 니-

어쨌든, 학생들은 오늘 이내에 숙제를 제출해야 한다.

4. ภายใต้ …아래에

พระมหากษัตริย์อยู่ภายใต้รัฐธรรมนูญ

/ / v \ \ \ ^ / \ /

프라 마 하- 까 쌋 유- 파-이 따이 랏 타 탐 마 누-ㄴ

왕은 헌법 하에 있다(입헌군주).

เขาทำงานภายใต้ความกดดัน 그는 스트레스 하에 일을 한다.

v ^ \

카오 탐 응아-ㄴ 파-이 따이 콰-ㅁ 꼿 단

คำถามท้ายบท

1. ระบบการปกครองของไทยใครเป็นประมุขของประเทศ

....

2. ระบบการเมืองไทยใครเป็นหัวหน้ารัฐบาล

....

3. การจัดตั้งรัฐบาลของประเทศเป็นแบบใด

....

4. ทำไมประเทศไทยจึงเกิดการรัฐประหาร

....

방콕에 있는 민주기념탑

(악순환의 태국정치: 군과 쿠데타)

태국에는 1932 년 최초로 성공한 군부 쿠데타가 발생하였다. 1932 년 쿠데타는 절대군주제를 붕괴시키고 입헌군주제 도입을 목적으로 하였다. 그러나 1932 년 이래 80 여 년이 지난 시점까지 문민통치의 전통이 확립되지못했고 상당 기간은 군부 과두제통치가 행해졌으며 군부 쿠데타의 악순환이 반복되었다.

1932 년 이래 2014 년까지 모두 20 차례 이상의 쿠데타가 발생했으며 이중 성공한 쿠데타의 수는 12 차례(1932, 1933, 1947, 1951, 1957, 1958, 1971, 1976, 1977, 1991, 2006, 2014)이다. 평균적으로 4 년에 못미쳐 한 차례씩 쿠데타가 발생한 셈이니 하원의원 선거가 4 년마다 실시되는 것을 감안하면 태국의 정권교체 수단은 투표(ballot)가 아니라 총탄(bullet)에 의해서 이루어졌다고 볼 수 있을 정도다.

เรื่องที่ 6 การศึกษาไทย

ระบบการศึกษาไทยในปัจจุบันกำหนดไว้ในพระราชบัญญัติการศึกษา ให้มีการจัดระบบการศึกษาภาคบังคับ 9ปี คือประถมศึกษา 6 ปี (ระดับชั้นประถมศึกษาปีที่ 1 ถึง 6) การศึกษาขั้นมัธยมศึกษาตอนต้น3ปี (ระดับชั้นมัธยมศึกษาตอนต้นปีที่ 1ถึง3) และการศึกษาขั้นพื้นฐาน 12 ปี คือ การศึกษาภาคบังคับ 9 ปี และการศึกษาขั้นมัธยมศึกษาตอนปลาย3ปี (ระดับชั้นมัธยมศึกษาตอนปลายปีที่ 4ถึง6)

<u>คำศัพท์</u>

การศึกษา	\ ˇ [까-ㄴ 쓱 싸-]	교육
กำหนด	\ [깜 놋]	규정하다, 지정하다
ประถมศึกษา	\ ˇ \ ˇ [쁘라 톰 쓱 싸-]	초등학교
มัธยมศึกษา	/ / \ ˇ [맛 타 욤 쓱 싸-]	중등학교
พระราชบัญญัติ	/ ^ / \ [프라 라-ㅅ 차 반 얏]	국회가 제정하고 국왕의 승인을 받은 법률
บังคับ	/ [방 캅]	강제하다

/ \
ระดับ [라 답] 수준, 정도

/ v
พื้นฐาน [프-ㄴ 타-ㄴ] 기초, 기본의

교육

교육법에 규정된 오늘 날 태국의 교육제도는 9 년의 의무교육을 시행하고 있다. 즉, 초등학교 6 년(1 학년부터 6 학년), 중학교 3 년(1 학년부터 3 학년)과정이다. 그리고 기본 교육 12 년이란 의무교육 9 년과 고등학교 과정 3 년(4 학년부터 6 학년)이다.

ไวยากรณ์

1. ใน ...안에, ...에

ใน 는 전치사 "…에, (안)에서"의 의미로 위치나 장소명사 앞에 사용한다.

เธอร้องเพลงในร้านอาหาร 그녀는 음식점에서 노래를 부른다.

/ / v
트ㅓ- 러-ㅇ 플레-ㅇ 나이 라-ㄴ 아- 하-ㄴ

ในความคิดของฉัน คนไทยใจดีมาก

/ v v ^
나이 콰-ㅁ 킷 커-ㅇ 찬 콘 타이 짜이 디- 마-ㄱ

내 생각에 태국인은 아주 착하다.

2. กำหนด 규정하다, 제한하다, 지정하다

รัฐบาลกำหนดราคาข้าวทุกปี 정부는 매년 쌀 가격을 정한다.

/ \ \ ^ /
랏 타 바-ㄴ 깜 놋 라- 카- 카-우 툭 삐-

เราควรกำหนดเวลาในการทำงาน

\
라오 쿠-원 깜 놋 웰- 라- 나이 까-ㄴ 탐 응아-ㄴ

우리는 일하는 시간을 정해야 한다.

<u>คำถามท้ายบท</u>

1. ประเทศไทยกำหนดให้คนไทยต้องเรียนอย่างน้อยกี่ปี

....

2. การศึกษาภาคบังคับต้องเรียนระดับชั้นใดถึงระดับชั้นใด

....

3. การศึกษาขั้นพื้นฐานของประเทศไทยเรียนทั้งหมดกี่ปี

....

4. ระดับชั้นมัธยมศึกษาตอนปลายเรียนระดับชั้นใดถึงระดับชั้นใด

....

치양마이 학생의 교복

เรื่องที่ 7 การศึกษาในระดับประถม

เมื่อเด็กอายุครบ 7 ปี และผ่านการเรียนในระดับก่อนปฐมศึกษาหรือที่เรียกว่า อนุบาล แล้ว เด็กจะเข้าเรียนในระดับประถมศึกษาชั้นปีที่ 1 ระดับประถมศึกษาจะมีทั้งหมด 6 ชั้นปี แบ่งเป็น 2 ช่วงคือ ช่วงชั้นที่ 1 ได้แก่ ระดับประถมศึกษาปีที่ 1 ถึง ประถมศึกษาปีที่ 3 และช่วงชั้นที่ 2 ได้แก่ ระดับประถมศึกษาปีที่ 4 ถึง ระดับประถมศึกษาปีที่ 6

<u>คำศัพท์</u>

เด็ก	\ [덱]	아이, 어리다
ครบ	/ [크롭]	완전하다, 기간에 도달하다
ผ่าน	\ [파-ㄴ]	지나다, 통과하다, 경험하다
การเรียน	[까-ㄴ 리-얀]	학술, 학업, 배움
อนุบาล	\ / [아 누 바-ㄴ]	유치원
ช่วง	^ [추-웡]	기간, 부분

초등교육

어린이가 만 7 세 됐을 때 그리고 초등교육 이전 과정 또는 유치원과정을 마치면 초등학교 1 학년에 입학한다. 초등교육은 모두 6 년인데 두 기간으로 나눈다. 첫째 기간은 1 학년부터 3 학년까지이며, 둘째 기간은 4 학년부터 6 학년까지이다.

ไวยากรณ์

1. และ ...과/와

และ 는 접속사로 "...와/과, ~고"의 의미이다. 두 단어나 구 또는 두 문장의 병렬관계를 나타낸다.

พ่อและแม่ทำงานเพื่อลูก

^ / ^ ^ ^
퍼- 래 매- 탐 응아-ㄴ 프-어 루-ㄱ

아버지와 어머니는 자식을 위해 일을 한다.

แกงเขียวหวานและต้มยำกุ้งเป็นอาหารไทย

v v / ^ ^ v
깨-ㅇ 키-여우 와-ㄴ 래- 똠 얌 꿍 뻰 아- 하-ㄴ 타이

깽키여우완과 똠얌꿍은 태국음식이다.

2. (เรียก)~ว่า~ ~라 부른다, 칭하다

A เรียก B ว่า C 형태는 A 는 B 를 C 라 부른다의 의미이다.

เราเรียกเขาว่าแดง 우리는 그를 "댕"이라고 부른다.

^ v ^
라오 리-약 카오 와- 대-ㅇ

ชาวต่างชาติเรียกประเทศไทยว่าสยามเมืองยิ้ม

\ ^ ^ \ ^ ^ \ v /
차-우 따-ㅇ 차-ㅅ 리-약 쁘라 테-ㅅ 타이 와- 싸 야-ㅁ 므-엉 임

외국인은 태국을 미소의 나라로 부른다.

3. ว่า 는 사고, 감각, 전해 들은 말, 인용 등의 표현에 사용되는 관계사로도 사용된다.

คนต่างชาติคิดว่าคนไทยใจดี

\ ^ / ^
콘 따-ㅇ 차-ㅅ 킷 와- 콘 타이 짜이 디-

외국인은 태국인이 착하다고 생각한다.

ผมได้ยินว่าพรุ่งนี้โรงเรียนหยุด

v ^ ^ ^ / \
폼 다이 인 와- 프룽 니- 로-ㅇ 리-얀 윳

나는 내일 학교가 휴일이라고 들었다.

คำถามท้ายบท

1.เด็กไทยเริ่มเรียนระดับประถมศึกษาเมื่ออายุเท่าไร

....

2.ก่อนเข้าเรียนในระดับชั้นประถมศึกษาต้องผ่านการเรียนระดับใด

....

3.การเรียนในระดับชั้นประถมศึกษาต้องเรียนกี่ปี

....

4.ประถมศึกษาช่วงชั้นที่สองคือระดับใดถึงระดับใด

....

เรื่องที่ 8 การศึกษาในระดับมัธยมศึกษา

เมื่อนักเรียนผ่านการเรียนในระดับประถมศึกษาปีที่ 6 แล้ว จะเข้าสู่การศึกษาในระดับมัธยมศึกษาซึ่งแบ่งเป็นสองระดับ คือ ระดับมัธยมศึกษาตอนต้น ใช้เวลาเรียน 3 ปี ได้แก่ มัธยมศึกษาปีที่ 1 ถึง มัธยมศึกษาปีที่ 3 และระดับมัธยมศึกษาตอนปลาย ใช้เวลาเรียน 3 ปี แต่แบ่งเป็นสองประเภท ดังนี้ ประเภทสามัญศึกษา ได้แก่ มัธยมศึกษาปีที่ 4 ถึง มัธยมศึกษาปีที่ 6 เป็นการจัดการศึกษาเพื่อเป็นพื้นฐานในผู้ที่อยากศึกษาในระดับอุดมศึกษาต่อไป อีกประเภทหนึ่งคือ ประเภทอาชีวะศึกษา ได้แก่ ประสบการวิชาชีพ 1 ถึง ประสบการวิชาชีพ 3 เป็นการจัดการศึกษาเพื่อพัฒนาความรู้และทักษะในการประกอบอาชีพ หรือ ศึกษาต่อในระดับอาชีพต่อไป

<u>คำศัพท์</u>

ประเภท	[쁘라 페-ㅅ]	종류, 유형
สามัญศึกษา	[싸- 만 쓱 싸-]	보통교육
อุดมศึกษา	[우 돔 쓱 싸-]	대학교육

\ \
ประสบการณ์ [쁘라 쏩 까-ㄴ] 경험

/
ความรู้ [콰-ㅁ 루-] 지식, 학식, 학문

/ \
ทักษะ [탁 싸] 숙련, 기술

^
อาชีพ [아- 치-ㅂ] 직업, 생업, 생계

고등교육

학생들이 초등교육과정 6 년을 수료하면 중등교육과정에 입학하는 데 두 개 과정으로 나뉜다. 초등과정 3 년은 1 학년부터 3 학년까지이다. 중등과정 3 년은 두 종류로 나뉜다. 인문계는 4 학년부터 6 학년까지 인데 대학진학을 원하는 학생을 위한 기본교육을 준비한다. 또 다른 한 종류는 직업고등학교이다. 1 학년부터 3 학년까지 직업교육을 준비한다. 직업 지식과 기술을 개발하거나 다음 단계의 직업교육을 공부하기 위해 준비하는 과정이다.

<u>ไวยากรณ์</u>

1. แต่ ...하지만

แต่ 는 접속사로 역설을 의미한다.

เขาอยากมีเงิน แต่เขาไม่ทำงาน

ˇ   \   \   ˇ   ^

카오 야-ㄱ 미- 응으ㅓ-ㄴ 때- 카오 마이 탐 응아-ㄴ

그는 돈을 벌고 싶어하지만 일을 하지 않는다.

ฉันชอบหมาแต่พี่ชอบแมว

ˇ ^   ˇ   \   ^   ^

찬 처-ㅂ 마- 때- 피- 처-ㅂ 매-우

나는 개를 좋아하지만 형은 고양이를 좋아한다.

2. แบ่งเป็น   ...으로 나누다

ห้องน้ำแบ่งเป็นห้องอาบน้ำและห้องส้วม

^   / \   ^   \   / / ^   ^

허-ㅇ 남 배-ㅇ 뻰 허-ㅇ 아-ㅂ 남 래 허-ㅇ 쑤-웜

태국의 화장실은 욕실과 화장실로 나뉜다.

ประเทศไทยแบ่งออกเป็น 77 จังหวัด

\   ^   \   \   \ \ \   \

쁘라 테-ㅅ 타이 배-ㅇ 어-ㄱ 뻰 쩻 씹 쩻 짱 왓

태국은 77 개 도로 나뉜다.

คำถามท้ายบท

1.ก่อนเข้าเรียนในมัธยมศึกษาต้องผ่านการเรียนในระดับชั้นใด

....

2.การศึกษาในระดับมัธยมศึกษาแบ่งเป็นกี่ระดับ

....

3.มัธยมศึกษาตอนปลายเรียนในระดับชั้นใดถึงระดับชั้นใด

....

4.ถ้าต้องการพัฒนาความรู้ด้านทักษะอาชีพต้องเรียนอะไร

....

태국 고등학생의 교복

(학기제와 휴가)

초·중등학교 1 학기는 5 월 중순부터 9 월 말까지이며 2 학기는 10 월 말부터 2 월 말까지이다. 대학교의 경우 1 학기는 8 월 중순부터 12 월 초까지이며 2 학기는 1 월 초부터 4 월 말까지이다. 그 나머지 기간은 방학인 셈이다.

เรื่องที่ 9 มหาวิทยาลัย

การศึกษาในระดับอุดมศึกษา เป็นการศึกษาในระดับสูงสุดของประเทศไทย โดยแบ่งเป็นคณะ และภาควิชาต่าง ๆ ตามอาชีพที่มีในสังคม เมื่อนักเรียนเรียนจบในระดับมัธยมศึกษาแล้ว จะเลือกมหาวิทยาลัย และคณะที่สนใจ โดยจะใช้เวลาเรียนในระดับมหาวิทยาลัย 4 ปี แต่บางคณะใช้เวลาเรียนมากกว่านั้น เช่น คณะศึกษาศาสตร์ 5 ปี คณะแพทยศาสตร์ 6 ปี

คำศัพท์

คณะ	[카 나]	학부, 단체
ภาควิชา	[파-ㄱ 위 차-]	과, 학과
ศาสตร์	[싸-ㅅ]	학(學)
สังคม	[쌍 콤]	사회, 단체
เรียนจบ	[리-얀 쫍]	졸업하다
เลือก	[르-억]	고르다, 선택하다
สนใจ	[쏜 짜이]	관심을 갖다, 주의를 기울이다, 중시하다

대학

대학교육은 가장 높은 수준의 교육이다. (대학은) 사회에 있는 직업에 따라서 여러 단과대학과 학과로 나뉜다. 학생들은 중등학교 과정을 졸업하면 관심을 갖는 대학교와 단과대학을 선택한다. 대학 과정은 4 년인데 어떤 단과대학은 그 보다 많이 공부를 한다. 예를 들면 교육대학은 5 년, 의과대학은 6 년을 공부한다.

ไวยากรณ์

1. แล้ว 완료를 나타내는 표현으로 문미에 사용한다.

เขาเรียนจบแล้ว 그는 이미 졸업했다.

ˇ \ /
카오 리-얀 쫍 래-우

พวกเราเคยไปประเทศไทยแล้ว 우리는 태국에 가 봤다.

^ \ ^ /
푸-웍 라오 크ㅓ-이 빠이 쁘라 테-ㅅ 타이 래-우

2. บาง 어떤

เขาค้นพบบางสิ่งซ่อนอยู่ใต้เตียง

ˇ / / \ ^ \ ^
카오 콘 폽 바-ㅇ 씽 써-ㄴ 유- 따이 띠-양

그는 침대 아래에 숨겨진 어떤 것을 발견했다.

อาหารไทยบางอย่างเผ็ด บางอย่างหวาน

ˇ \ \ \ ˇ
아- 하-ㄴ 타이 바-ㅇ 야-ㅇ 펫 바-ㅇ 야-ㅇ 와-ㄴ

태국 음식은 어떤 것은 맵고 어떤 것은 달콤하다.

3. ใช้ ~동사, ~를 사용해서... 하다

동사를 연속적으로 사용하게 된다.

คนไทยใช้ดอกมะลิทำขนม

/ \ / / \ v

콘 타이 차이 더-ㄱ 말 리 탐 카 놈

태국인은 과자를 만드는 데 자스민을 사용한다.

ฉันใช้แป้งสาลีทำขนมปัง

v / ^ v \ v

찬 차이 빼-ㅇ 쌀- 리- 탐 카 놈 빵

나는 빵을 만들기 위해 밀가루를 사용한다.

คำถามท้ายบท

1. การศึกษาสูงสุดในประเทศไทยคือการศึกษาระดับใด

....

2. ก่อนเข้าเรียนในมหาวิทยาลัยนักเรียนต้องเรียนผ่านระดับใด

....

3. การเรียนในมหาวิทยลัยใช้เวลาเรียนกี่ปี

....

4. คณะใดที่ใช้เวลาเรียน 5 ปี

....

태국 대학생의 교복

เรื่องที่ 10 ชุดนักศึกษา

เครื่องแบบนักศึกษาคือ การแต่งกายของผู้ที่ศึกษาในระดับอุดมศึกษาหรือระดับมหาวิทยาลัย ประเทศไทยเป็นหนึ่งในไม่กี่ประเทศที่มีการกำหนดให้นักศึกษาแต่งกายด้วยเครื่องแบบนักศึกษา ซึ่งเป็นการสร้างเอกลักษณ์ในสถานศึกษา และนอกจากนี้ยังเป็นการสร้างวินัยให้กับนักศึกษา เครื่องแบบนักศึกษาของไทยส่วนใหญ่มีรูปแบบคล้ายกันแทบทุกมหาวิทยาลัย นักศึกษาผู้ชายจะสวมเสื้อเชิ้ตสีขาว แขนยาวหรือแขนสั้น กางเกงขายาวสีดำ ผูกเนคไท และรัดเข็มขัดที่มีสัญลักษณ์ของมหาวิทยาลัย ส่วนนักศึกษาผู้หญิงสวมเสื้อเชิ้ตสีขาวแขนสั้น ติดกระดุมเสื้อเครื่องหมายมหาวิทยาลัย และที่อกเสื้อด้านซ้ายติดเข็มกลัดเครื่องหมายมหาวิทยาลัย ใส่กระโปรงทรงสุภาพสีดำ และรัดเข็มขัดที่มีสัญลักษณ์ของมหาวิทยาลัยเช่นเดียวกัน นักศึกษาจะมีความภูมิใจในสถาบันของตนเพราะชุดนักศึกษาไม่ใช่เป็นเพียงเครื่องแต่งกายหากยังเป็นเครื่องยืนยันถึงสิทธิ หน้าที่ และศักดิ์ศรีของนักศึกษาไทย

คำศัพท์

เครื่องแบบ [크르^-엉 배\-ㅂ] 제복

/ \ v
นักศึกษา [낙 쓱 싸-] 대학생

\ v
ศึกษา [쓱 싸-] 학습, 연구, 교육

\
แต่งกาย [때-ㅇ 까-이] 옷을 입다

\ \ /
เอกลักษณ์ [에-ㄱ 까 락] 동일성

\ v \ v
สถานศึกษา [싸 타-ㄴ 쓱 싸-] 교육기관

/
วินัย [위 나이] 규율, 계율

^ \
รูปแบบ [루-ㅂ 배-ㅂ] 형식, 양식

^ /
เสื้อเชิ้ต [쓰-어 츠ㅓ-ㅅ] 셔츠

v
แขน [캐-ㄴ] 팔

กางเกง [까-ㅇ 께-ㅇ] 바지

\
กระโปรง [끄라 쁘로-ㅇ] 치마

v \
เข็มขัด [켐 캇] 허리띠, 벨트

\
กระดุม [끄라 둠] 단추

^ v
เครื่องหมาย [크르-엉 마-이] 부호, 표기

v \
เข็มกลัด [켐 끌랏] 브로치

สัญลักษณ์	v / / [싼 야 락]	상징, 표상, 기호
สิทธิ	\ / [씻 티]	권리, 법률의 권한
หน้าที่	^ ^ [나- 티-]	임무, 의무, 직무, 기능
ศักดิ์ศรี	\ v [싹 씨-]	영예, 존엄

대학생 교복

대학생 교복은 대학에서 공부하는 사람들의 의상을 말한다. 태국은 대학생들이 교복을 입도록 규정하고 있는 몇 안 되는 국가 중 하나다. 그것은 교육기관의 정체성을 만들어내고 이 외에도 학생들에게 규율의식을 심어준다. 태국 대학생들의 교복은 거의 모든 대학에서 그 형태가 비슷하다. 남자 대학생들은 긴 팔 또는 짧은 팔의 흰색 셔츠, 검정색 바지를 입고 넥타이를 매며, 대학의 상징인 벨트를 맨다. 한편 여학생들은 짧은 팔 흰 셔츠를 입고 대학 상징 단추를 달고, 왼 쪽 가슴에는 대학표시 브로치를 달고, 정숙한 검정색 치마를 입는다. 그리고 똑같이 대학 상징 벨트를 맨다. 대학생들은 자신의 대학에 대해서 자부심을 갖는다. 왜냐하면 교복은 단순한 의상일 뿐 아니라 태국 대학생들의 권리, 의무, 명예를 나타내는 것이기도 하기 때문이다.

<u>ไวยากรณ์</u>

1. ส่วน　　한편...

นักเรียนชายใส่กางเกง ส่วนนักเรียนหญิงใส่กระโปรง

/　　　　\　　　　\　/　　v　\　\

낙 리-얀 차-이 싸이 까-ㅇ 께-ㅇ 쑤-원 낙 리-얀 잉 싸이 끄라 쁘로-ㅇ

남학생은 바지를 입고 (한편) 여학생은 치마를 입는다.

อาคารนี้ชั้นหนึ่งเป็นที่ทำงาน ส่วนชั้นสองเป็นห้องพัก

/ / \　^　　\　/ v　　^ /

아- 카-ㄴ 니- 찬 능 뻰 티- 탐 응아-ㄴ 쑤-원 찬 써-ㅇ 뻰 허-ㅇ 팍

이 건물의 일층은 사무실이다. 한편 이층은 휴게실이다.

2. เป็นหนึ่งใน　　그 중 하나이다

น้ำตกเจ็ดสาวน้อยเป็นหนึ่งในน้ำตกชื่อดังของเมืองไทย

/ \ \ v　/　　\　/ \ ^　v

남 똑 쩻 싸-우 너-이 뻰 능 나이 남 똑 츠- 당 커-ㅇ 므-엉 타이

"쩻싸우너이" 폭포는 태국의 유명한 폭포 중 하나이다.

เขาเป็นหนึ่งในผู้ประกวดร้องเพลง

v　\　^ \ \ /

카오 뻰 능 나이 푸- 쁘라 꾸-웟 러-ㅇ 플레-ㅇ

그는 노래 경기 대회에 참석하는 사람 중 하나이다.

3. ไม่เพียงแต่...หากยัง   ...뿐만 아니라 ...이기도 하다

ผลไม้ไม่เพียงแต่อร่อย หากยังช่วยบำรุงผิวด้วย

ˇ / / ^ \ \ \ \ ^ ˇ ^
퐁 라 마이 마이 피-양 때- 아 러-이 하-ㄱ 양 추-워이 밤 룽 피우 두-워이

과일은 맛있을 뿐만 아니라 피부를 보호하기도 한다.

ไม่เพียงแต่สวยเธอยังนิสัยดี

^ \ ˇ / ˇ
마이 피-양 때- 쑤-워이 트ㅓ- 양 니 싸이 디

그녀는 예쁠뿐 아니라 성격이 좋기도 하다.

<u>คำถามท้ายบท</u>

1. ใครเป็นคนแต่งเครื่องแบบนักศึกษา

....

2. ทำไมต้องต้องแต่งเครื่องแบบนักศึกษา

....

3. นักศึกษาชายหรือนักศึกษาหญิงที่ต้องผูกเนคไท

....

4. นักศึกษาชายหรือนักศึกษาหญิงที่ต้องติดเข็มกลัดที่อกเสื้อ

....

5. กางเกงและกระโปรงนักศึกษาสีอะไร

....

여자 대학생 교복

남자 대학생 교복

เรื่องที่ 11 ภาษาไทย

ประเทศไทยมีภาษาไทยเป็นภาษาประจำชาติ ใช้เป็นภาษาราชการ หรือภาษากลางในการติดต่อสื่อสารของคนในประเทศ ภาษาไทยแบ่งเป็นพยัญชนะไทย ทั้งหมด 44 ตัว มี 21 เสียง สระไทย 21 รูป 32 เสียง และ วรรณยุกต์ไทย มี 4 รูป 5 เสียง นอกจากภาษากลาง ประเทศไทยยังมีภาษาถิ่นที่ใช้กันตามแต่ละภูมิภาค ได้แก่ ภาคเหนือ ใช้ภาษาถิ่นเหนือ เรียกว่า ภาษาล้านนา หรือคำเมือง ภาคตะวันออกเฉียงเหนือ ใช้ภาษาอีสาน และภาคใต้ใช้ภาษาถิ่นใต้

<u>คำศัพท์</u>

ภาษาราชการ	[파- 싸ˇ- 라-ㅅ^ 차/ 까-ㄴ]	표준어, 공용어
ภาษากลาง	[파- 싸ˇ- 끌라-ㅇ]	표준어, 공용어
ติดต่อ	[띳\ 떠\-]	연락하다
สื่อสาร	[쓰\- 싸ˇ-ㄴ]	통신하다, 소식을 전하다

เสียง	[씨-양]	음성, 소리
รูป	[루-ㅂ]	형식, 형태
พยัญชนะ	[파 얀 차 나]	자음
สระ	[싸 라]	모음
วรรณยุกต์	[완 나 육]	성조부호
ภาษาถิ่น	[파- 싸- 틴]	방언, 사투리

타이어

타이어는 태국 사람들이 의사전달을 하는 국가언어이며 공용어 또는 표준어로 사용된다. 타이어는 자음 44 개와 21 개의 음, 모음 21 개와 32 개의 음, 그리고 4 개 성조부호와 5 개 성조로 나뉜다. 표준어 외에 태국에는 각 지방에서 사용되는 방언이 있다. 즉 북부에는 란나어 또는 "캄므엉"이라고 불리는 북부 방언을 사용하고, 동북부에는 "이싼어"를 사용하며, 남부에서는 남부방언을 사용한다.

ไวยากรณ์

1. นอกจาก...ยังมี ...이외에...도 있다.

นอกจาก (นี้)+주어+ยัง +동사(구)+ด้วย

ที่ร้านอาหารนี้นอกจากอาหารคาวยังมีอาหารหวานด้วย

^ / v / ^ \ v v v

티- 라-ㄴ 아- 하-ㄴ 니- 너-ㄱ 짜-ㄱ 아- 하-ㄴ 카-우 양 미- 아- 하-ㄴ 와-ㄴ

^

두-워이

이 식당에는 음식 이외에 디저트도 있다.

นอกจากฝนตกหนักแล้ว น้ำยังท่วมด้วย

^ \ v \ \ / / ^ ^

너-ㄱ 짜-ㄱ 혼 똑 낙 래-우 남 양 투-웜 두-워이

비가 많이 내릴 뿐 아니라 홍수도 났다.

2. กัน 같이, 함께~하다

동사(구)+ กัน 복수의 사람들이 동시에 행동을 하는 일을 나타낸다.

เราไปเที่ยวกันที่เชียงใหม่ 우리는 치앙마이로 같이 여행간다.

^ ^ \

라오 빠이 티-여우 깐 티- 치-양 마이

สามีภรรยาคู่นี้ทะเลาะกันทุกวัน 이 부부는 매일 싸운다.

v ^ / / / /

싸- 미- 판 야- 쿠- 니- 탈 러 깐 툭 완

<u>คำถามท้ายบท</u>

1.ประเทศไทยใช้ภาษาใดในการติดต่อสื่อสารของคนในประเทศ

....

2. ภาษาไทยมีพยัญชนะกี่ตัว

....

3. ภาษาไทยมีสระกี่เสียง

....

4. นอกจากภาษากลางประเทศไทยใช้ภาษาใดในแต่ละภูมิภาค

....

5. ภาษาล้านนา หรือ คำเมือง ใช้ในภาคใดของประเทศไทย

....

타이어

(람캄행 대왕 비문의 진위)

타이문자는 람캄행 대왕이 만들었으며, 이에 대한 역사적 기록은 람캄행대왕 비문에 적혀 있는 것으로 알려져있다. 하지만 이 비문의 발견에 대해서 후일 의문이 제기되었다. 비문을 발견한 사람은 몽꿋 왕자(훗날 라마 4 세)였다. 그는 왕이 되기 전, 승려생활을 하고 있던 시절인 1833 년 쑤코타이 왕국의 옛 성터를 시찰하다가 람캄행 대왕 비문을 발견하였다고 한다.

이 람캄행 대왕의 비문을 살펴보면, "예전에는 타이문자가 없어, 불기 1826 년에 람캄행 대왕이 이를 고민하다가 이 타이문자를 적어 두었다."라고 기록되어 있다. 이를 람캄행 대왕이 타이문자를 고안했다는 증거로 보았다. 하지만 근래에 들어 타이문자가 실제로는 이보다 후일에 만들어졌다는 주장이 일기도 했다. 정치학자들은 이 비문을 제국주의 시대 열강의 침략에서 살아남고 국가의 자주 독립을 지키기위한 정통성 확보의 일환으로 만들어낸 것이라고 주장하기도 하고, 언어학자들은 이 비문에서 사용된 문자와 문투가 쑤코타이 시대와 일치하지 않으며, 인칭의 통일성이 떨어지는 부분이 있다고 지적하기도 한다.

이러한 논란 속에 1989 년 푸미폰 국왕(1946 년~현재)의 누나인 깐라야니왓타나 (กัลยาณิวัฒนา) 공주는 이 비문을 적외선, 자외선 및 광학현미경 등을 이용하여 동 시대로 분류된 다른 비문들과 비교 분석하도록 지시하였는데 그 결과 비슷한 시기에 제작된 것으로 결론지어졌다. 그럼에도 불구하고 비문의 진위 여부에 대한 논란은 현재까지도 끊이지 않고 있다.

บทที่ 4 วันสำคัญของไทย

เรื่องที่ 1 วันวิสาขบูชา

วันวิสาขบูชา แปลว่า การบูชาในวันเพ็ญเดือนวิสาขะหรือเดือนหก เป็นวันสำคัญสากลทางพระพุทธศาสนา เกิดเหตุการณ์สำคัญที่สุดในวันวิสาขบูชา 3 เหตุการณ์ด้วยกัน คือ การประสูติ ตรัสรู้ และปรินิพพานของพระพุทธเจ้าดังนั้นจึงมีคำเรียกวันนี้อีกอย่างหนึ่งว่า “วันพระพุทธเจ้า” โดยทั้งสามเหตุการณ์ได้เกิด ณ วันขึ้น 15 ค่ำ เดือน 6 แต่ต่างปีกันโดยพุทธศาสนิกชนและพระสงฆ์จะมีการประกอบพิธีต่างๆ เช่น การตักบาตร การฟังพระธรรมเทศนา การเวียนเทียน เป็นต้น เพื่อเป็นการบูชารำลึกถึงพระรัตนตรัยและเหตุการณ์สำคัญ 3 เหตุการณ์ดังกล่าว

<u>คำศัพท์</u>

/ / / \ \ ˇ
พระพุทธศาสนา [프라 풋 타 싸-ㅅ 싸 나-] 불교

วันเพ็ญ [완펜] 음력 12 월 보름달이 뜨는 밤

เดือน [드-언] 월, 달

สากล	ˇ [싸- 꼰]	보통, 일반적인
เหตุการณ์	\\ [헤-ㅅ 까-ㄴ]	사건, 상황
ประสูติ	\\ \\ [쁘라 쑤-ㅅ]	출생, 탄생하다
ตรัสรู้	\\ \\ / [뜨랏 싸 루-]	성불하다, 부처님이 해탈하시다
ปรินิพพาน	\\ / / [빠 리닙 파-ㄴ]	열반, 입멸, 완전히 끔
พระพุทธเจ้า	/ / / ^ [프라 풋 타 짜오]	부처님
พระสงฆ์	/ ˇ [프라 쏭]	승려
พุทธศาสนิกชน	/ / ˇ \\ / \\ [풋 타 싸-ㅅ 싸 닉 까 촌]	불교도
พระธรรมเทศนา	/ / ^ \\ ˇ [프라 탐 마 테-ㅅ 싸 나-]	법문
พระรัตนตรัย	/ / \\ / [프라 랏 따 나 뜨라이]	삼보(三寶)
ตักบาตร	\\ \\ [딱 바-ㅅ]	승려에게 시주하다
เวียนเทียน	[위-얀 티-얀]	불상이나 불당 등 주위를 양초에 불을 붙여 꽃과 함께 들고 합장하며 오른쪽으로 도는 것
รำลึก	/ [람 륵]	기억하다, 기념하다, 회고하다

완 위싸카부차

완 위싸카부차는 태국식 음력 6월 보름을 찬미한다는 의미이며 불교에서 일반적으로 중요한 날이다. 완 위싸카부차에는 중요한 세가지 사건- 부처의 탄생, 득도, 열반-이 발생했다. 그래서 이 날은 또 다른 이름으로 "부처님의 날" 이라고도 부른다. 세가지 사건은 음력 6월 보름에 발생했지만 발생한 해는 다르다. 불교도들과 승려들은 삼보(三寶)와 위에서 언급한 중요한 세가지 사건을 축원하며 기념하기 위해 탁발의식, 승려들의 법문듣기, 촛불 들고 탑돌이 하기 등과 같은 여러 가지 행사를 갖는다.

ไวยากรณ์

1. ต่างๆ 여러 가지

แม่ทำอาหารต่างๆ มากมาย

^ v \ \ ^
매- 탐 아- 하-ㄴ 따-ㅇ 따-ㅇ 마-ㄱ 마-이

엄마는 여러 가지 음식을 요리했다.

จังหวัดต่าง ๆ ในประเทศไทย มีอาหารไม่เหมือนกัน

\ \ \ \ ^ v ^ v
짱왓 따-ㅇ 따-ㅇ 나이 쁘라 테-ㅅ 타이 미- 아- 하-ㄴ 마이 므-언 깐

태국의 도 마다 음식이 다르다.

2. ณ　　　...에

장소나 시간을 나타내는 전치사이다.

รัฐประหารเกิด ณ วันที่ 22 พฤษภาคม 2557

/ \ \ v \ / ^ ^ \ v / \ v
랏 타 쁘라 하-ㄴ 끄ㅓ-ㅅ 나 완 티- 이- 씹 써-ㅇ 프릇 싸 파- 콤 써-ㅇ 판
^ / ^ \ \
하- 러-이 하- 씹 쩻

쿠데타는 2014 년 5 월 22 일에 발생했다.

พ่อกับแม่ของฉัน พบกัน ณ สถานที่แห่งนี้

^ \ ^ v v / / \ v ^ \ /
퍼- 깝 매- 커-ㅇ찬 폽 깐 나 싸 타-ㄴ 티-해-ㅇ니-

내 부모님은 이 장소에 만났다.

ผู้บริหารรวมตัวกัน ณ ห้องประชุม

^ / v / ^ \
푸- 버- 리 하-ㄴ 루-웜 뚜-워 깐 나 허-ㅇ 쁘라 춤

관리자들이 회의실에 모였다.

<u>คำถามท้ายบท</u>

1.วิสาขบูชาแปลว่าอะไร

....

2.วันวิสาขบูชาเรียกอีกอย่างหนึ่งว่าวันอะไร

....

3. วันวิสาขบูชาได้มีเหตุการณ์สำคัญใดเกิดขึ้น

....

태국인들의 기도하는 모습

เรื่องที่ 2 วันมาฆบูชา

วันมาฆบูชา แปลว่า การบูชาในวันเพ็ญเดือนสาม เป็นวันสำคัญของชาวพุทธเถรวาทและวันหยุดราชการในประเทศไทย ในวันนี้พระพุทธเจ้าประทานหลักโอวาทปาฏิโมกข์ อันเป็นหัวใจสำคัญของพระธรรมแก่พระอรหันตสาวกผู้เป็นเอหิภิกขุทั้ง 1,250 รูป ที่มาประชุมพร้อมกันโดยมิได้นัดหมาย ในวันนี้มีชื่อเรียกอีกอย่างหนึ่งว่า "วันจาตุรงคสันนิบาติ" หมายถึง การประชุมด้วยองค์ 4 มีเหตุการณ์สำคัญเกิดขึ้น 4 ประการคือ พระสงฆ์สาวก 1,250 รูปมาประชุมกันที่วัดเวฬุวันโดยมิได้นัดหมาย พระสงฆ์ที่มาประชุมทั้งหมดได้รับการอุปสมบทจากพระพุทธเจ้า พระสงฆ์ที่มาประชุมบรรลุเป็นพระอรหันต์แล้วทั้งหมด และวันดังกล่าวตรงกับวันเพ็ญ ขึ้น 15 ค่ำ เดือน 3 ในวันมาฆบูชาชาวพุทธจะทำบุญตักบาตรในตอนเช้า เข้าวัดฟังธรรม และเวียนเทียนในตอนกลางคืน

<u>คำศัพท์</u>

บูชา [부- 차-] 숭배하다,존경하다

วันหยุดราชการ	\ ^ / [완 윳 라-ㅅ 차 까-ㄴ]	공휴일
เถรวาท	v / ^ [테- 라 와-ㅅ]	상좌부불교
ประทาน	\ [쁘라 타-ㄴ]	(왕이) 하사하다, 주다
พระอรหันต์	/ \ / v [프라 아 라 한]	열반에 도달한 성인
สาวก	v / [싸- 웍]	제자
ประชุม	\ [쁘라 춤]	회의, 회의하다
นัดหมาย	/ v [낫 마-이]	약속하다
อุปสมบท	\ \ v \ [웁 빠 쏨 봇]	출가하다, 승려가 되어 수도하다
บรรลุ	/ [반 루]	도달하다, 완성하다

완 마카부차

완 마카부차는 음력 3 월 보름을 찬미한다는 의미이며, 상좌부불교도들의 중요한 날로, 태국의 공휴일이다. 이 날은 부처가 우연히 모인 1250 명의 아라한 제자들에게 법문의 가장 중요한 핵심인 바라제목차(계율)를 설교한 날이다. 이 날은 "완짜뚜롱카싼니밧"

이라고도 부르는 데 4 가지의 중요한 사건이 발생한다. 우연히 1250 명의 부처님의 제자들이 왓 웰루완 사원에 모여, 모두 부처님으로부터 계를 받아, 아라한의 경지에 이르게 되었으며, (이 날은) 태국식 음력 3 월 15 일에 해당한다. 완 마카부차일에 불교도들은 아침에 탁발을 하고, 사원에 가서 법문을 들으며, 밤에는 촛불을 들고 탑돌이를 한다.

ไวยากรณ์

1. แก่ ...에게

พ่อซื้อตุ๊กตาให้แก่ลูก 아버지는 자식에게 인형을 사주었다.

^ / / \ ^ \ ^
퍼- 쓰- 뚝 까 따- 하이 깨- 루-ㄱ

คุณครูให้รางวัลแก่นักเรียนที่ตั้งใจเรียน

^ ^ ^
쿤-크루 하이 라-ㅇ 완 깨 낙 리-얀 티- 땅 짜이 리-얀

선생님은 공부하기로 마음먹은 학생에게 상을 주신다.

2. อัน

อัน 은 문어적 관계대명사로 수식된 명사가 주로 무생물이다.

เขาอยากมีชีวิตอันเป็นนิรันดร์ 그는 영원한 삶을 원한다.

ˇ　\　　/　　/
카오 야-ㄱ 미- 치- 윗 안 뻰 니 란

또 อัน 뒤에는 형용사가 오는 경우가 많다.

นกยูงมีปีกอันสวยงาม　　　공작은 아름다운 날개를 갖고 있다.

/　　\　　ˇ
녹 유-ㅇ 미- 삐-ㄱ 안 쑤-워이 응아-ㅁ

คำถามท้ายบท

1.วันมาฆบูชามีชื่อเรียกอีกอย่างหนึ่งว่าอะไร

....

2.หลักธรรมใดที่พระพุทธเจ้าแสดงต่อพระภิกษุสงฆ์

....

3. เกิดเหตุการณ์สำคัญทางพระพุทธศาสนาในวันมาฆบูชาทั้งหมดกี่เหตุการณ์

....

4. มีพระสงฆ์มาประชุมกันทั้งหมดกี่รูป

....

5. พระสงฆ์ทั้งหมดมาประชุมกันที่ใด

....

태국인들이 법문을 듣는 모습

เรื่องที่ 3 วันอาสาฬหบูชา

วันอาสาฬหบูชา แปลว่า การบูชาในวันเพ็ญเดือนอาสาฬหะ ตรงกับวันเพ็ญเดือน 8 ของไทย เป็นวันสำคัญทางศาสนาพุทธนิกายเถรวาทและเป็นวันหยุดราชการในประเทศไทย ในวันนี้มีเหตุการณ์สำคัญคือ พระพุทธเจ้าได้แสดงพระธรรมเทศนาเป็นครั้งแรก หลังจากตรัสรู้ได้ 2 เดือน โดยแสดงปฐมเทศนาแก่พระปัญจวัคคีย์ทั้ง 5 ได้แก่ พระโกณฑัญญะ พระวัปปะ พระภัททิยะ พระมหานามะ และพระอัสสชิ จนพระโกณฑัญญะได้บรรลุธรรมและขอบวชเป็นพระภิกษุรูปแรกในพระพุทธศาสนา จึงถือว่าวันนี้มีพระรัตนตรัยครบองค์สามบริบูรณ์ครั้งแรกในโลก คือ มีทั้งพระพุทธ พระธรรม และพระสงฆ์ ในวันอาสาฬหบูชาพุทธศาสนิกชนจะทำบุญตักบาตรในตอนเช้า เข้าวัดฟังธรรม รักษาศีล และเวียนเทียนในตอนกลางคืน

<u>คำศัพท์</u>

นิกาย	[니 까-이] (tone: 까 /)	종파, 교파
ตรัสรู้	[뜨랏 싸 루-] (tone: 뜨랏 \ 싸 \ 루 /)	성불하다

ปฐมเทศนา	[빠 톰 테-ㅅ 싸 나-]	부처의 최초 설법
พระปัญจวัคคีย์	[프라 빤 짜 왁 키-]	5 명의 부처의 수제자
บวช	[부-웟]	출가하다, 승려가 되어 수도하다
พระภิกษุ	[프라 픽 쑤]	승려
พระรัตนตรัย	[프라 랏 따 나 뜨라이]	삼보
ครบ	[크롭]	완전하다, 기간에 도달하다
บริบูรณ์	[버- 리 부-ㄴ]	완전하다, 충분하다
ศีล	[씨-ㄴ]	계율, 도덕

완 아싼하부차

음력 8 월 보름을 기리는 날이다. 이 날은 상좌부 불교도들에게 중요한 날이며, 태국의 공휴일이다. 이 날에는 중요한 행사가 있었는데, 부처가 득도한 후 2 개월만에 최초로 제자 5 명 "프라꼰탄야", "프라왑빠", "프라팟티야", "프라마하나마", "프라앗싸치" 에게 법문을 설파한 날이다. "프라꼰탄야"는 법문을 듣고 최초의 승려가 되었다. 그래서 이 날은 최초로 불, 법, 승 삼보가 완성된 날이 되었다. 완 아싼하부차에 불교도들은 아침에 탁발을 하고 계율을 준수하며 저녁에는 촛불을 들고 탑돌이를 한다.

<u>ไวยากรณ์</u>

1. ...จน (주어)~ 은 "(주어가) ~할 정도로, 까지, ~에 이르기까지"의 의미이다. 시간이나 정도의 한도를 표시한다.

แกงเผ็ดเกินไปจนกินไม่ได้

깨-ㅇ 펫 끄ㅓ-ㄴ 빠이 쫀 낀 마이 다이

찌개가 못 먹을 정도로 너무 맵다(찌개가 너무 매워서 먹을 수가 없다).

เขาทำงานหนักจนไม่สบาย 그는 아플 정도로 열심히 일했다.

카오 탐 응아-ㄴ 낙 쫀 마이 싸 바-이

2. ตรงกับ ...와 일치하다, 같다의 의미이다.

วันเกิดของปู่ปีนี้ตรงกับวันอาทิตย์

완 끄ㅓ-ㅅ 커-ㅇ 뿌- 삐- 니- 뜨롱 깝 완 아- 팃

금년에 할아버지의 생신은 일요일이다.

ฤดูร้อนของประเทศไทยตรงกับฤดูใบไม้ผลิของเกาหลี

/ / ˅ \ ^ . \ / / \ ˅ ˅
르 두- 러-ㄴ 커-ㅇ 쁘라 테-ㅅ 타이 뜨롱 깝 르 두- 바이 마이 플리 커-ㅇ 까올 리-

태국의 여름은 한국의 봄이다.

<u>คำถามท้ายบท</u>

1.พระพุทธเจ้าแสดงธรรมเป็นครั้งแรกหลังจากตรัสรู้กี่เดือน

....

2. พระพุทธเจ้าแสดงธรรมเป็นครั้งแรกให้แก่ใคร

....

3.ใครบรรลุธรรมเป็นพระภิกษุสงฆ์รูปแรกของพระพุทธศาสนา

....

4. พระรัตนตรัยครบองค์สามบริบูรณ์หมายความว่าอย่างไร

....

태국인들이 승려에게 시주하는 모습

เรื่องที่ 4 วันเข้าพรรษา

วันเข้าพรรษา เป็นวันสำคัญทางพระพุทธศาสนา โดยมีระยะเวลา 3 เดือน ตรงกับช่วงฤดูฝนของประเทศไทย ตลอดช่วงเข้าพรรษาพระสงฆ์จะต้องประจำอยู่ที่วัด โดยไม่ไปค้างแรมที่อื่น หรือเรียกว่า จำพรรษา พิธีเข้าพรรษานี้ถือเป็นข้อปฏิบัติสำหรับพระสงฆ์โดยตรง ละเว้นไม่ได้ ไม่ว่ากรณีใด ๆ ก็ตาม เพราะพระพุทธเจ้ามีเหตุผลว่า การจำพรรษาเป็นการให้พระสงฆ์ศึกษาพระธรรมที่วัด หยุดพักจากการเผยแพร่ศาสนาในฤดูฝนซึ่งมีความยากลำบากในการเดินทาง และเพื่อป้องกันความเสียหายจากการเดินเหยียบธัญพืชของชาวบ้านที่ปลูกในฤดูฝน ในช่วงเข้าพรรษาพุทธศาสนิกชนนอกจากจะทำบุญเข้าวัดรักษาศีลแล้ว ยังมีการถวายหลอดไฟหรือเทียนเข้าพรรษา และผ้าอาบน้ำฝน แก่พระสงฆ์ด้วย และนอกจากนี้ประเทศไทยยังยึดเอาช่วงเข้าพรรษาเป็น วันงดดื่มสุราแห่งชาติ ตลอด 3 เดือน

<u>คำศัพท์</u>

ตลอด	[\딸 \러-ㅅ]	시종, 언제나
ประจำ	[\쁘라 짬]	고정적인, 특정의, 항상

ค้างแรม	/ [카-ㅇ 래-ㅁ]	기숙하다, 숙박하다
ปฏิบัติ	\ \ \ [빠 띠 밧]	진행하다, 이행하다
ละเว้น	/ / [라 웨-ㄴ]	삼가하다, 금지하다, 면제하다
กรณี	/ [꺼- 라 니-]	사건, 사정
เหตุผล	\ v [헤-ㅅ 폰]	이유, 도리
เผยแผ่	v \ [프ㅓ-이 패-]	전파하다, 확대하다
ลำบาก	\ [람 바-ㄱ]	어렵다, 곤란하다
เดินทาง	[드ㅓ-ㄴ 타-ㅇ]	여행하다
ป้องกัน	^ [뻐-ㅇ 깐]	막다, 보호하다, 방지하다
เสียหาย	v v [씨-야 하-이]	손해를 입다, 파괴되다
เหยียบ	\ [이-얍]	밟다, 짓밟다
ธัญพืช	/ ^ [탄 야 프-ㅅ]	곡물
ถวาย	\ v [타 와-이]	헌상하다, 상신하다
หลอดไฟ	\ [러-ㅅ 화이]	전구
เทียน	[티-얀]	양초
สุรา	\ [쑤 라-]	술

완 카오판싸

완 카오판싸는 불교의 중요한 날로 우기 3 개월간의 시작하는 날이다. 카오 판싸 기간 중 승려들은 다른 곳에 가서 밤을 새면 안 되고 사원에 거주해야 한다. 이것은 승려들이 어떤 경우라도 예외 없이 직접적으로 준수해야 할 규정이다. 부처님은 다음과 같은 이유를 들었다. 우기에 사원에 머무는 이유는 승려들에게 사원에서 법문 공부를 시키기 위함이고, 걸어 다니기에 어려움을 겪는 우기에 포교활동을 쉬도록 하기 위함이며, 우기에 심어놓은 곡식을 밟아 손실을 입히는 것을 방지하기 위함이다. 카오 판싸 기간 중 불교도들은 사원에 가서 탐분하고 계율을 지킬 뿐 아니라 백열전구나 양초, 수건을 승려들에게 진상한다. 이 외에 태국에서는 3 개월간 금주한다.

ไวยากรณ์

1. ถือ ...으로 보다(간주하다)

การประชุมนี้ถือเป็นความลับ 이 회의는 비밀로 간주한다.

\ / ˇ /

까-ㄴ 쁘라 춤 니- 트- 뻰 콰-ㅁ 랍

คนไทยถือความกตัญญูเป็นสำคัญ

ˇ \ ˇ

콘 타이 트- 콰-ㅁ 까 딴 유- 뻰 쌈 칸

태국사람은 효심이 중요하다고 간주한다.

2. ช่วง …에, ...때, 기간

แม่ชอบออกกำลังกายช่วงเช้า

^ ^ \ ^ /
매- 처-ㅂ 어-ㄱ 깜 랑 까-이 추-웡 차오

엄마는 아침에 운동하는 것을 좋아한다.

ช่วงเดือนมกราคมอากาศหนาวมาก

^ / \ \ ᵛ ^
추-웡 드-언 마 까 라- 콤 아- 까-ㅅ 나-우 마-ㄱ

1 월에는 날씨가 매우 춥다.

<u>คำถามท้ายบท</u>

1.ช่วงเข้าพรรษาในศาสนาพุทธมีระยะเวลากี่เดือน

…………………………………………………………………………

2. ช่วงเข้าพรรษาตรงกับฤดูใดของประเทศไทย

…………………………………………………………………………

3. การที่พระสงฆ์ที่วัดตลอดช่วงเข้าพรรษาเรียกว่าอะไร

…………………………………………………………………………

4. ทำไมพระพุทธเจ้าจึงให้พระสงฆ์อยู่ที่วัดในช่วงเข้าพรรษา

....

5. พุทธศาสนิกชนนิยมถวายอะไรให้แด่พระสงฆ์ในช่วงเข้าพรรษา

....

동북부에서 유명한 촛불 축제

เรื่องที่ 5 วันออกพรรษา

วันออกพรรษา หรือ วันปวารณาออกพรรษา เป็นวันสำคัญทางพุทธศาสนาในประเทศไทย เนื่องจากเป็นวันสิ้นสุดระยะเวลาจำพรรษา 3 เดือนของพระสงฆ์ วันออกพรรษาเป็นข้อปฏิบัติสำหรับพระสงฆ์ที่ได้จำพรรษาอยู่ร่วมกันตลอด 3 เดือน สามารถว่ากล่าวตักเตือนและชี้ข้อบกพร่องแก่กันและกันได้ด้วยความปรารถนาดี เพื่อให้พระสงฆ์รู้ข้อบกพร่องของตนเองและปรับปรุงตัวให้ดีขึ้น พิธีการว่ากล่าวตักเตือนนี้เรียกว่า มหาปวารณา ในวันออกพรรษา พุทธศาสนิกชนจะเข้าวัดทำบุญแด่พระสงฆ์ที่ตั้งใจจำพรรษาจนครบสามเดือน และวันหลังออกพรรษา 1 วัน ชาวพุทธนิยมทำบุญตักบาตรครั้งใหญ่ เรียกว่า ตักบาตรเทโว

<u>คำศัพท์</u>

สิ้นสุด	^ \ [씬 쑷]	완료하다, 끝나다
ปฏิบัติ	\ \ \ [빠 띠 밧]	집행하다, 시행하다, 실행하다
ตักเตือน	\ [딱 뜨-언]	권고하다, 충고하다

ข้อบกพร่อง	[커- 복 프러-ㅇ]	결점, 흠, 과실
ปรารถนา	[쁘라-ㅅ 타 나-]	바라다, 기원하다
ปรับปรุง	[쁘랍 쁘룽]	개선하다, 조정하다
พิธี	[피 티-]	의식, 예의, 예절

완 억 판싸

"완 억 판싸" 또는 "완 빠와라나 억 판싸"는 승려들의 3 개월 동안 안거 마지막 날이기 때문에 태국 불교의 중요한 날이다. 이 날은 3 개월 동안 함께 안거하는 승려들을 위한 관행이며 자신의 잘못을 알고 바로 잡을 수 있도록 승려 상호간에 선의를 갖고 서로 경고하고 잘못을 지적할 수 있다. 이 같이 경고하는 의식을 "마하빠와라나"라고 한다. 이 날 불교도들은 사원에 가서 3 개월 동안 안거한 승려들에게 탐분한다. 완억판싸 하루 후 불교도들은 "탁밧테워"라는 대규모 탁발의식을 즐겨 행한다.

ไวยากรณ์

1. แด่ …께

เขามอบช่อดอกไม้แด่อาจารย์ 그는 교수님께 꽃다발을 드린다.

v ^ ^ \ / \

카오 머-ㅂ 처- 더-ㄱ 마이 대- 아- 짜-ㄴ

คนไทยถวายอาหารแด่พระสงฆ์ 태국인은 스님께 음식을 드린다.

/v v \ / v

콘 타이 타와-이 아- 하-ㄴ 대- 프라 쏭

2. กันและกัน 서로의

ก่อนเริ่มการประชุมพวกเขากล่าวทักทายกันและกัน

\ ^ \ ^ v \ / /

꺼-ㄴ 르ㅓ-ㅁ 까-ㄴ 쁘라 춤 푸-웍 카오 끌라-우 탁 타-이 깐 래 깐

회의가 시작하기 전에 그들은 서로 인사를 한다.

เราต้องมีความจริงใจให้กันและกัน

^ ^ /

라오 떠-ㅇ 미- 콰-ㅁ 찡 짜이 하이 깐 래 깐

우리는 서로 진심이 있어야 한다.

<u>คำถามท้ายบท</u>

1.วันออกพรรษาเรียกอีกอย่างหนึ่งว่าอย่างไร

....

2.การว่ากล่าวตักเตือนกันของพระสงฆ์เรียกว่าอย่างไร

....

3. ทำไมพระสงฆ์ต้องว่ากล่าวตักเตือนกันในวันออกพรรษา

....

4. ชาวพุทธศาสนิกชนจะการตักบาตรเทโวในวันใด

....

콘싸이카오왓(การขนทรายเข้าวัด)축제

เรื่องที่ 6 วันสงกรานต์

วันสงกรานต์ แปลว่า ก้าวขึ้น หรือ ย้ายขึ้น โดยมีความหมายว่า การเข้าสู่ปีใหม่ของไทย ประเพณีสงกรานต์มีสามวัน ได้แก่ วันที่ 13 เมษายน จะเรียกว่า วันมหาสงกรานต์ วันนี้ยังเป็นวันผู้สูงอายุแห่งชาติอีกด้วย วันที่ 14 เมษายน จะเรียกว่า วันเนา และถือเป็นวันครอบครัว และวันที่ 15 เมษายน จะเรียกว่า วันเถลิงศก ถือว่าเป็นวันเริ่มต้นปีใหม่ กิจกรรมที่คนไทยทำในวันสงกรานต์ คือ การทำบุญตักบาตร นำอาหารไปถวายพระสงฆ์ที่วัดอุทิศส่วนกุศลให้ญาติที่ล่วงลับไปแล้ว การสรงน้ำพระพุทธรูป รดน้ำดำหัวญาติผู้ใหญ่ที่เคารพ เพื่อขอโทษในสิ่งที่ได้ล่วงเกินท่าน หรือ ขอพรปีใหม่จากผู้ใหญ่ การขนทรายเข้าวัดเพื่อนำไปก่อพระเจดีย์ทราย และในวันสงกรานต์คนไทยนิยมเล่นสาดน้ำกันอย่างสนุกสนาน

<u>คำศัพท์</u>

ก้าว	[^까-우]	걷다, 발을 내딛다
ย้าย	[/야-이]	옮기다, 이동하다

ขึ้น	^ [큰]	올라가다, 오르다
ประเพณี	\ [쁘라 페- 니-]	풍습, 전통, 관습
ผู้สูงอายุ	^ v / [푸- 쑤-ㅇ 아- 유]	고령자
กิจกรรม	\ \ [낏 짜 깜]	활동
อุทิศ	\ / [우 팃]	공헌하다, 바치다
กุศล	\ v [꾸 쏜]	선을 행하다, 공덕을 쌓다
ล่วงลับ	^ / [루-웡 랍]	죽다, 세상을 떠나다
สรงน้ำ	v / [쏭 남]	씻다, 물을 퍼붓다
พระพุทธรูป	/ / / ^ [프라 풋 타 루-ㅂ]	불상
รดน้ำดำหัว	/ / v [롯 남 담 후-워]	물을 묻히다, 물을 뿌리다
ผู้ใหญ่	^ \ [푸- 야이]	어른, 고위층
ล่วงเกิน	^ [루-웡 끄ㅓ-ㄴ]	무례하다
พร	[퍼-ㄴ]	축하, 축복
ทราย	[싸-이]	모래
พระเจดีย์	/ [프라 쩨- 디-]	불탑

완 쏭끄란

쏭끄란은 이동한다는 의미다. 새 해로 진입하는 것을 의미한다. 이 행사는 3 일동안 지속되는 데 4 월 13 일은 “완 마하 쏭끄란”이라고 부르며 어르신의 날이기도 하다. 14 일은 “완 나오”라고 하는 데 가정의 날이며, 15 일은 “완 탈르ㅓ-ㅇ쏙”이라고 하며 새 해가 시작되는 날이다. 쏭끄란 날 하는 행사는, 탁발하기, 돌아가신 친척들이 있는 사원의 승려들에게 음식물 공양하기, 불상을 물로 씻기기, 존경하는 친척과 어른들에게 무례하게 한 죄에 대해서 용서를 빌기 위해 물 뿌리기(묻히기), 어른에게 새 해 인사하기, 사원에 모래를 갖고 가서 모래 탑을 쌓는 일이다. 이 날 태국 사람들은 물 뿌리기 놀이를 재미있게 즐긴다.

ไวยากรณ์

1. อย่าง ...처럼, ...와 같이

เขาร้องเพลงอย่างสนุกสนาน 그는 재미있게 노래를 부른다.

ˇ / \ \ \ \ ˇ
카오 러-ㅇ 플레-ㅇ 야-ㅇ 싸 눅 싸 나-ㄴ

ชาวต่างชาติชอบผัดไทยอย่างมาก

\ ^ ^ \ \ ^
차-우 따-ㅇ 차-ㅅ 처-ㅂ 팟 타이 야-ㅇ마-ㄱ

외국인은 팟타이를 매우 좋아한다.

2. อีกด้วย 또한

เธอสวยและฉลาดอีกด้วย 그녀는 예쁘고 또한 똑똑하다.

ˇ / \ \ \ ^
트ㅓ- 쑤-워이 래 찰 라-ㅅ 이-ㄱ 두-워이

เธอทำอาหารไทยแล้วเธอยังทำอาหารเกาหลีอีกด้วย

ˇ / ˇ ˇ \ ^
트ㅓ- 탐 아- 하-ㄴ 타이 래-우 트ㅓ- 양 탐 아- 하-ㄴ 까올 리- 이-ㄱ 두-워이

그녀는 태국 음식을 요리하고 또한 한국 음식도 요리했다.

3. นำ...ไป ...를 가져가다

ฉันนำกล่องข้าวไปโรงเรียน 나는 학교로 도시락을 가져간다.

ˇ \ ^
찬 남 끌러-ㅇ 카-우 빠이 로-ㅇ 리-얀

ครูนำนักเรียนไปที่สวนสัตว์

/ ^ ˇ \
크루- 남 낙 리-얀 빠이 티- 쑤-원 쌋

선생님은 학생들을 동물원으로 데려간다.

คำถามท้ายบท

1.สงกรานต์มีความหมายว่าอย่างไร

....

2.ประเพณีสงกรานต์ตรงกับเดือนใด และมีทั้งหมดกี่วัน

....

3.วันผู้สูงอายุแห่งชาติตรงกับวันที่เท่าใด

....

4.คนไทยนิยมทำกิจกรรมอะไรบ้างในวันสงกรานต์

....

5.ทำไมคนไทยรดน้ำดำหัวญาติผู้ใหญ่ในวันสงกรานต์

....

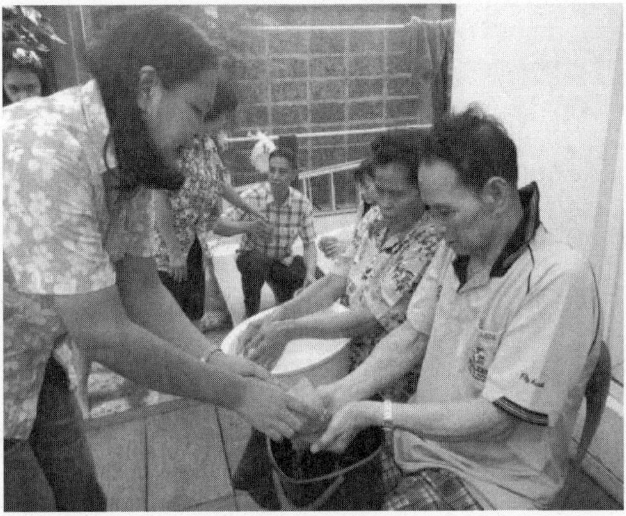

어르신께 물 뭍히기

(쏭끄란 축제)

쏭끄란은 1941 년 태국에 신정이 도입될 때까지는 태국인의 유일한 설이었다. 물의 축제라고도 불리는데 상대방을 축복해 주는 의미에서 서로 물을 뿌려주는 전통이 있다. 이 축제는 태국의 인근 국가인 (중국) 윈난성, 라오스, 캄보디아, 미얀마에서도 행해진다.

เรื่องที่ 7 วันลอยกระทง

วันลอยกระทงตรงกับวันเพ็ญเดือน 12 หรือเดือนพฤศจิกายน คนไทยจะทำกระทงเป็นรูปคล้ายดอกบัวจากต้นกล้วย ใบกล้วย ตกแต่งด้วยดอกไม้ ธูป เทียน แล้วนำไปลอยในแม่น้ำ เพื่อเป็นการสะเดาะเคราะห์และขอขมาพระแม่คงคาที่คนไทยใช้แม่น้ำมาตลอดปี แต่บางคนเชื่อว่าการลอยกระทงเป็นการบูชารอยพระพุทธบาท (รอยเท้า)ของพระพุทธเจ้า นอกจากนำกระทงไปลอยในแม่น้ำแล้ว ตามวัดหรือสถานที่ต่าง ๆ ก็มีการจัดงานรื่นเริงในตอนกลางคืน มีการจุดดอกไม้ไฟ พลุ ในภาคเหนือนิยมปล่อยโคมลอยในวันลอยกระทง

<u>คำศัพท์</u>

กระทง	[끄라 통]	바나나 나무와 잎 등으로 만들어 촛불을 켜 물에 띄우는 용기
ดอกบัว	[더-ㄱ 부-워]	연꽃
ต้นกล้วย	[똔 끌루-워이]	바나나 나무
ใบ	[바이]	나뭇잎, 잎사귀
ดอกไม้	[더-ㄱ 마이]	꽃

ธูป	[투-ㅂ]	향, 선향
ลอย	[러-이]	(물에)뜨다
สะเดาะเคราะห์	[싸 더 크러]	물에 머리에 성수(聖水)를 뿌려 액막이 의식(儀式)을 하다
ขอขมา	[커- 카 마-]	사죄를 구하다
บูชา	[부- 차-]	숭배하다, 존경하다, 숭상하다
รื่นเริง	[르-ㄴ 르ㅓ-ㅇ]	쾌활하게 즐기다
พลุ	[플루]	불꽃, 신호탄, 조명탄
โคม	[코-ㅁ]	등, 랜턴

완 러이끄라통

완 러이끄라통은 음력 12월 또는 양력 11월 보름에 해당한다. 태국 사람들은 바나나 나무나 잎사귀로 연꽃 모양의 끄라통을 만든다. 꽃과 선향과 양초로 장식해 강물에 띄어 보낸다. 그것은 액막이(除厄)를 하고, (물의 여신) 매콩카에게 1년동안 강물을 사용한 데 대해 용서를 구하기 위한 것이다. 하지만 어떤 사람들은 러이끄라통은 부처님의 발자국을 숭배하는 것이라고 믿는다. 끄라통을 강물에 띄워 보내는 것 외에 사원이나 여러 곳에서 밤중에 즐기는 행사로는 불꽃놀이가 있다. 북부는 완 러이끄라통에 열기구(콤 러이)를 띄워 보내는 일을 즐긴다.

<u>ไวยากรณ์</u>

1. ก็ ...도

คุณดีใจ ฉันก็ดีใจ 네가 기쁘면 나도 기쁘다.

v ^
쿤 디- 짜이 찬 꺼- 디- 짜이

ฝนตกรถก็ติด 비가 오면 차가 막힌다.

v \ / ^ \
혼 똑 롯 꺼-띳

2.เชื่อว่า ...라고 믿는다

ฉันเชื่อว่าเขาเป็นคนดี 나는 그가 좋은 사람이라고 믿는다.

v ^ ^ v
찬 츠-어 와- 카오 뻰 콘 디-

ฉันเชื่อว่าฉันจะโชคดี 나는 내가 운이 좋을 것이라고 믿는다.

v ^ ^ v \ ^
찬 츠-어 와- 찬 짜 초-ㄱ 디-

3. ทำจาก …로(부터) 만들다의 의미로 원료를 지정한다.

เสื้อตัวนี้ทำจากผ้าไหม 이 옷은 비단으로 만들었다.

^ / \ ^ v
쓰-어 뚜-워 니- 탐 짜-ㄱ 파- 마이

บ้านหลังนี้ทำจากไม้ไผ่ 이 집은 대나무로 만들었다.

^ ˇ / \ / \
바-ㄴ 랑 니- 탐 짜-ㄱ 마이 파이

ทำด้วย …로(부터) 만들다의 의미로 재료를 지정한다.

ว่าวไทยทำด้วยไม้ไผ่กับกระดาษ

^ ^ / \ \ \ \
와-우 타이 탐 두-워이 마이 파이 깝 끄라 다-ㅅ

태국 연은 대나무와 종이로 만든다.

ขนมหม้อแกงทำด้วยถั่วกับไข่

\ ˇ ^ ^ \ \ \
카 놈 머- 깨-ㅇ 탐 두-워이 투-워 깝 카이

머깽 과자는 콩과 계란으로 만들었다.

4. เป็นรูป~ ~형태의

ขนมเป็นรูปคล้ายหมวกเหล็ก 과자는 헬멧 모양이다.

\ ˇ ^ / \ \
카놈 뻰 루-ㅂ 클라-이 무-웍 렉

แม่ทำขนมเค้กเป็นรูปตัวการ์ตูน

^ \ ˇ / ^
매- 탐 카 놈 켁 뻰 루-ㅂ 뚜-워 까- 뚜-ㄴ

어머니는 만화 캐릭터 모양으로 케이크를 만들었다.

คำถามท้ายบท

1.วันเพ็ญเดือน 12 คือ เดือนใด

....

2.กระทงที่คนไทยทำไปลอยน้ำมีลักษณะคล้ายกับอะไร

....

3.คนไทยนิยมทำกระทงจากอะไร

....

4.ทำไมคนไทยจึงนำกระทงไปลอยในแม่น้ำในวันลอยกระทง

....

5.ในภาคเหนือ นิยมทำอะไรในวันลอยกระทง

....

끄라통

(놉파맛은 누구인가?)

러이 끄라통 축제는 미인대회와 함께 열린다. 이 미인을 놉파맛 (นพมาศ) 이라고 부르는데 놉파맛은 쑤코타이 왕조 리타이 왕때 궁녀로서 최초로 끄라통을 만들어 강물에 띄웠다는 옛날 이야기가 유래되고 있다.

เรื่องที่ 8 วันจักรี

วันจักรีตรงกับวันที่ 6 เมษายน เป็นวันสำคัญและเป็นวันหยุดราชการของไทย พระบาทสมเด็จพระพุทธยอดฟ้าจุฬาโลกมหาราช รัชกาลที่ 1 แห่งกรุงรัตนโกสินทร์ ได้ปราบดาภิเษกขึ้นครองราชย์ เป็นกษัตริย์พระองค์แรกแห่งราชวงศ์จักรี และสร้างกรุงเทพฯ เป็นเมืองหลวงของไทย จึงถือวันนี้เป็นวันครบรอบการก่อตั้งราชวงศ์จักรี และเป็นราชวงศ์ที่ปกครองประเทศไทยอยู่ในปัจจุบัน

<u>คำศัพท์</u>

ปราบดาภิเษก	[쁘라-ㅂ 다- 피 쎄-ㄱ] (\ / \)	즉위식을 거행하다
สร้าง	[싸-ㅇ] (^)	세우다, 건립하다, 설립하다
ครบรอบ	[크롭 러-ㅂ] (/ ^)	...주년이 되다.
ก่อตั้ง	[꺼- 땅] (\ ^)	건립하다, 창건하다

<u>완 짝끄리</u>

완 짝끄리는 4 월 6 일이며 중요한 공휴일이다. 랏따나꼬씬 왕조 1 대왕께서 왕위에 올라 짝끄리 왕조의 초대 왕이 되셨다. 방콕을 수도로 건설했다. 그래서 이 날을 짝끄리 왕조 건국일로 삼는다. 짝끄리 왕조는 오늘날 태국을 통치하는 왕조이다.

<u>ไวยากรณ์</u>

1. 동사...อยู่ ...하고 있다

อยู่ 는 상태의 진행을 나타내는 부동사로 동사 뒤에 놓인다.

พ่ออาบน้ำอยู่ 아버지는 목욕하고 있다.

^ \ / \
퍼- 아-ㅂ 남 유-

ครูสอนหนังสืออยู่ 선생님이 가르치고 있다.

v v v \
크루- 써-ㄴ 낭 쓰- 유-

2. ฯ 생략 부호, 이하 생략의 뜻

ฉันจะไปเที่ยวตลาดน้ำในกรุงเทพฯ

v \ ^ \ \ / ^
찬 짜 빠이 티여-우 딸 라-ㅅ 남 나이 끄룽 테-ㅂ

나는 방콕 수상 시장에 놀러 갈 것이다.

กรุงเทพฯ 은 กรุงเทพมหานคร 의 약자

คำถามท้ายบท

1.วันจักรีตรงกับวันที่เท่าใด เดือนอะไร

....

2.ใครคือพระมหากษัตริย์พระองค์แรกแห่งราชวงศ์จักรี

....

3.วันจักรีเกิดขึ้นในสมัยใดของประเทศไทย

....

4.ราชวงศ์ใดปกครองประเทศไทยในปัจจุบัน

....

เรื่องที่ 9 วันฉัตรมงคล

วันฉัตรมงคล เป็นวันที่รำลึกถึงพระราชพิธีบรมราชาภิเษก เป็นพระมหากษัตริย์รัชกาลที่ 9 แห่งราชวงศ์จักรี (และราชอาณาจักรไทย ของพระบาทสมเด็จพระปรมินทรมหาภูมิพลอดุลยเดช) ดังนั้น รัฐบาลไทยและประชาชนชาวไทย จึงได้จัดงานพิธีฉลองเศวตฉัตรหรือพระราชพิธีฉัตรมงคล ในวันที่ 5 พฤษภาคม ของทุกปี เพื่อถวายแด่พระบาทสมเด็จพระเจ้าอยู่หัวภูมิพลอดุลยเดชพระมหากษัตริย์องค์ปัจจุบันของประเทศไทย

<u>คำศัพท์</u>

รำลึก	[람 륵] (/ 륵)	기억하다, 기념하다, 회고하다
พระราชพิธี	[프라 라-ㅅ 차 피 티-] (/ 프라, ^ 라-ㅅ, / 피, / 티-)	왕실행사
ราชาภิเษก	[라- 차- 피 쎄-ㄱ] (/ 피, \ 쎄-ㄱ)	즉위식, 대관식
ประชาชน	[쁘라 차- 촌] (\ 쁘라)	국민, 민중
ฉลอง	[찰 러-ㅇ] (\ 찰, ˇ 러-ㅇ)	경축하다

ฉัตร　[찻]　여러 층의 우산, 왕권을 상징하는 일산(日傘)

완 찻뜨라몽콘

완 찻뜨라 몽콘은 짝끄리 왕조 라마 9세의 대관식을 기념하는 날이다. 그래서 태국 정부와 국민들은 오늘날 태국의 국왕이신 푸미폰 국왕을 위해서 매년 5월 5일 대관식 기념행사를 갖는다.

ไวยากรณ์

1. ของ　…의

ของ 은 소유, 소속을 나타낼 때 사용하는 가장 일반적인 전치사로 "…의"의 의미이다. 일반적으로 생략되는 경우도 많다. 일반적인 소유관계는 ของ 을 사용하지만 공식적인 관계는 แห่ง 을 사용한다.

ห้องนอนของเขากว้าง　그의 침실은 넓다.

허-ㅇ 너-ㄴ 커-ㅇ 카오 꽈-ㅇ

บ้านของฉันมีสามชั้น　내 집은 세 개의 층이 있다.

바-ㄴ 커-ㅇ 찬 미- 싸-ㅁ 찬

2. ดังนั้น...จึง 그래서

결과를 나타내는 접속사로 인과관계가 명확하고 논리적인 내용을 설명한다. "그래서, 따라서…이다"라는 의미이다.

เขาปวดหัว ดังนั้นเขาจึงไปหาหมอ

v \ v / v v v

카오 뿌-웟 후워 당 난 카오 쯩 빠이 하- 머-

그는 두통이 나서 의사를 보러 갔다.

เธอออกกำลังกายมาก ดังนั้นจึงหุ่นดี

\ ^ / \

트ㅓ- 어-ㄱ 깜 랑 까-이 마-ㄱ 당 난 쯩 훈 디-

그녀는 운동을 많이 해서 몸매가 좋다.

คำถามท้ายบท

1.พระราชพิธีบรมราชาภิเษก คือพิธีอะไร

……………………………………………………………………………………

2.วันฉัตรมงคลตรงกับวันที่เท่าใด เดือนอะไร

……………………………………………………………………………………

3.พระมหากษัตริย์องค์ปัจจุบันของประเทศไทยมีชื่อว่าอะไร

……………………………………………………………………………………

4.พระมหากษัตริย์องค์ปัจจุบันของประเทศไทยเป็นพระมหากษัตริย์ลำดับที่เท่าใดแห่งราชวงศ์จักรี

……………………………………………………………………………………

เรื่องที่ 10 วันพืชมงคล

ประเทศไทยเป็นประเทศที่ทำเกษตรกรรม โดยเฉพาะการทำนา จึงมีพระราชพิธีพืชมงคลจรดพระนังคัลแรกนาขวัญ มีสองพิธีที่กระทำร่วมกันคือ หนึ่ง พระราชพิธีพืชมงคลเป็นพิธีสงฆ์ สมเด็จพระเจ้าอยู่หัวรัชกาลที่ 4 ทรงกำหนดให้มีขึ้นเป็นครั้งแรก เป็นพิธีทำขวัญเมล็ดพืชพันธุ์ต่างๆ เช่น ข้าวเปลือกเจ้า ข้าวเหนียว ข้าวฟ่าง ข้าวโพด ถั่ว งา เผือก มัน เป็นต้น มีจุดมุ่งหมายที่จะให้เมล็ดพันธุ์เหล่านั้น ปราศจากโรคภัยและให้อุดมสมบูรณ์เจริญงอกงามดี สอง พิธีจรดพระนังคัลแรกนาขวัญเป็นพิธีพราหมณ์ มีมาตั้งแต่โบราณ เป็นพิธีเริ่มต้นการไถนาเพื่อหว่านเมล็ดข้าว มีจุดมุ่งหมายที่จะให้เป็นสัญญาณว่า ได้เริ่มเข้าสู่ฤดูการทำนาแล้ว

<u>คำศัพท์</u>

เกษตรกรรม	[까 쎄-ㅅ 뜨라 깜]	농업
นา	[나-]	논
เมล็ด	[말 렛]	씨, 종자

พืชพันธุ์	^ [프-ㅅ 판]	식물의 종자
ข้าวเปลือก	^ \\ [카-우 쁠르-억]	벼
ข้าวเหนียว	^ v [카-우 니-여우]	찹쌀밥
ข้าวฟ่าง	^ ^ [카-우 화-ㅇ]	작은 벼, 수수
ข้าวโพด	^ ^ [카-우 포-ㅅ]	옥수수
ถั่ว	\\ [투-워]	콩
งา	[응아-]	깨
เผือก	\\ [프-억]	토란
มัน	[만]	감자
ปราศจาก	\\ \\ \\ [쁘라-ㅅ 싸 짜-ㄱ]	...이 없다
อุดม	\\ [우 돔]	풍부하다, 넉넉하다
สมบูรณ์	v [쏨 부-ㄴ]	완전히, 풍부하다
งอกงาม	^ [응어-ㄱ 응아-ㅁ]	잘 성장하다, 성장하여 꽃을 피우고 열매를 맺다
ไถนา	v [타이 나-]	(밭, 논을) 갈다
หว่าน	\\ [와-ㄴ]	(씨를) 뿌리다

สัญญาณ [싼 야-ㄴ] 신호

완 픗차몽콘

태국은 농업 국가이다. 특히 논농사를 지어서 "프라랏차피티 픗차몽콘 짜롯프라낭칸랙나콴"이라는 행사가 있다. 이 행사는 두 가지 행사를 같이 치르게 된다. "프라랏차피티 픗차몽콘"은 불교행사인데 라마 4 세가 처음으로 만들었다. 이 행사는 벼, 찹쌀, 수수, 옥수수, 콩, 깨, 토란, 고구마 등 여러 식물의 씨앗에 대한 탐관 의식이다. 그 목적은 이 식물의 씨앗들이 병 없이 풍부하게 자라도록 해 달라는 것이다. (둘째) "피티짜롯프라낭칸랙나콴" 행사는 옛날부터 내려오는 브라만 행사이며, 볍씨를 뿌리기 위해 논을 처음 가는 의식이고, 농사철이 시작됐다는 것을 알리는 목적을 갖는다.

ไวยากรณ์

1. ตั้งแต่ ...부터

พระออกบิณฑบาตรตั้งแต่เช้า

프라 어-ㄱ 빈 타 바-ㅅ 땅 때- 차오

스님은 아침부터 탁발을 하러 나갔다.

ตั้งแต่เมื่อวานเขายังไม่ได้นอน 그는 어제부터 잠을 안 잤다.

^ \ ^ v ^ ^
땅 때- 므-어 와-ㄴ 카오 양 마이 다이 너-ㄴ

2. ร่วมกัน 같이, 함께

สองบริษัทผลิตสินค้าร่วมกัน 두 회사는 제품을 함께 생산한다.

v / \ \ \ v / ^
써-ㅇ 버- 리 쌋 팔 릿 씬 카- 루-웜 깐

เราทำงานร่วมกัน 우리는 같이 일한다.

^
라오 탐응아-ㄴ 루-웜 깐

3. ปราศจาก ...이 없다

ผิวหน้าของเขาปราศจากริ้วรอย 그의 피부는 주름이 없다.

v ^ v v \ \ \ /
피우 나- 커-ㅇ 카오 쁘라-ㅅ 싸 짜-ㄱ 리우 러-이

ห้องนอนควรปราศจากฝุ่น 침실은 먼지가 없어야 한다.

^ \ \ \ \
허-ㅇ 너-ㄴ 쿠-원 쁘라-ㅅ 싸 짜-ㄱ 훈

คำถามท้ายบท

1.คนไทยส่วนใหญ่ทำอาชีพอะไร

....

2.ใครเป็นผู้คิดพระราชพิธีพืชมงคล

....

3.พระราชพิธีพืชมงคลมีจุดประสงค์เพื่ออะไร

....

4.พิธีการใดที่เป็นสัญญาณว่าได้เริ่มเข้าสู่ฤดูการทำนา

....

(태국문화와 브라만교)

태국 문화를 이해하기 위해서는 불교뿐 아니라 브라만교에 대한 이해가 필수적이다. 아윳타야 왕국이래 브라만교는 사실상 불교와 혼합되어 발전되기 시작했다. 이후 랏따나꼬씬 왕국의 몽꿋왕이 불교의 근대화를 추진하면서 브라만교는 쇠퇴하기 시작했으며, 아윳타야 왕조 때부터 랏따나꼬씬 왕조 중기까지 있었던 많은 수의 브라만 사제들은 1932 년 입헌혁명 후 크게 줄었다. 현재 태국 국민의 95%이상은 불교도이며 승려 수는 30 만 명 이상이나 되지만, 브라만 사제의 숫자는 십수명 정도로 왕실 관할 하에서 관련의식을 집행하고 있을 뿐이다.

그럼에도 불구하고 아직까지 브라만교는 왕실부터 서민에 이르기까지 영향을 미치고 있으며 태국문화 형성에 기여하고 있다. 브라만교의 영향을 뚜렷이 살펴 볼 수 있는 것은 관련 행사, 사원의 벽화, 조각물에 나타나고 있는 힌두신 들이나 신화 창조물 등을 통해서이다. 특히 쑤코타이 이래 오늘날까지 왕국의 수호신을 힌두교의 3 대신인 브라흐마신, 비슈누신, 시바신 중 하나인 비슈누신으로 삼고 있으며 왕국의 문장을 비슈누신의 화신인 크룻(ครุฑ, Garuda)으로 정하고 있는 데서도 브라만교의 영향력을 살펴 볼 수 있다.

완픗차몽콘에 행해지는 "피티짜룻프라낭칸랙나콴"(พิธีจรดพระนังคัลแรกนาขวัญ) 는 대표적인 브라만 행사이다. 이 행사는 매년 우기가 시작되는 5 월 둘째 주에 풍작을 기원하는 행사이다. 이 날은 점성술사가 해마다 길일을 택해서 정하게 된다. 왕궁 앞의 싸남루웡 광장 (สนามหลวง) 에서 개최되는데 행사에서는 성우(聖牛, 흰 소)로 하여금 7 가지 곡식의 종자와 음료수-벼, 콩, 옥수수,깨, 마른 풀, 물, 술-를 선별해 먹도록 하여 그 해의 강우량과 수확량 등을 예측한다.

เรื่องที่ 11 วันปิยมหาราช

วันปิยมหาราชตรงกับวันที่ 23 ตุลาคม เป็นวันสวรรคต ของพระบาทสมเด็จพระจุลจอมเกล้าเจ้าอยู่หัว รัชกาลที่ 5 ซึ่งมีพระมหากรุณาธิคุณอันยิ่งใหญ่ต่อประเทศไทยหลายด้าน และพระราชกรณียกิจอันสำคัญยิ่งของพระองค์ คือ การประกาศเลิกทาส ที่ทำให้พระองค์ทรงได้รับพระสมัญญาว่า “สมเด็จพระปิยมหาราช” ซึ่งมีความหมายว่า พระมหากษัตริย์ที่ทรงเป็นที่รักยิ่งของปวงชน ด้วยความสำนึกในพระมหากรุณาธิคุณ รัฐบาลจึงได้ประกาศให้วันที่ 23 ตุลาคม เป็นวันปิยมหาราช ถือเป็นวันสำคัญและวันหยุดราชการของไทย

<u>คำศัพท์</u>

สวรรคต [싸 완 쿳] 서거하다, 승하하다

พระมหากรุณาธิคุณ [프라 마 하- 까 루 나- 티 쿤] 국왕의 위대한 자비

พระราชกรณียกิจ [프라 라-ㅅ 차 까 라 니- 야 낏] 국왕의 일상사

ประกาศ [쁘라 까-ㅅ] 선고하다, 공포하다

เลิก	[르ㅓ-ㄱ]	끊다, 그만두다, 폐지하다, 취소하다
ทาส	[타-ㅅ]	노예, 노비
ปวงชน	[뿌-웡 촌]	군중,대중
สำนึก	[쌈 늑]	각오하다, 의식하다

완 삐야마하랏

완 삐야마하랏은 10 월 23 일로 국가에 여러가지 큰 은총을 내리신 라마 5 세가 승하하신 날이다. 폐하께서 하신 중요한 업적은 노예제 폐지이다. 이 일로 태국 사람들이 가장 사랑하는 국왕이라는 의미의 "쏨뎃 프라 삐야 마하랏"이라는 이름을 얻게 되었다. 이런 은총을 기리기 위해서, 정부는 10 월 23 일을 국경일인 "완 삐야 마하랏"이라고 공포했다.

ไวยากรณ์

1. ด้วย ...로

전치사로 도구, 재료를 나타내며 명사 앞에서 "~로, ~가지고"의 의미를 갖는다.

ขนมฝอยทองทำด้วยไข่ 훠이텅 과자는 계란으로 만든다.

\ ˅ ˅ ^ \
카 놈 훠-이 터-ㅇ 탐 두-워이 카이

또는 추상명사에 붙어서 부사와 같이 사용되기도 한다.

จะไปด้วยความยินดี　　　　기꺼이 갈 것이다.

\ ^ - - -
짜 빠이 두-워이 콰-ㅁ 인 디-

2. มีความหมายว่า　　　　...라는 의미가 있다

ชื่อของฉันมีความหมายว่า ผู้เป็นที่รัก

^ ˅ ˅ ˅ ^ ^ ^ /
츠- 커-ㅇ 찬 미- 콰-ㅁ 마-이 와- 푸- 뻰 티- 락

내 이름은 사랑스러운 사람이라는 의미가 있다.

การไหว้ของไทย มีความหมายว่า สวัสดี ขอโทษ และขอบคุณ

^ ˅ ˅ ^ \ \ ˅ ^ / \
까-ㄴ 와이 커-ㅇ 타이 미- 콰-ㅁ 마-이 와- 싸 왓 디- 커- 토-ㅅ 래- 커-ㅂ 쿤

태국의 "와이"는 인사, 사과와 감사라는 의미가 있다.

คำถามท้ายบท

1.วันปิยมหาราชมีความสำคัญอย่างไร

....

2.พระราชกรณียกิจที่สำคัญของพระบาทสมเด็จพระจุลจอมเกล้าเจ้าอยู่หัวคืออะไร

....

3. สมเด็จพระปิยมหาราช หมายความว่าอย่างไร

....

เรื่องที่ 12 วันพ่อแห่งชาติ

วันพ่อแห่งชาติตรงกับวันที่ 5 ธันวาคมของทุกปี ซึ่งเป็นวันเฉลิมพระชนมพรรษาของพระบาทสมเด็จพระเจ้าอยู่หัวฯ และเพื่อเทิดพระเกียรติในหลวงในฐานะ "พ่อของแผ่นดิน" และยังเป็นการยกย่องให้เกียรติพ่อที่มีพระคุณและมีบทบาทสำคัญต่อครอบครัวไทย และเพื่อให้ลูกได้แสดงความกตัญญูและตอบแทนพระคุณของพ่อ สัญลักษณ์ที่ใช้ในวันพ่อได้แก่ ดอกพุทธรักษา

<u>คำศัพท์</u>

เฉลิมพระชนมพรรษา	[찰 르 ㅓ-ㅁ 프라 촌 마 판 싸-] (\ / / ˇ)	국왕의 탄신을 경축하다
เทิด	[트ㅓ-ㅅ] (^)	칭찬하다, 숭배하다
พระเกียรติ	[프라 끼-얏] (/ \)	영예, 개인의 지위적 존엄
ยกย่อง	[욕 여-ㅇ] (/ ^)	높이 칭찬하다, 숭배하다
ฐานะ	[타- 나] (ˇ /)	직위, 신분, 자격
บทบาท	[봇 바-ㅅ] (\ \)	역할, 배역

ความกตัญญู	[콰-ㅁ 까 딴 유-] (tone mark: \ )	효심
ตอบแทน	[떠-ㅂ 태-ㄴ] (tone mark: \ )	보답하다, 사례하다
พระคุณ	[프라 쿤] (tone mark: /)	덕분
สัญลักษณ์	[싼 야 락] (tone marks: v / /)	상징, 표징, 심벌

아버지의 날

매년 12 월 5 일은 푸미폰 국왕의 생신을 축하하는 날이다. 이 날은 국가의 아버지로서 국왕의 명예를 숭배하고, 가정에 대해 중요한 역할을 하는 아버지의 명예를 존중하기 위한 날이기도 하다. 그리고 자식들이 아버지에 대한 효심을 보이고 은혜에 대해 보답하기 위한 날이다. 아버지 날 사용하는 심볼은 "덕 풋타락싸" 이다.

ไวยากรณ์

1. ต่อ ...향해서, ...에게

บริษัทเสนอสินค้าต่อนักลงทุน

/ \ \ v v / \ /
버- 리 쌋 싸 느ㅓ- 씬 카- 떠- 낙 롱 툰

회사는 투자자에게 제품을 제시한다.

เขายื่นหลักฐานต่อตำรวจ 그는 경찰한테 증거를 제출한다.

ˇ　　ˆ　　　\ ˇ　　\　　\
카오 으ㅓ-ㄴ 락 타-ㄴ 떠- 땀 루-웟

2. ในฐานะ　　…로서

ฉันตักเตือนเขาในฐานะเพื่อนสนิท

ˇ \　　　ˇ　　　ˇ / ˆ　　\ \
찬 딱 뜨-언 카오 나이 타- 나 프-언 싸 닛

나는 친한 친구로서 그에게 경고를 했다.

ในฐานะหัวหน้า ฉันจะยกเลิกการประชุม

ˇ / ˇ　　ˆ ˇ \ / ˆ　　　\
나이 타- 나 후-워 나- 찬 짜 욕 르ㅓ-ㄱ 까-ㄴ 쁘라 춤

나는 대표로서 회의를 취소할 것이다.

คำถามท้ายบท

1.วันพ่อแห่งชาติของประเทศไทยคือวันที่เท่าใดเดือนอะไร

……………………………………………………………………………

2.ใครคือ “พ่อของแผ่นดิน”

……………………………………………………………………………

3.ดอกไม้อะไรที่เป็นสัญลักษณ์ในวันพ่อ

....

덕 풋타락싸

(태국 국왕과 왕비의 생일)

태국 국왕과 왕비의 생일(8 월 12 일)이 국경일로 정해진 것은 1950 년대말 싸릿 타나랏 (สฤษดิ์ ธนะรัชต์) 정권때이며, 각각 아버지의 날과 어머니의 날로 정해진 것은 1980 년대 초 쁘렘 띤쑬라논 (เปรม ติณสูลานนท์) 정권때이다.

เรื่องที่ 13 วันแม่แห่งชาติ

วันแม่แห่งชาติตรงกับวันที่ 12 สิงหาคม ของทุกปี เป็นวันพระราชสมภพของสมเด็จพระนางเจ้าสิริกิติ์พระบรมราชินีนาถ และเพื่อยกย่องแม่ผู้ให้กำเนิดลูกและให้ลูกได้แสดงความกตัญญูต่อแม่ กำหนดให้ดอกมะลิเป็นดอกไม้สัญลักษณ์แทนแม่ เนื่องจากดอกมะลิมีสีขาว มีกลิ่นหอมและออกดอกตลอดทั้งปี เปรียบได้กับความรักอันบริสุทธิ์ของแม่ที่มีต่อลูกไม่มีวันเสื่อมคลาย

คำศัพท์

/ ^ / v /
พระราชสมภพ [프라 라-ㅅ 차 쏨 폽] 출생, 탄생

\
กำเนิด [깜 느ㅓ-ㅅ] 태어나다

\
กำหนด [깜 놋] 규정하다

\ / /
ดอกมะลิ [더-ㄱ 말 리] 쟈스민

\
กลิ่น [끌린] 냄새

v
หอม [허-ㅁ] 향기롭다

\
เปรียบ [쁘리-얍] 비교하다

\
เสื่อมคลาย [쓰-엄 클라-이] 사라지다, 상실하다

어머니 날

어머니 날은 매년 8 월 12 일로 씨리낏 왕비의 생신이다. 이 날은 자식을 낳아 주신 어머니를 찬양하고, 자식들로 하여금 어머니에게 효심을 보이도록 하기 위한 날이다. 재스민(jasmine)꽃은 어머니를 대신한 상징 꽃이다. 왜냐하면 그 꽃은 흰 색이며, 향기로운 냄새가 나고 1 년내 꽃을 피우기 때문이다. 이 꽃은 자식에 대한 끊임없는 어머니의 순수한 사랑과 비교할 수 있다.

ไวยากรณ์

1. เปรียบได้กับ ...와 비교할 수 있다

ความรักของแม่เปรียบได้กับมหาสมุทร

/ v ^ \ ^ \ \ v \ \
콰-ㅁ 락 커-ㅇ 매- 쁘리-얍 다이 깝 마 하- 싸 뭇

엄마의 사랑은 대양에 비교할 만한 것이다.

ผู้หญิงสวยเปรียบได้กับดอกกุหลาบ

^ v v \ ^ \ \ \ \
푸- 잉 쑤-워이 쁘리-얍 다이 깝 더-ㄱ 꿀 라-ㅂ

예쁜 여자는 장미꽃에 비교할 만하다.

2. แทน 대신에

ฉันส่งรายงานแทนการสอบ 나는 시험 대신 리포트를 제출했다.

ˇ \ \
찬 쏭 라-이 응아-ㄴ 태-ㄴ 까-ㄴ 써-ㅂ

เขาเป็นตัวแทนของบริษัท 그는 회사의 대리인이다.

ˇ ˇ / \
카오 뻰 뚜-워 태-ㄴ 커-ㅇ 버- 리 쌋

<u>คำถามท้ายบท</u>

1.วันแม่แห่งชาติของประเทศไทยตรงกับวันที่เท่าใด เดือนอะไร

....

2.ในวันแม่แห่งชาติคนไทยมอบดอกไม้อะไรให้แม่

....

3.ดอกไม้ที่คนไทยมอบให้แม่ในวันแม่แห่งชาติมีสีอะไร

....

덕 말리

เรื่องที่ 14 วันภาษาไทยแห่งชาติ

วันภาษาไทยแห่งชาติตรงกับวันที่ 29 กรกฎาคม ของทุกปี ในวันที่ 29 กรกฎาคม พ.ศ.2505 พระบาทสมเด็จพระเจ้าอยู่หัวฯได้ทรงอภิปรายเรื่อง "ปัญหาการใช้ภาษาไทย" ในการชุมนุมวิชาการของภาษาไทย ทรงแสดงความห่วงใยในภาษาไทย ประเทศไทยจึงถือเอาวันนี้เป็นวันภาษาไทยแห่งชาติ เพื่อกระตุ้นให้ชาวไทยเห็นความสำคัญและคุณค่าของภาษาไทย และร่วมกันใช้ภาษาไทยให้ถูกต้อง เพราะภาษาไทยคือ เอกลักษณ์ที่แสดงความเป็นชาติไทย

<u>คำศัพท์</u>

อภิปราย	\ / [아 피 쁘라-이]	상의하다, 토론하다, 의견을 제시하다
ปัญหา	v [빤 하-]	문제, 질문, 의문
การชุมนุม	[까-ㄴ 춤 눔]	집회, 회동, 집합
วิชาการ	/ [위 차- 까-ㄴ]	학술, 기술
ห่วงใย	\ [후-웡 야이]	걱정하다, 근심하다
กระตุ้น	\ ^ [끄라 뚠]	촉진하다, 자극하다

คุณค่า [쿤 카̂-] 가치

타이어의 날

타이어의 날은 매년 7 월 29 일이다. 불기 2505 년(1962 년) 7 월 29 일 푸미폰 국왕께서는 태국어 학회에서 "타이어 사용의 문제점"을 발표하셨다. 국왕께서는 타이어에 대한 우려를 표명하셨다. 그래서 국민들로 하여금 타이어의 중요성과 가치를 알고 올바르게 사용하도록 하기 위해서 타이어의 날로 정했다. 타이어는 태국의 정체성을 나타내는 상징이기 때문이다.

ไวยากรณ์

1. ทรง + 동사(왕실용어)

ทรง+ทราบ (알다) = 아시다.

ทรง+ยินดี (즐겁다, 반갑다) = 즐거워하시다

ทรง + 명사 형태로도 왕실용어를 만든다

ทรง+ม้า (말)=>말을 타시다 = ขี่ม้า (말을 타다)

ทรง+บาตร (주발, 탁발) => 탁발을 하시다

= ตักบาตร (탁발을 하다)

ทรง+กีฬา (운동) => 운동을 하시다 = เล่นกีฬา (운동을 하다)

พระ + 명사 형태로 왕이나 고급 왕족의 이름, 신체 명칭 또는 왕이 사용하는 물건에 붙여 사용한다.

พระ+นเรศวรมหาราช(나레쑤언대왕), พระ+กร(왕의 손), พระ+ที่นั่ง (옥좌, 용상)

2. ถือเอา …로 간주하다, 여기다

ประชาธิปไตยถือเอาเสียงส่วนใหญ่เป็นหลัก

\ / \ v v \ \ \
쁘라 차- 티 빠 따이 트- 아오 씨-양 쑤-원 야이 쁜 락

민주주의는 다수결을 근본으로 여긴다.

คนไทยถือเอาวันเพ็ญเดือนสิบสองเป็นวันลอยกระทง

v \ v \
콘 타이 트- 아오 완 펜 드-언 씹 써-ㅇ 쁜 완 러-이 끄라 통

태국인들은 (태국식)음력 12 월 보름날을 러이끄라통날로 정했다.

3. ให้ถูกต้อง 올바르게

คุณควรใช้ตะเกียบให้ถูกต้อง

/ \ \ ^ \ ^
쿤 쿠-원 차이 따 끼-얍 하이 투-ㄱ 떠-ㅇ

당신은 젓가락을 올바르게 사용해야 한다.

อาจารย์แก้ไขประโยคให้ถูกต้อง

아- 짜-ㄴ 깨- 카이 쁘라 요-ㄱ 하이 투-ㄱ 떠-ㅇ

교수가 문장을 올바르게 수정한다.

<u>คำถามท้ายบท</u>

1.วันภาษาไทยแห่งชาติ เกิดขึ้นครั้งแรกเมื่อใด

....

2.เรื่องอะไรที่พระบาทสมเด็จพระเจ้าอยู่หัวฯได้ทรงอภิปรายในการประชุม

....

3.ทำไมประเทศไทยต้องมีวันภาษาไทยแห่งชาติ

....

บทที่ 5 ศาสนา

เรื่องที่ 1 ศาสนาในประเทศไทย

ประเทศไทยมีศาสนาพุทธเป็นศาสนาประจำชาติ ประมาณร้อยละ 94 ของประชากรไทยนับถือศาสนาพุทธ ร้อยละ 5 นับถือศาสนาอิสลาม ผู้ที่นับถือศาสนาอิสลามส่วนใหญ่อยู่ทางภาคใต้ในจังหวัดสงขลา ปัตตานี ยะลา นราธิวาสและชุมพร เป็นต้น นอกจากนี้อีกประมาณ ร้อยละ 1 นับถือศาสนาคริสต์ ซิกข์และฮินดู ในประเทศไทยมีศาสนาพุทธนิกายหินยานและมหายาน แต่คนไทยส่วนใหญ่นับถือศาสนาพุทธนิกายหินยาน ศาสนาพุทธมีความสำคัญและมีผลกระทบต่อสังคมไทย ทั้งมารยาท ประเพณีและวัฒนธรรม โดยปกติพุทธศาสนิกชนจะไปทำบุญตักบาตรที่วัด ชาวมุสลิมจะไปละหมาดที่มัสยิด(สุเหร่า) และ คริสตศาสนิกชนจะไปสวดมนต์ที่โบสถ์ ชายไทยส่วนใหญ่จะออกบวชเป็นพระภิกษุสงฆ์ครั้งหนึ่งในชีวิตเพื่อตอบแทนพระคุณของพ่อแม่

<u>คำศัพท์</u>

ร้อยละ [러-이 라] 백분비

/ v
นับถือ [납 트-] 존경하다, 믿다

/
นิกาย [니 까-이] 종파, 교파

v /
หินยาน [힌 나 야-ㄴ] 소승 (불교)

/ v
มหายาน [마 하- 야-ㄴ] 대승 (불교)

v \ /
ผลกระทบ [폰 끄라 톱] 영향

/ ^
มารยาท [마- 라 야-ㅅ] 예의

/ / /
วัฒนธรรม [왓 타 나 탐] 문화

/ \
ละหมาด [라 마-ㅅ] 무슬림들이 알라신에게 감사를 드리고 마음을 깨끗이 하기 위한 의식

/ \ /
มัสยิด [맛 싸 잇] 이슬람 사원

\
โบสถ์ [보-ㅅ] 불당, 본당 (대웅전)

\
สวดมนต์ [쑤-웟 몬] 염불하다

종교

태국은 불교가 국교이다. 전 국민의 94%가 불교를 믿는다. 5%는 이슬람교를 믿는다. 이슬람을 믿는 대부분은 태국 남부지방

인 쏭클라, 빳따니, 얄라, 나라티왓, 춤펀 도 등에 거주한다. 이 외에도 1%는 기독교, 시크교와 힌두교를 믿는다. 태국에는 소승불교와 대승불교가 있지만 태국 사람 대부분은 소승불교를 믿는다. 불교는 중요하며 태도, 풍습, 문화 등 태국 사회에 영향을 미친다. 보통 불교도들은 불교사원에 가서 공덕을 쌓고, 무슬림들은 모스크 사원에 가서 기도하며, 기독교인은 교회에 가서 기도한다. 태국 남성 대부분은 부모의 은혜에 보답하기 위해서 일생에 한번 승려생활을 한다.

<u>ไวยากรณ์</u>

1. ทาง 방향, 방면

คนไทยไปเที่ยวทางใต้ในช่วงฤดูร้อน

^ ^ ^ / /

콘 타이 빠이 티-여우 타-ㅇ 따이 나이 추- 웡 르 두- 러-ㄴ

태국 사람들은 여름 철에 남쪽으로 여행간다.

คุณกลับบ้านทางไหน

\ ^ v

쿤 끌랍 바-ㄴ 타-ㅇ 나이

당신은 어느 방향으로 집에 가세요?

2. โดยปกติ 흔히, 보통, 일반의

โดยปกติเราควรดื่มน้ำแปดแก้วต่อวัน

\ \ \ \ / \ ^ \
도-이 빠 까 띠 라오 쿠-원 드-ㅁ 남 빼-ㅅ 깨-우 떠- 완

일반적으로 우리는 하루에 여덟 잔의 물을 마셔야 한다.

โดยปกติคนไทยกินข้าวเป็นอาหารหลัก

\ \ \ ^ v \
도-이 빠 까 띠 콘 타이 낀 카-우 뻰 아- 하-ㄴ 락

일반적으로 태국인들은 밥을 주식으로 먹는다.

3. ประมาณ 대략

ค่ารถแท็กซี่ประมาณหนึ่งร้อยบาท

^ / / ^ \ \ / \
카- 롯 태-ㄱ씨- 쁘라 마-ㄴ 능 러-이 바-ㅅ

택시비는 대략 백 바트이다.

นักท่องเที่ยวไปทะเลประมาณเดือนเมษายน

/ ^ ^ / \ v
낙 터-ㅇ 티-여우 빠이 탈 레- 쁘라 마-ㄴ 드-언 메- 싸- 욘

관광객들은 4 월 쯤에 바다에 간다.

<u>คำถามท้ายบท</u>

1.ศาสนาประจำชาติไทยคือศาสนาใด

....

2.คนไทยที่นับถือศาสนาอิสลามส่วนใหญ่อาศัยอยู่ในภาคใด

....

3. คนไทยส่วนใหญ่นับถือศาสนาพุทธนิกายใด

....

4. คนไทยที่นับถือศาสนาคริสต์จะไปสวดมนต์ที่ใด

....

5. ทำไมชายจึงต้องบวชเป็นพระภิกษุสงฆ์

....

사원에 있는 불상

(태국의 상좌부불교)

태국의 불교는 상좌부불교이다. 상좌부는 테라왓 (เถรวาท) 이라고 하는데 테라 (เถระ) 는 빨리어로 교단의 장로(長老)를 의미하고, 왓 (วาท) 은 설 (說) · 논 (論) 을 의미한다. 따라서 테라왓이란

"교단의 장로에 의해서 계승되어 왔던 불교의 정당한 교설"을 의미한다고 볼 수 있다.

불교는 고타마 싯달타 (Gotama Siddartha) 가 보리수 아래서 각성하여 스스로 포교를 시작하게 된 종교이다. 불교는 석가가 입적하고 100 년경이 지나서 둘로 나뉘어진다. 첫째는 상좌부 힌나얀불교 (หินยาน) , 소승불교 (小乘佛教) 로 본래의 불교 전승을 견지하는 보수적인 불교를 가리킨다. 둘째는 개혁을 요구하는 진보파의 불교로 대중부 마하얀불교 (มหายาน) , 대승불교 (大乘佛教) 이다. 그러나 힌나얀이란 작은 탈 것(小乘)이라는 의미를 갖는 말로서 큰 탈 것이라는 의미를 갖는 대승불교에서 부르는 일반적인 호칭이기 때문에 테라왓불교라고 부르는 것이 적합할 것이다.

상좌부불교는 기원전 3 세기 인도의 마힌다 (Mahinda) 장로에 의해 스리랑카에 전해졌으며 태국에 전파된 시기는 쑤코타이 왕국 초기였다. 쑤코타이 왕국의 3 대 왕인 람캄행대왕은 크메르 색채(대승불교)를 불식시키기 위해, 당시 상좌부불교의 중심지인 남부 태국의 나컨씨탐마랏으로부터 상좌부불교 고승을 초빙했다. 이후 불교는 고대 태국의 왕권을 정당화하는 통치 이데올로기이자 민중의 신앙대상으로서 태국사회에 깊숙이 뿌리내리게 되었다.

เรื่องที่ 2 พิธีอุปสมบท

สิ่งสำคัญที่สุดสิ่งหนึ่งในชีวิตชายไทย คือ การอุปสมบท อุปสมบท หมายถึงการบวชเป็นภิกษุและภิกษุณี การอุปสมบทมีไว้เพื่อให้ได้ศาสนทายาทที่ดีไว้สืบสานพระพุทธศาสนา ในประเทศไทยถ้าลูกชายของครอบครัวเป็นพุทธต้องบวชสักครั้งในชีวิตเพื่อให้แม่เกาะชายผ้าเหลืองขึ้นสวรรค์ ชดใช้ค่าน้ำนม และเป็นการสืบต่ออายุพระพุทธศาสนาโดยเปลี่ยนจากผู้นับถือพระรัตนตรัยไปเป็นส่วนหนึ่งของพระรัตนตรัย

<u>คำศัพท์</u>

ภิกษุ	/ \ [픽 쑤]	20 세 이상의 남자 승려
ภิกษุณี	/ \ [픽 쑤 니-]	20 세 이상의 여자 승려
ทายาท	^ [타- 야-ㅅ]	후대, 후계자, 계승자
สืบสาน	\ v [쓰-ㅂ 싸-ㄴ]	계승하다
เกาะ	\ [꺼]	붙잡다, 섬
ชายผ้า	^ [차-이 파-]	옷 자락, 옷 단

ผ้าเหลือง	^ ˇ [파- 르-엉]	승려의 승복
สวรรค์	\ ˇ [싸 완]	천국, 낙원
ชดใช้	/ / [촛 차이]	배상하다, 변상하다
น้ำนม	/ [남 놈]	우유, 젖

<u>출가행사</u>

태국 남성의 일생 중 가장 중요한 일은 출가하는 것이다. 출가는 비구승이나 비구니가 되는 것을 의미한다. 출가는 불교를 계승하는 좋은 종교 후계자를 갖기 위한 것이다. 태국에서 가정의 남성들은 일생에 한번 출가한다. 왜냐하면 어머니가 비구승의 황색 가사자락을 잡고 불국정토로 갈수 있게 하기위해, 모유값을 갚기위해, 불교를 계속 계승해서 3 보를 믿는 자로부터 3 보의 일부가 되기 위해서이다.

<u>ไวยากรณ์</u>

1. ไว้ 계속, 보존 등의 의미를 나타낸다.

ไว้ 는 부동사로 본동사의 의미를 더해 준다. "~두다, 놓다"로 해석이 가능하다.

แม่เก็บเงินไว้ 어머니는 돈을 모아둔다.

^ \ /
매- 껩 응으ㅓ-ㄴ 와이

ฉันฝากเงินไว้ที่ธนาคาร 나는 은행에 돈을 맡겨 둔다.

ˇ \ / ^ /
찬 화-ㄱ 응으ㅓ-ㄴ 와이 티- 타 나- 카-ㄴ

부동사란?

어떤 동사의 동작이나 상태를 완결시켜주는 역할을 한다. 다시 말하면 동사는 그것으로서 직분을 다하고 있지만 어떤 동사를 다른 동사에 붙여 더욱 그 의의를 명료하게 하거나 지향성을 주거나 혹은 그 동작의 이유를 설명하는 수 가 있다. 이런 기능을 가진 동사를 부동사라고 한다.

2. สัก ...만큼, ...정도, …라도

สัก + 유별사의 형태로, 희망, 소망을 그 최소단위로 표현하는 경우에 사용된다.

ฉันจะไปเที่ยวต่างจังหวัดสักหนึ่งอาทิตย์

ˇ \ ^ \ \ \ \ /
찬 짜 빠이 티-여우 따-ㅇ 짱 왓 싹 능 아- 팃

나는 일주일 정도 지방으로 여행 갈 것이다.

สักอาทิตย์หน้าฉันจะไปหาเธอ

\ / ^ ˇ \ ˇ
싹 아- 팃 나- 찬 짜 빠이 하- 트ㅓ-

다음 주 정도 내가 너를 보러 갈 것이다.

คำถามท้ายบท

1.อุปสมบท หมายถึง อะไร

....

2.จุดประสงค์ของการอุปสมบทคืออะไร

....

3.ทำไมครอบครัวไทยจึงต้องให้ลูกชายบวชเป็นพระภิกษุ

....

출가행사

เรื่องที่ 3 พระภิกษุสงฆ์

พระสงฆ์ หรือ ภิกษุ หรือ พระภิกษุสงฆ์ คือ ชายไทยอายุไม่ต่ำกว่า 20ปีที่ออกบวช พระสงฆ์คือผู้ฟังคำสั่งสอนของพระพุทธเจ้าแล้วเลื่อมใส ละทิ้งทางโลก ออกบวชและปฏิบัติตามวินัยที่พระพุทธเจ้าสอนไว้ พระสงฆ์เป็นหนึ่งในพระรัตนตรัย ได้แก่ พระพุทธ พระธรรม พระสงฆ์ ในสังคมไทยมีประเพณีที่มีพระสงฆ์เข้ามาเกี่ยวข้องหลายอย่าง เช่น การขึ้นบ้านใหม่ การแต่งงาน งานศพ การตั้งชื่อ เป็นต้น อีกทั้งพระสฆ์จะต้องรักษาศีล 227ข้อ เพื่อควบคุม กาย วาจา และ ใจของตนเองให้เป็นไปตามคำสอนของพระพุทธเจ้า

<u>คำศัพท์</u>

พระสงฆ์	/ ∨ [프라 쏭]	비구, 승려
สั่งสอน	\ ∨ [쌍 써-ㄴ]	교도하다, 가르쳐 기르다
เลื่อมใส	^ ∨ [르-엄 싸이]	믿다, 숭배하다
ละทิ้ง	/ / [라 팅]	포기하다, 버리다, 그만두다
ปฏิบัติ	\ \ \ [빠 띠 밧]	집행하다, 실행하다

วินัย	[위 나이]	규율
แต่งงาน	[때-ㅇ 응아-ㄴ]	결혼하다
งานศพ	[응아-ㄴ 쏩]	장례식
ตั้งชื่อ	[땅 츠-]	이름을 짓다, 명명하다
รักษา	[락 싸-]	치료하다, 보유하다
ควบคุม	[쿠-웝 쿰]	관리하다, 통제하다
กาย	[까-이]	몸, 신체
วาจา	[와- 짜-]	구두, 말
ใจ	[짜이]	마음, 심성

비구승

비구승은 출가한 20 세이상의 남성을 의미한다. 비구승은 부처님의 가르침을 듣고 속세를 떠나 승려가 돼 부처가 가르친 계율에 따라 행동한다. 승려는 3 보(三寶)인 불(佛), 법(法), 승(僧) 중의 하나이다. 태국사회에는 승려가 새 집을 짓고, 결혼하고, 화장하고, 이름을 짓고 하는 등의 여러 가지 일에 참여하는 풍습이 있다. 또 승려는 자신의 몸, 말, 마음을 통제하여 부처님의 가르침에 따를 수 있도록 227 가지의 계율을 지켜야 한다.

ไวยากรณ์

1. ตาม　　…에 따라서, …에 의해서

ตาม + 명사(구)의 형태로 정보의 출처에 대해서 언급하는 표현이다.

ตามประกาศของมหาวิทยาลัย พรุ่งนี้ไม่มีเรียน

\ \ ˇ \ ˇ / / ^ / ^

따-ㅁ 쁘라 까-ㅅ 커-ㅇ 마 하- 윗 타 얄- 라이 프룽 니- 마이 미- 리-얀

대학의 공고에 따라서 내일 수업이 없다.

แมวเดินตามฉันจนถึงบ้าน

ˇ ˇ ^

매-우 드ㅓ-ㄴ 따-ㅁ 찬 쫀 틍 바-ㄴ

고양이가 집까지 나를 따라 걷는다.

2. เกี่ยวข้องกับ　　…와/과 관계가 있다

เขาเกี่ยวข้องกับเรื่องนี้　　그는 이 일과 관계가 있다.

ˇ \ ^ \ ^ /

카오 끼-여우 커-ㅇ 깝 르-엉 니-

เรื่องเศรษฐกิจเกี่ยวข้องกับคนทั้งประเทศ

^ \ \ \ \ ^ \ / \ ^

르-엉 쎄-ㅅ타낏 끼-여우 커-ㅇ 깝 콘 탕 쁘라테-ㅅ

경제는 전국의 국민들과 관계가 있다.

คำถามท้ายบท

1.ชายไทยที่จะบวชเป็นพระภิกษุสงฆ์ต้องมีอายุเท่าใด

....

2.พระรัตนตรัยประกอบไปด้วยอะไรบ้าง

....

3.พระสงฆ์ต้องรักษาศีลทั้งหมดกี่ข้อ

....

4.ประเพณีไทยใดบ้างที่พระสงฆ์เข้ามาเกี่ยวข้อง

....

비구승 출가의식

เรื่องที่ 4 สามเณร และ แม่ชี

สามเณรคือนักบวชชายที่มีอายุน้อย ผู้ที่จะบวชเป็นสามเณรต้องมีอายุไม่ต่ำกว่า 7ขวบและไม่เกิน 20ปี พิธีการบวชนั้นคือจะปลงผม หนวด และคิ้ว สามเณรจะถือศีล 10ข้อ ส่วนมากเด็กไทยจะบวชสามเณรในช่วงปิดเทอม แม่ชี คือนักพรตหญิงในศาสนาพุทธนิกายเถรวาท แม่ชีจะนุ่งขาวห่มขาว โกนศีรษะ แต่ไม่ได้อุปสมบท แม่ชีอาศัยอยู่ที่วัดเช่นเดียวกับพระภิกษุ

<u>คำศัพท์</u>

　　　　/　\
นักบวช　[낙 부-웟]　수도자, 목사

　　　　\
ขวบ　[쿠-웝]　세 , 살
(보통 12 세 이하의 아동들에게 사용)

ปลง　[쁠롱]　머리카락을 자르다

　　　　v
ผม　[폼]　머리 카락

　　　　\
หนวด　[누-웟]　콧수염, 수염

　　　　/
คิ้ว　[키우]　눈썹

　　　　\
ปิดเทอม　[삣 트ㅓ-ㅁ]　방학(하다)

แม่ชี [매- 치-] 여승, 비구니, 수녀

นักพรต [낙 프롯] 고행자, 구도자

นุ่ง [눙] 가리다, 입다

ห่ม [홈] 덮다, 싸다

โกน [꼬-ㄴ] 깎다, 자르다

사미승과 매치

사미승은 나이가 어린 남자 승려이다. 사미승이 되고자 하는 사람은 7 세이상 20 세 미만이어야 한다. 출가 의식은 머리카락, 수염, 눈썹을 자르는 것이다. 사미승은 10 가지의 계율을 지킨다. 대부분의 태국 어린이는 방학중 사미승의 생활을 한다. 매치는 상좌부불교의 여성 수행자이다. 매치는 흰 옷을 걸치고 머리카락을 깎지만 출가한 것은 아니다. 비구승과 같이 절에 거주한다.

ไวยากรณ์

1. เช่นเดียวกับ ...와 마찬가지로

เขาเป็นคนซื่อสัตย์เช่นเดียวกับพ่อของเขา

카오 뻰 콘 쓰- 쌋 체-ㄴ디-여우 깝 퍼- 커-ㅇ 카오

그는 자기 아버지와 마찬가지로 정직한 사람이다.

เขาขยันทำงานเช่นเดียวกับแม่

ˇ \ ˇ ^ \ ^

카오 카얀 탐 응아-ㄴ 체-ㄴ 디-여우 깝 매-

그는 어머니와 마찬가지로 일을 열심히 한다.

2. ส่วนมาก 대부분

คนไทยส่วนมากชอบทุเรียน

\ ^ ^ /

콘 타이 쑤-원 마-ㄱ 처-ㅂ 투 리-얀

대부분의 태국인들은 두리안을 좋아한다.

ผู้หญิงส่วนมากไม่แต่งหน้าเวลาอยู่บ้าน

^ ˇ \ ^ ^ \ ^ \ ^

푸- 잉 쑤-원 마-ㄱ 마이 때-ㅇ나- 웰- 라- 유- 바-ㄴ

대부분 여자들은 집에 있을 때 화장을 안 한다.

3. ไม่เกิน 미만

รถบรรทุกน้ำหนักไม่เกินหนึ่งตันผ่านได้

/ / / \ ^ \ \ ^

롯 반 툭 남 낙 마이 끄ㅓ-ㄴ 능 딴 파-ㄴ 다이

무게가 일톤 미만의 트럭만 지나갈 수 있다.

ฉันออกจากบ้านไม่เกินเจ็ดโมงเช้า

ˇ \ \ ^ ^ \ /

찬 어-ㄱ 짜-ㄱ 바-ㄴ 마이 끄ㅓ-ㄴ 쩻 모-ㅇ 차오

나는 7 시 이내에 집을 떠난다.

คำถามท้ายบท

1. คนที่จะบวชเป็นสามเณรต้องมีอายุเท่าใด

………………………………………………………………………………………

2. สามเณรจะต้องถือศีลทั้งหมดกี่ข้อ

………………………………………………………………………………………

3. ส่วนใหญ่เด็กไทยจะบวชเป็นสามเณรเมื่อใด

………………………………………………………………………………………

4. แม่ชี คือใคร

………………………………………………………………………………………

5. แม่ชีอาศัยอยู่ที่ใด

………………………………………………………………………………………

사미승 출가의식

(매치)

태국에 가보면 백색 가사를 입고 황색 가사를 입은 승려들과 함께 아침 일찍 탁발을 하러 다니는 여성 승려들의 모습을 볼 수 있다. 이들은 매치라고 불린다. 매치는 보통 사원의 일각에서 기거하면서 계율을 준수하고 수행 생활을 하고 있지만 엄밀한 의미에서 승려는 아니다.

매치는 남성 비구승 (ภิกขุ, ภิกษุ) 에 대한 여성 비구니 (ภิกขุนี, ภิกษุณี) 를 의미하는 것이 아니다. 상좌부 불교에서도 비구니는 10세기경까지 존재했지만 이후 사라졌다. 매치라는 말은 타이어로 여성 수행자를 의미하는 데 수계식을 경험하고 사원 거주를 허락받은 여성을 가리킨다.

8 계를 준수하는 매치는 출가와 재가의 가운데 위치한 독특한 위상을 갖는다고 볼 수 있으며 태국 남성에게 성인식의 의미를 갖는 일시출가에 해당하는 관습도 매치에게는 없지만 환속의 자유가 있는 것은 비구승과 동일하다.

เรื่องที่ 5 วัดไทย

วัดเป็นที่อยู่ของภิกษุ เป็นสถานที่ประกอบศาสนกิจของพุทธศาสนิกชน และ เป็นศูนย์รวมของคนในชุมชน วัดไทยส่วนใหญ่จะแบ่งออกเป็นสองส่วน คือ ส่วนที่ใช้ประกอบกิจกรรมทางศาสนา และอีกส่วนหนึ่งคือ กุฏิสงฆ์ที่อยู่อาศัยของภิกษุและสามเณร คนไทยไปวัดในวันสำคัญต่างๆ เช่น วันเกิด วันครบรอบ วันปีใหม่ วันสำคัญทางศาสนา เพื่อทำบุญตักบาตร ปล่อยนกปล่อยปลา และให้ทาน วัดสำคัญในเมืองไทยคือ วัดโพธิ์ วัดอรุณ วัดพระแก้ว วัดภูเขาทอง เป็นต้น

<u>คำศัพท์</u>

ที่อยู่	[티- 유-]	주소, 사는 곳, 주거지
ศาสนกิจ	[싸-ㅅ 싸 나 낏]	종교에 관한 업무나 사무
ศูนย์รวม	[쑤-ㄴ 루-움]	집합소
ชุมชน	[춤 촌]	공동체
กุฏิ	[꿋 띠]	승방
วันเกิด	[완 끄ㅓ-ㅅ]	생일, 탄생일

/ ^
วันครบรอบ [완 크롭 러-ㅂ] 주년 일

\
ปีใหม่ [삐- 마이] 새해

\
ปล่อย [쁠러-이] 방치하다, 풀어 놓다

^
ให้ทาน [하이 타-ㄴ] 보시하다

태국 사원

사원은 비구승의 거처이며, 불교신도들의 불사가 이루어지는 공간이며, 공동체의 구심점(센터)이다. 대부분의 태국사원은 두 개 부분으로 나뉜다. 종교활동을 구성하는 공간과 비구승과 사미승의 거주의 공간이다. 태국 사람들은 여러가지 중요한 날에 사원에 간다. 예를 들면 공덕을 쌓고 방생하고 음식물을 공양하기 위해서 생일, 기념일, 새해, 종교적으로 중요한 날에 사원에 간다. 태국의 중요한 사원은 "왓 포", "왓 아룬", "왓 프라깨우", "왓 푸카오텅" 등이 있다.

ไวยากรณ์

1. ส่วน 부분

ห้องนอนถูกแบ่งออกเป็นสองส่วน

^ \ \ \ v \
허-ㅇ 너-ㄴ 투-ㄱ 배-ㅇ 어-ㄱ 뻰 써-ㅇ 쑤-원

침실은 두 개의 부분으로 나뉘었다.

ผลไม้นี้บางส่วนก็ดี บางส่วนก็เน่า

v / / / \ ^ \ ^ ^
폴 라 마이 니- 바-ㅇ 쑤-원 꺼- 디- 바-ㅇ 쑤-원 꺼- 나오

이 과일은 어느 부분은 좋고 어느 부분은 썩었다.

2. แบ่งออกเป็น ...으로 나뉜다

เกาหลีถูกแบ่งออกเป็นเกาหลีเหนือและเกาหลีใต้

v \ \ \ v v / v ^
까올 리- 투-ㄱ 배-ㅇ 어-ㄱ 뻰 까올 리- 느-어 래 까올 리- 따이

한국은 북한과 남한으로 나뉜다.

นักเรียนถูกแบ่งออกเป็นสามห้อง 학생은 3 반으로 나뉜다.

/ \ \ \ v ^
낙 리-얀 투-ㄱ 배-ㅇ 어-ㄱ 뻰 싸-ㅁ 허-ㅇ

คำถามท้ายบท

1.วัดไทยแบ่งออกเป็นกี่ส่วน อะไรบ้าง

....

2.คนไทยส่วนใหญ่ไปวัดในวันใดบ้าง

....

3.ในวันสำคัญคนไทยไปทำกิจกรรมใดบ้างที่วัด

....

태국 사원

(태국 사원)

우리에게 알려진 사원의 이미지는 조용하고 정숙하며 청정무구한 정신 수양의 도량이요 신앙의 장소로 인식되고 있다. 그러나 태국 사원의 이미지는 이와 달리 다소 동적이다. 그 이유는 태국 사원의 사회적 기능과 밀접한 관계가 있다. 과거부터 지금까지 사원은 학교, 수양도량, 사교장, 미술관, 재판소, 여행자의 숙소 등 다목적으로 이용되고 있다. 또한 승려들은 교사, 의사, 분쟁의 조정역, 상담역 등을 담당함으로써 재가신도들과 밀접한 관계를 갖게 된다. 사원이 마음의 안식처이자 일반인들의 실용적인 생활공간으로 이용됨으로써, 불교는 태국인들에게 있어서 종교라기보다 일종의 생활관습이 되었다고 볼 수 있다.

เรื่องที่ 6 ทำบุญตักบาตร

ในทุกๆเช้า ประมาณ ตี 5 ถึง 7โมงเช้า พระภิกษุจะถือบาตรออกบิณฑบาตเพื่อรับอาหารตามบ้าน ชาวบ้านจะออกมาตักบาตรให้อาหารพระภิกษุสงฆ์ เช่น ข้าว กับข้าว น้ำดื่ม และอาหารแห้ง คนไทยเชื่อว่าการใส่บาตรเป็นการสร้างกุศลและเป็นการแผ่ส่วนกุศลให้ญาติที่ล่วงลับไปแล้ว อีกทั้ง การตักบาตรยังเป็นการช่วยรักษาพุทธประเพณีและสั่งสมบุญในแต่ละวัน พระภิกษุจะต้องออกบิณฑบาตทุกวันเพราะพระภิกษุไม่สามารถเก็บอาหารข้ามคืนได้

<u>คำศัพท์</u>

เช้า	[차오]	아침
ประมาณ	[쁘라 마-ㄴ]	대략, 대충
บาตร	[바-ㅅ]	주발, 발우
บิณฑบาต	[빈 타 바-ㅅ]	(승려가)탁발하다, 걸식하다
อาหาร	[아- 하-ㄴ]	음식물,식품

ชาวบ้าน	[차-우 바-ㄴ]	백성, 촌민
ข้าว	[카-우]	밥, 쌀
กับข้าว	[깝 카-우]	반찬, 찬
อาหารแห้ง	[아- 하-ㄴ 해-ㅇ]	마른 반찬
แผ่	[패-]	펼치다, 확장하다
กุศล	[꾸 쏜]	선을 행하다
ล่วงลับ	[루-웡 랍]	세상을 떠나다, 돌아가시다
ประเพณี	[쁘라 페- 니-]	관습, 전통, 풍습
สั่งสม	[쌍 쏨]	수집하다, 축적하다
บุญ	[분]	공덕, 자선, 복덕
ข้าม	[카-ㅁ]	건너다, 건너뛰다

공덕 쌓기

매일 아침 5 시부터 7 시 사이에 비구승들은 발우를 들고 동네에 탁발의식을 나간다. 동네 사람들은 스님들에게 밥, 반찬, 음료수 그리고 마른 음식 등 음식물을 공양한다. 태국 사람들은 공양하는 것이 공덕을 쌓는 것이며, 죽은 친척에게 공덕을 베푸는 것이라고 믿는다. 탁발은 불교풍습을 유지하고 매일 공덕을 쌓는 일이 된다. 승려들은 매일 탁발을 나간다. 음식을 밤새 보관해 둘 수 없기 때문이다.

<u>ไวยากรณ์</u>

1. แต่ละ …마다, 각각의

ร้านค้าแต่ละร้านขายอาหารไม่เหมือนกัน

/ / \ / / v v ^ v

라-ㄴ카- 때-라 라-ㄴ 카-이 아-하-ㄴ 마이 므-언 깐

각 음식점마다 파는 음식이 다르다.

ในแต่ละวันแม่ทำงานบ้านเยอะมาก

\ / ^ ^ / ^

나이 때- 라 완 매- 탐 응아-ㄴ 바-ㄴ 여 마-ㄱ

날마다 엄마가 집안일을 아주 많이 하신다.

2. ทุก 모든

เขาเล่นเทนนิสทุกสัปดาห์ 그는 매주 테니스를 친다.

v ^ / / \

카오 레-ㄴ 테-ㄴ 닛 툭 쌉 다-

ฉันเดินไปโรงเรียนทุกวัน 나는 매일 걸어서 학교에 간다.

ˇ   /
찬 드ㅓ-ㄴ 빠이 로-ㅇ 리-얀 툭 완

3. สามารถ ...ได้   ...할 수 있다

สามารถ 은 "~할 수 있다"라는 보통이상의 능력이나 노력, 강조나 문어적인 표현으로 사용된다. 동사 앞에 쓰이며 가능을 나타내는 ได้ 가 문미에 와서 สามารถ + 동사+목적어 ~ได้ 형태로도 쓰인다.

แม่สามารถขับรถได้   엄마는 자동차를 운전할 수 있다.

^   ˇ   ^   \ / ^
매- 싸- 마-ㅅ 캅 롯 다이

น้องสาวสามารถร้องเพลงไทยได้

/   ˇ   ˇ   ^   /   ^
너-ㅇ 싸-우 싸- 마-ㅅ 러-ㅇ 플레-ㅇ 타이 다이

여동생은 태국노래를 부를 수 있다.

동일한 "가능"을 나타내는 조동사 ได้ 는 동사 뒤나 문미에 사용해 동사+목적어/보어+ ได้ 형태로 쓰인다.

พนักงานต้อนรับพูดภาษาอังกฤษได้   접대원은 영어를 할 수 있다.

/ /   ^   /   ^   ˇ   \   ^
파 낙 응아-ㄴ 떠-ㄴ 랍 푸-ㅅ 파- 싸- 앙 끄릿 다이

คำถามท้ายบท

1.พระสงฆ์ออกบิณฑบาตเวลาใด

....

2.เพราะอะไรพระสงฆ์ต้องออกบิณฑบาตทุกวัน

....

3.คนไทยนิยมนำสิ่งใดมาตักบาตรถวายแด่พระสงฆ์

....

4.คนไทยมีความเชื่อเรื่องการตักบาตรว่าอย่างไร

....

탁발의식

(불교의 계율들)

상좌부불교는 계율불교라고 불릴 정도로 계율이 엄격해, 비구가 지켜야 할 계율이 227 계이다. 우빠쏨봇 (อุปสมบท) 이라고 불리는 득도식의 본질도 이러한 계율의 수계에 있다. 사미승들은 10 계를 지켜야 하고, 재가신도는 보통 5 계를 지켜야 하며 특별한 날 예를 들어 재계일인 음력 8, 15, 23 일과 말일에는 8 계를 지키게 된다.

계율 중 10 계를 소개하면 다음과 같다. 간음하지 말 것, 도적질하지 말 것, 살아 있는 생물을 죽이지 말 것, 망언하지 말 것, 음주하지 말 것, 오후 이후 다음날 아침까지 식사하지 말 것, 가무 등 오락에 빠지지 말 것, 향수와 장신구를 사용하지 말 것, 크고 높은 침대에서 자지 말 것, 금·은·재물을 받지 말 것 등이다.

เรื่องที่ 7 น้ำมนต์

หลังจากจบพุทธศาสนพิธีแล้ว พระสงฆ์จะประพรมน้ำมนต์ให้แก่พุทธศาสนิกชนที่มาร่วมงาน น้ำมนต์ คือ น้ำที่เสกเพื่อใช้อาบน้ำ กิน และประพรม เพื่อให้เกิดความเป็นสิริมงคลแก่ตนเอง คนไทยมีความเชื่อว่าถ้านำน้ำมนต์มาประพรมที่ศีรษะ ภายในบ้าน บริเวณบ้าน หรือ ป้ายร้านค้า จะเพิ่มความศักดิ์สิทธิ์ให้บ้าน กันผีสาง น้ำมนต์ยังนำความโชคดีมาให้ และ กำจัดสิ่งอัปมงคล อันตรายต่างๆ ได้

<u>คำศัพท์</u>

พิธี	[피 티-]	의식
อาบน้ำ	[아-ㅂ 남]	목욕하다
ประพรม	[쁘라 프롬]	뿌리다, 물을 끼얹다
เสก	[쎄-ㄱ]	주문을 외워서 다른 것으로 변신하게 하다.
มงคล	[몽 콘]	행복과 번영을 가져다 주는 것
สิริมงคล	[씨 리 몽 콘]	길상, 좋은 운수

ศีรษะ	[씨̌- 싸̀]	머리
ป้าย	[빠̂- 이]	간판, 라벨, 패
ร้านค้า	[라́- ㄴ 카́-]	상점, 점포
ศักดิ์สิทธิ์	[싹̀ 씻̀]	신성하다, 영험하다
ผีสาง	[피̌- 싸̌- ㅇ]	귀신, 유령
อัปมงคล	[압̀ 빠̀ 몽 콘]	불길하다, 운이 없다

성수

불교행사를 마친 후 스님들은 행사에 참석하러 온 불교도들에게 성수를 뿌린다. 성수란 자신에게 행운이 오도록 목욕하고, 먹고, 뿌리는 데 사용하기 위해 주문을 외면서 만든 물이다. 태국 사람들은 만일 성수를 머리, 집 안, 집 부근, 가게 간판 등에 뿌리게 되면 집에 행운을 더해주고 귀신을 막아준다고 확신한다. 성수는 행운을 가져다 주고 불길하거나 여러 가지 위험한 것을 제거해 준다.

ไวยากรณ์

1. ถ้า 만약, 만약...이라면

ถ้า 는 접속사로 "가정, 조건"을 나타내며 문두에 놓인다.

ถ้าคุณอยากออกกำลังกาย คุณต้องไปที่สวนสาธารณะ

^ \ \ ^ ^ v v / /

타- 쿤 야-ㄱ 어-ㄱ 깜 랑 까-이 쿤 떠-ㅇ 빠이 티- 쑤-원 싸- 타- 라 나

너는 운동을 하고 싶으면 공원에 가야 한다.

ถ้าพรุ่งนี้เขาไม่มา ฉันจะไปหาเขา

^ ^ / v ^ v \ v v

타- 프룽 니- 카오 마이 마- 찬 짜 빠이 하- 카오

내일 그가 안 오면 내가 그를 보러 갈 것이다.

2. นำ...มาให้ 가져다 주다

ฝนนำความอุดมสมบูรณ์มาให้ 비는 풍요를 가져다 준다.

v \ v ^

혼 남 콰-ㅁ 우 돔 쏨 부-ㄴ 마- 하이

ฉันนำของขวัญมาให้เพื่อน 나는 친구한테 선물을 가져다 준다.

v v v ^ ^

찬 남 커-ㅇ 콴 마- 하이 프-언

คำถามท้ายบท

1.น้ำมนต์คืออะไร

....

2.หลังจากเสร็จพิธีทางศาสนาพุทธแล้วพระสงฆ์จะทำสิ่งใด

....

3.ทำไมพระสงฆ์จึงประพรมน้ำมนต์ให้แก่ชาวพุทธ

....

4.คนไทยนำน้ำมนต์มาประพรมภายในบ้านเพราะอะไร

....

성수

เรื่องที่ 8 สายสิญจน์

คนไทยจะใช้สายสิญจน์วงรอบบ้านเพื่อความเป็นสิริมงคล เวลาทำบุญที่บ้าน พระสงฆ์จะถือเส้นด้ายสีขาวยาวๆตอนสวดมนต์และเสกเป่าด้ายนั้น หลังจากพระสงฆ์สวดมนต์เสร็จ พระสงฆ์ก็จะเอาสายสิญจน์นั้นมาวางไว้บนพาน คนไทยจะเอาสายสิญจน์นั้นมาคล้องที่ข้อมือ ที่คอ หรือ ที่แขน คนไทยเชื่อว่าด้ายสายสิญจน์เป็นด้ายศักดิ์สิทธิ์สามารถป้องกันอันตรายจากผี หรือ โชคร้าย และยังเพิ่มความเป็นสิริมงคลให้แก่ผู้ที่สวมใส่ อีกทั้งคนไทยใช้ด้ายสายสิญจน์ที่เป็นวงกลมสองวงสวมศีรษะคู่บ่าวสาวในงานแต่งงานเพื่อความเป็นสิริมงคลด้วย

<u>คำศัพท์</u>

วง	[웡]	원
รอบ	[러̂-ㅂ]	주위, 주기
เส้นด้าย	[쎄̂-ㄴ 다̂-이]	실줄
สวดมนต์	[쑤̀-웟 몬]	기원하다, 염불하다
พาน	[파-ㄴ]	다리 달린 쟁반이나 소반

คล้อง	[클러-ㅇ]	묶다, 매거나 걸다
ข้อมือ	[커- 므-]	손목
คอ	[커-]	목
เป่า	[빠오]	입으로 불다
โชคร้าย	[초-ㄱ 라-이]	악운, 불운
วงกลม	[웡 끌롬]	원형, 원주
ศีรษะ	[씨- 싸]	머리
คู่บ่าวสาว	[쿠- 바-우 싸-우]	신랑신부

<u>성사</u>

태국사람들은 집에서 공덕쌓기 행사할 때 행운을 위해서 집 주위에 성사(싸이씬)를 둘러친다. 승려들은 염불할 때 긴 흰 색의 실을 쥐고 그 실에 마법을 불어넣는다. 염불이 끝나면 승려들은 그 성사를 쟁반 위에 놓아두며 사람들은 팔목, 목, 팔에 맨다. 성사는 귀신 또는 불행으로부터 위험을 방지할 수 있고 실을 매고 있는 사람들에게 행운을 배가시키는 신성한 실이라고 믿는다. 또 태국사람들은 결혼식 때 행운을 위해서 두 개의 둥근 원 형태의 성사를 신랑신부의 머리에 씌워준다.

ไวยากรณ์

1.ก็จะ ...또한 할 것이다

ถ้านายกรัฐมนตรีไม่ทำงาน ประชาชนก็จะขับไล่เขา

^ / / \ ^ \ ^ \ \ ^ v

타- 나- 욕 랏 타 몬 뜨리- 마이 탐 응아-ㄴ 쁘라 차- 촌 꺼- 짜 캅 라이 카오

수상이 일을 안 하면 국민이 그를 쫓아낼 것이다.

หากเราตัดต้นไม้มาก ก็จะทำให้เกิดน้ำท่วม

\ \ ^ / ^ ^ \ ^ \ / ^

하-ㄱ 라오 땃 똔 마이 마-ㄱ 꺼- 짜 탐 하이 끄ㅓ-ㅅ 남 투-웜

우리가 나무를 많이 자르면 홍수가 날 것이다.

2. บน ...위에

ฉันวางหนังสือไว้บนโต๊ะ 나는 책상 위에 책을 놔뒀다.

v v v / /

찬 와-ㅇ 낭 쓰- 와이 본 또

พ่อนอนอยู่ข้างบนบ้าน 아버지가 집 이층에서 자고 있다.

^ \ ^ ^

퍼- 너-ㄴ 유- 카-ㅇ 본 바-ㄴ

3. เวลา …할 때

습관적으로 일어나는 일을 설명할 경우에 사용된다.

สมัยเด็ก เวลาไปโรงเรียน คุณพ่อขับรถไปส่ง

\ ˇ \ ^ \ / \
싸 마이 덱 웰- 라- 빠이 로-ㅇ 리-얀 쿤 퍼- 캅 롯 빠이 쏭

어린시절 학교 갈 때 아버지가 차로 보내주었다.

เราไม่ควรพูดเรื่องงานเวลาทานอาหาร

^ ^ ^ ˇ
라오 마이 쿠-원 푸-ㅅ 르-엉 응아-ㄴ 웰- 라- 타-ㄴ 아- 하-ㄴ

우리는 음식을 먹을 때 일에 대해 말을 안 했으면 좋겠다.

<u>คำถามท้ายบท</u>

1.สายสิญจน์มีลักษณะอย่างไร

....

2.คนไทยนำสายสิญจน์มาวงไว้รอบบ้านเมื่อใด

....

3.ทำไมคนไทยจึงนำสายสิญจน์มาวงไว้รอบบ้าน

....

4.ทำไมคนไทยจึงเอาสายสิญจน์มาคล้องไว้ที่ข้อมือและคอ

....

5.ในงานแต่งงานคนไทยใช้สายสิญจน์มาทำอะไร

....

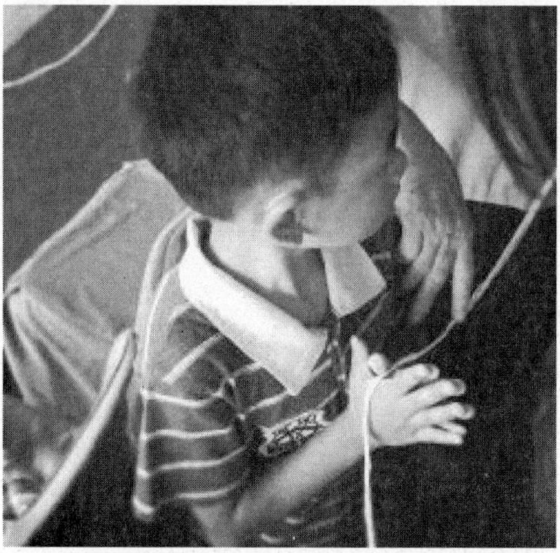

아이가 성사를 들고 있는 모습

เรื่องที่ 9 ศาลพระภูมิ

คนไทยมักจะตั้งศาลพระภูมิไว้ริมรั้วบ้านหรือมุมหนึ่งนอกบ้าน เพื่อให้เป็นที่สถิตของเทพารักษ์ คนไทยเชื่อว่าเทพารักษ์จะอาศัยอยู่ในศาลพระภูมิ และจะช่วยปกป้องบ้านจากผีสางหรือสิ่งชั่วร้าย และทำให้คนในบ้านโชคดี ศาลพระภูมิมีลักษณะเป็นบ้านหรือวิหารหลังเล็กๆ ตั้งอยู่บนแท่นเดี่ยว ปกติศาลพระภูมิจะทำจากไม้หรือปูนเป็นต้น บ้านหลังหนึ่งอาจจะมีศาลพระภูมิมากกว่าหนึ่งหลังก็ได้ คนไทยจะไหว้ศาลพระภูมิโดยการวางพวงมาลัย ดอกไม้ และอาหาร ให้กับเทพารักษ์ที่สถิตอยู่ในศาลพระภูมิ

<u>คำศัพท์</u>

ริม	[림]	가장자리, 언저리
รั้ว	[루-어]	장벽, 울타리
สถิต	[싸 팃]	머물다, 살다
เทพารักษ์	[테- 파- 락]	수호신, 수호령
วิหาร	[위 하-ㄴ]	불당, 사원, 불전

แท่น	[태^-ㄴ]	제단, 받침대
ไม้	[마/이]	나무, 목재
ปูน	[뿌-ㄴ]	석회, 회반죽
พวงมาลัย	[푸-웡 말- 라이]	수레 바퀴 모양으로 만든 화환이나 화관
ถอน	[터ˇ-ㄴ]	뽑다, 취소하다

싼 프라품

태국사람들은 싼 프라품(토지신의 사당)을 집 울타리 또는 집 밖 한 구석에 세워 두는데 수호신의 거처가 되게 하기 위한 것이다. 태국사람들은 수호신이 싼 프라품에 살고 있으며, 집을 귀신이나 사악한 것으로부터 보호받도록 하고, 집안의 사람들을 행복하게 만든다고 믿는다. 싼 프라품은 한 개의 단 위에 세워져 있는 작은 집이나 불당의 형태이다. 보통 싼프라품은 나무나 석회 등으로 만든다. 한 집에는 한 개 이상의 싼프라품이 있을 수 있다. 태국사람들은 싼프라품에 사는 수호신에게 화환과 음식을 놓아두고 기도를 드린다.

ไวยากรณ์

1. ปกติ 평상, 보통

ปกติเธอไม่ชอบของหวาน แต่วันนี้เธอกินไอศกรีม

\ \ \ ^ ^ v v \ / \

빠 까 띠 트ㅓ- 마이 처-ㅂ 커-ㅇ 와-ㄴ 때- 완 니- 트ㅓ- 낀 아이 싸 끄리-ㅁ

그녀는 보통 단 것을 좋아하지 않지만 오늘은 아이스크림을 먹는다.

ปกติในวันสงกรานต์คนไทยไปที่วัด

\ \ \ v ^ /

빠 까 띠 나이 완 쏭 끄라-ㄴ 콘 타이 빠이 티- 왓

보통 쏭끄란 날 태국인들은 사원에 간다.

2. โดยการ ...(으)로, ...에 의해, ...통해서

พ่อครัวถนอมอาหารโดยการตากแห้ง

^ \ v v \ ^

퍼- 크루-워 타 너-ㅁ 아- 하-ㄴ 도-이 까-ㄴ 따-ㄱ 해-ㅇ

요리사가 건조 방법으로 식품을 보존한다.

คนไทยให้ของขวัญในหลวงโดยการทำความดี

^ v v v

콘 타이 하이 커-ㅇ 콴 나이 루-웡 도-이 까-ㄴ 탐 콰-ㅁ 디-

태국인은 선행을 하는 방편으로 왕에게 선물을 진상한다.

3. ตั้งอยู่ 세워져 있다

กรุงเทพฯตั้งอยู่บนฝั่งแม่น้ำเจ้าพระยา

^ ^ \ \ ^ / ^ /

끄룽 테-ㅂ 땅 유- 본 황 매- 남 짜오 프라 야-

방콕은 짜오 프라야 강 유역에 자리를 잡고 있다.

ขวดน้ำตั้งอยู่บนโต๊ะ 물병이 책상 위에 있다.

\ / ^ \ /

쿠-웟 남 땅 유- 본 또

<u>คำถามท้ายบท</u>

1. ศาลพระภูมิมีลักษณะอย่างไร

....

2. คนไทยนิยมตั้งศาลพระภูมิไว้ที่ใด

....

3. คนไทยเชื่อว่ามีสิ่งใดอาศัยอยู่ในศาลพระภูมิ

....

4. คนไทยใช้สิ่งใดในการไหว้ศาลพระภูมิ

....

5.ศาลพระภูมิที่ถูกรื้อถอนจะนำไปไว้ที่ใด

....

방콕에 있는 싼 프라품

เรื่องที่ 10 ครุฑ

ครุฑเป็นสัตว์กึ่งเทพ ครึ่งคนครึ่งนกอินทรี ปรากฏในวรรณคดีหลายเรื่อง เล่าว่า ครุฑเป็นพี่น้องกับนาคและทะเลาะกันจนเป็นศัตรู คนไทยเชื่อว่าครุฑเป็นพญาแห่งนกและเป็นพาหนะของพระนารายณ์ ครุฑเป็นสัตว์อมตะ ไม่มีอาวุธใดฆ่าครุฑได้ ครุฑมีกำลังมหาศาล แข็งแรง บินได้รวดเร็ว ฉลาด อ่อนน้อมถ่อมตนและมีขนาดใหญ่มาก เวลากระพือปีกสามารถทำให้เกิดพายุได้ ครุฑอาศัยอยู่ที่วิมานบนต้นงิ้ว ที่เขาพระสุเมรุ ประเทศไทยใช้ครุฑเป็นสัญลักษณ์ของพระมหากษัตริย์ไทยตั้งแต่สมัยอยุธยา เพราะคนไทยได้รับอิทธิพลจากลัทธิเทวราชของอินเดียที่เชื่อว่าพระมหากษัตริย์คืออวตารของพระนารายณ์ ตราครุฑถูกใช้เป็นดวงตราสำหรับประทับหนังสือราชการ และรูปครุฑที่เป็นธงแทนพระมหากษัตริย์ เราสามารถเห็นรูปปั้นครุฑได้ตามสถานที่ราชการและผนังวัด

<u>คำศัพท์</u>

กึ่ง	[끙] (\)	절반

^
เทพ [테-ㅂ] 신, 하느님

/
นก [녹] 새

/
นกอินทรี [녹 인 씨-] 독수리

\
ปรากฏ [쁘라- 꼿] 나타나다, 출현하다

^ /
พี่น้อง [피- 너-ㅇ] 형제, 자매

/ /
ทะเลาะ [탈 러] 말다툼하다, 언쟁하다

\
ศัตรู [쌋 뜨루-] 적, 원수, 적대자

/
พญา [파 야-] 왕, 신

\ /
พาหนะ [파- 하 나] 운반구, 운송도구

\ / \
อมตะ [아 마 따] 장생불사, 영원한 존재

/
อาวุธ [아- 웃] 무기, 병기

/ v v
มหาศาล [마 하- 싸-ㄴ] 아주 많다, 거대하다

\ \
ฉลาด [찰 라-ㅅ] 총명하다, 현명하다, 어질다

\ / \
อ่อนน้อมถ่อมตน [어-ㄴ 너-ㅁ 터-ㅁ 똔] 매우 공손한태도를 취하다, 겸손하다

\
กระพือ [끄라 프-] 날개치다

/
พายุ [파- 유] 폭풍

/
วิมาน [위 마-ㄴ] 천국, 천당

\ /
อวตาร [아 와 따-ㄴ] 다른 것으로 다시 태어나다, 환생하다

\ /
อิทธิพล [잇 티 폰] 권위, 세력, 권세

/ /
ลัทธิ [랏 티] 교리, 교의, 신앙

ดวงตรา [두-웡 뜨라-] 도장, 인장, 문장

\ /
ประทับ [쁘라 탑] 찍다, 꾹 누르다

ˇ ˇ ^ /
หนังสือราชการ [낭 쓰- 라-ㅅ 차 까-ㄴ] 공문서

크룻

크룻은 반신(半神)으로 반은 인간, 반은 독수리이다. 여러 문학 작품에는 말하기를 크룻은 낙(나가)과 형제지간이었는 데 다투어서 적이 되었다고 한다. 태국사람들은 크룻은 새의 왕이고, 나라이 신의 탈 것이라고 믿는다. 크룻은 영생의 동물이며 크룻을 죽일 수 있는 무기는 없다. 크룻은 위대한 힘을 갖고 있으며, 힘이 세고, 빨리 날 수 있으며, 영리하며, 겸손하고, 크기가 크며, 날개를 펼치면 태풍을 일으킬 수 있다. 크룻은 메루산에 있는 "응이우 나무" 위 천상의 성에서 산다. 태국은 아윳타야 시대부터 크룻을 태국 왕의 상징으로 사용했다. 왜냐하면 태국사람들은 왕을 나라이 신의

화신(아바타)이라고 믿는 인도의 신왕개념의 영향을 받았기 때문이다. 크룻 표시는 공문서에 찍는 인장으로 사용했고 크룻은 왕을 대신한 기(旗)가 됐다. 우리는 크룻 조각상을 공적 장소와 사원의 벽에서 볼 수 있다.

<u>ไวยากรณ์</u>

1. ถูก 입다, 당하다, 받다

A + ถูก + (B) + 타동사의 형태로 수동태를 의미하며 당사자에게 불이익이 되는 경우에 사용된다.

ขโมยถูกจับที่ตลาดสด 도둑은 시장에서 체포당했다.

\ \ \ ^ \ \ \
카 모-이 투-ㄱ 짭 티- 딸 라-ㅅ 쏫

ฉันถูกแม่ว่าเพราะไม่ทำงานบ้าน

ˇ \ ^ ^ / ^ ^
찬 투-ㄱ 매- 와- 프러 마이 탐 응아-ㄴ 바-ㄴ

나는 집안일을 안 했기 때문에 엄마께 야단을 맞았다.

회화에서는 ถูก 대신에 โดน 을 잘 사용하는 데 용법이나 의미는 같다.

โดย 를 사용하는 수동문

수단을 표현하는 전치사 โดย 를 사용하여 만든 수동문도 있다. 이런 문의 문두에는 목적어가 오지만 โดย 뒤의 행위자(실제

주어)는 자주 생략된다.

ภาพนี้เขียนโดยจิตรกรที่มีชื่อเสียง

^ / v - \ \ - ^ - ^ v

파-ㅂ 니- 키얀 도-이 찟 뜨라 꺼-ㄴ 티- 미- 츠- 씨-양

이 그림은 유명한 화가가 그렸다.

สะพานสายนั้นสร้างเมื่อสิบปีก่อน (행위자 생략)

\ - v / ^ ^ \ - \

싸 파-ㄴ 싸-이 난 싸-ㅇ 므-어 씹 삐- 꺼-ㄴ

그 다리는 10 년 전에 건설되었다.

2. ได้รับอิทธิพลจาก... ...에서 영향을 받다

การใช้เครื่องเทศได้รับอิทธิพลมาจากอินเดีย

/ ^ ^ ^ / \ / \

까-ㄴ 차이 크르-엉 테-ㅅ 다이 랍 잇 티 폰 마- 짜-ㄱ 인디-야

향신료를 사용하는 것은 인도에서 영향을 받았다.

ช่วงนี้ฝนตกหนักเพราะได้รับอิทธิพลจากพายุ

^ / v \ \ / ^ / \ / \ /

추-웡 니- 혼 똑 낙 프러 다이 랍 잇 티 폰 짜-ㄱ 파-유

요즘 비가 많이 오는 것은 태풍의 영향을 받기 때문이다.

<u>คำถามท้ายบท</u>

1.ครุฑเป็นพาหนะของเทพองค์ใด

....

2.ครุฑเป็นศัตรูกับอะไร

....

3.จะเกิดอะไรขึ้นเมื่อครุฑกระพือปีก

....

4.ครุฑอาศัยอยู่ที่ใด

....

5.ตราครุฑคืออะไร

....

6.ประเทศไทยใช้ครุฑเป็นสัญลักษณ์ของอะไร

....

เรื่องที่ 11 นาค

นาคเป็นสัตว์ในวรรณคดีและตำนานพุทธประวัติ คนไทยเชื่อว่านาคเป็นงูขนาดใหญ่มีหงอนสีทองและตาสีแดง มีเกล็ดเหมือนปลาและมีหลายสี นาคเป็นเทพแห่งน้ำ นำมาซึ่งความอุดมสมบูรณ์และความยิ่งใหญ่ คนไทยเชื่อว่านาคอาศัยอยู่ในแม่น้ำโขง บางครั้งมีคนเคยเห็นรอยของงูขนาดใหญ่ขึ้นมาในวันออกพรรษา นาคสามารถแปลงร่างเป็นมนุษย์รูปร่างสวยงามได้ เราสามารถเห็นรูปปั้นนาคได้ที่ราวบันไดวัด เช่น ที่ปราสาทพนมรุ้ง จังหวัดบุรีรัมย์ ในทางศาสนาพุทธมีความเชื่อว่า พญานาคแผ่พังพานป้องกันฝนตกและลมไม่ให้ถูกร่างกายของพระพุทธเจ้า ความเชื่อดังกล่าวทำให้เป็นที่มาของการสร้างพระพุทธรูปปางนาคปรก

<u>คำศัพท์</u>

วรรณคดี	[완 나 카 디-] (/ / above 나 카)	문학
ตำนาน	[땀 나-ㄴ]	유래, 기원, 전설
พุทธประวัติ	[풋 타 쁘라 왓] (/ / \ \ above 풋 타 쁘라 왓)	부처의 역사
งู	[응우-]	뱀

ปลา	[쁠라-]	물고기
หงอน	[응어-ㄴ]	(새의)볏, 도가머리
เกล็ด	[끌렛]	비늘, 얇은 조각형태의 것
เทพ	[테-ㅂ]	신, 천사
ความอุดมสมบูรณ์	[콰-ㅁ 우 돔 쏨 부-ㄴ]	풍부, 풍요
อาศัย	[아- 싸이]	거주하다
แปลงร่าง	[쁠래-ㅇ 라-ㅇ]	변신하다, 모습을 바꾸다
รูปปั้น	[루-ㅂ 빤]	조각상
ราวบันได	[라-우 반 다이]	계단의 난간
พังพาน	[팡 파-ㄴ]	독사가 성이 나서 빳빳하게 목을 세우는 것

낙

낙은 문학작품 속의 동물이며, 부처 역사의 전설이다. 태국사람들은 낙은 금색의 벼슬, 붉은 눈, 물고기 같은 비늘, 여러가지 색을 가진 큰 뱀이라고 믿는다. 낙은 물의 신이다. 풍요로움과 위대함을 가져온다. 태국사람들은 낙은 메콩강 속에 산다고 믿는다. 옛날 출안거일에 큰 크기의 뱀 발자국을 본 사람이 있다. 낙은 그 형상을 아름다운 인간의 형상으로 바꿀 수 있다. 우리는 낙의 조각상을 부리람 도 쁘라 텅 파놈 룽 같은 사원 난간에서 볼 수 있다. 불교에서는 낙 왕은 몸을 세워 비와 바람을 막아 부처님의 몸이 상하지 않도록 했다는 믿음이 있다. 이 같은 믿음은 낙이 불상 머리 위에 펼쳐진 형태 불상의 출처가 되었다.

<u>ไวยากรณ์</u>

1. นำมาซึ่ง ...을(를) 가져다 주다, 초래하다

การให้นำมาซึ่งความสุข 기부는 행복을 가져다 준다.

^ ^ \
까-ㄴ 하이 남 마- 씅 콰-ㅁ 쑥

ความจริงใจนำมาซึ่งมิตรภาพที่ดี 진심은 좋은 우정을 가져다 준다.

^ / \ ^ ^
콰-ㅁ 찡 짜이 남 마- 씅 밋 뜨라 파-ㅂ 티- 디-

2. บางครั้ง 때때로, 때로는

บางครั้งเขาดื่มไวน์ บางครั้งเขาดื่มเบียร์

/ v \ / v \
바-ㅇ 크랑 카오 드-ㅁ 와이 바-ㅇ 크랑 카오 드-ㅁ 비-야

그는 때때로 와인 또는 맥주를 마신다.

ฉันทำอาหารกินเองในบางครั้ง

v v /
찬 탐 아- 하-ㄴ 낀 에-ㅇ 나이 바-ㅇ 크랑

나는 때때로 직접 요리해서 먹는다.

<u>คำถามท้ายบท</u>

1.คนไทยเชื่อว่านาคมีลักษณะอย่างไร

....

2.นาคเป็นเทพของอะไร

....

3.คนไทยเชื่อว่านาคอาศัยอยู่ที่ไหน

....

4.เราสามารถเห็นรูปปั้นนาคได้ที่ใด

....

5.การสร้างพระพุทธรูป ปางนาคปรกเกิดจากความเชื่อเรื่องใด

....

사원 난간의 낙 조각상

เรื่องที่ 12 วัดพระแก้ว

วัดพระแก้ว หรือ เรียกอีกชื่อหนึ่งว่า วัดพระศรีรัตนศาสดาราม เป็นวัดที่ไม่มีพระสงฆ์จำพรรษาอยู่ พระบาทสมเด็จพระพุทธยอดฟ้าจุฬาโลกมหาราชโปรดเกล้าฯให้สร้างขึ้นเพื่อประดิษฐานพระแก้วมรกตที่นำมาจากกรุงเวียงจันทน์ พระแก้วมรกตทำมาจากหินหยกสีเขียว ในทุกๆปีจะมีการเปลี่ยนเครื่องทรงของพระแก้วมรกตเสมอ คือ เครื่องทรงฤดูร้อน ฤดูฝน และฤดูหนาว วัดพระแก้วเป็นวัดที่สำคัญและเป็นสถานที่ท่องเที่ยวสำคัญในกรุงเทพฯ นักท่องเที่ยวมาที่วัดพระแก้วเพื่อสักการะพระแก้วมรกตและชมจิตรกรรมฝาผนังที่ระเบียง

<u>คำศัพท์</u>

จำพรรษา	[짬 판 싸-]	승려가 다른 곳에 가지 않고 사원에 머물다
โปรดเกล้าฯ	[쁘로-ㅅ 끄라오]	자비를 베풀다
ประดิษฐาน	[쁘라 딧 싸 타-ㄴ]	건립하다, 설립하다
หยก	[욕]	옥, 옥석

เครื่องทรง	[크르-엉 쏭]	(왕실) 국왕이 사용하는 의류나 물품의 총칭
สถานที่	[싸 타-ㄴ 티-]	장소
ท่องเที่ยว	[터-ㅇ 티-여우]	여행
สักการะ	[싹 까- 라]	숭배하다
จิตรกรรม	[찟 뜨라 깜]	미술품, 회화
ผนัง	[파 낭]	벽, 내벽

<u>**왓 프라깨우**</u>

왓 프라깨우는 또 다른 이름으로 "왓프라씨랏따나쌋싸다람"이라고 불리며, 거주하는 승려가 없는 사원이다. 라마 1세는 비엔티엔에서 가져 온 에메럴드 불상을 안치해두기 위해서 이 사원을 세웠다. 에메럴드 불상은 푸른색 옥으로 만들었다. 매년 여름, 우기, 겨울마다 에메럴드 불상의 법복을 갈아 입힌다. 왓프라깨우는 중요한 사원이며, 방콕의 중요한 여행지이다. 여행객은 에메럴드 불상을 찬미하고 회랑의 벽화를 감상하기 위해서 왓 프라깨우를 방문한다.

ไวยากรณ์

1. เสมอ 항상, 늘, 똑같다, 평등하다,

เธอรดน้ำต้นไม้เสมอ 그녀는 항상 나무에 물을 준다.

/ / ^ / \ v
트ㅓ- 롯 남 똔 마이 싸 므ㅓ-

นักแสดงรูปร่างดีเพราะออกกำลังกายเสมอ

/ \ ^ ^ / \ \ v
낙싸 대-ㅇ 루-ㅂ 라-ㅇ 디- 프러 어-ㄱ 깜 랑 까-이 싸 므ㅓ-

배우는 항상 운동을 하기 때문에 몸매가 좋다.

2. ทำมาจาก ...으로 만들다

สร้อยคอทำมาจากไข่มุก 목걸이는 진주로 만들었다.

^ \ \ /
써-이 커- 탐 마- 짜-ㄱ 카이 묵

ขนมปังทำมาจากข้าว 빵은 쌀로 만들었다.

\ v \ ^
카 놈 빵 탐 마- 짜-ㄱ 카-우

3. โปรดเกล้าฯ (โปรดเกล้าโปรดกระหม่อม) 자비를 베풀다

สมเด็จพระเทพรัตนราชสุดาฯ ทรงพระกรุณาโปรดเกล้าฯ พระราชทาน
เลี้ยงแก่บรรดานักเรียนนายร้อยที่สำเร็จการศึกษา

ˇ \ / ^ / / ^ / \ / \ / \ ^ /
쏨 뎃 프라 테-ㅂ 파 랏 라-ㅅ 차 쑤 다- 쏭 프라 까 루 나- 쁘로-ㅅ 끌 라오 프라
^ / / \ / / ^ ˇ \ \ ˇ
라-ㅅ 차 타-ㄴ 리-양 깨- 반 다- 낙 리-얀 나-이 러-이 티- 쌈 렛 까-ㄴ 쓱 싸-

프라텝 공주께서는 졸업한 육군사관학교 생도들에게
(자비롭게도)음식을 접대하셨다.

<u>คำถามท้ายบท</u>

1. วัดพระแก้วมีชื่อเรียกอีกชื่อหนึ่งว่าอย่างไร

....

2. ใครเป็นผู้คิดให้มีการสร้างวัดพระแก้ว

....

3. เพราะอะไรจึงมีการสร้างวัดพระแก้วขึ้น

....

4. คนไทยนำพระแก้วมรกตมาจากที่ใด

....

5. คนไทยจะเปลี่ยนเครื่องทรงของพระแก้วมรกตกี่ครั้งต่อปี

....

6. นักท่องเที่ยวมาที่วัดพระแก้วมรกตเพื่ออะไร

....

왓 프라깨우

บทที่ 6 ศิลปะและประเพณีไทย

เรื่องที่ 1 ชุดไทย

ชุดไทยเป็นชุดประจำชาติของประเทศไทย โดยทั่วไปคนไทยเรียกว่า ชุดไทยพระราชนิยม ชุดไทยเป็นเครื่องแต่งกายที่งดงาม นิยมใส่ในโอกาสและพิธีการพิเศษ เช่น งานเข้าเฝ้า งานแต่งงาน เป็นต้น ชุดประจำชาติสำหรับชายไทยจะเรียกว่า เสื้อพระราชทาน สำหรับหญิงไทยจะเรียกว่า ชุดไทย ชุดไทยของผู้หญิงจะประกอบด้วยสไบ ใช้ผ้ายกมีเชิง ใช้เข็มขัดไทยคาดและสวมใส่เครื่องประดับต่างๆ ชุดประจำชาติไทยแบ่งออกเป็น 8ประเภท ดังนี้ ชุดไทยเรือนต้น ชุดไทยจิตรลดา ชุดไทยอมรินทร์ ชุดไทยบรมพิมาน ชุดไทยจักรี ชุดไทยจักรพรรดิ ชุดไทยดุสิต และ ชุดไทยศิวาลัย

<u>คำศัพท์</u>

เครื่องแต่งกาย	[크르-엉 때-ㅇ 까-이]	복장, 의상
งดงาม	[응옷 응아-ㅁ]	아름답다, 미려하다
เสื้อ	[쓰-어]	의복, 옷

เข้าเฝ้า	^ ^ [카오 화오]	배알하다, 알현하다
สไบ	\ [싸 바이]	가슴에 두른 천
เข็มขัด	v \ [켐 캇]	허리띠, 벨트
คาด	^ [카-ㅅ]	예상하다, 예측하다
เครื่องประดับ	^ \ \ [크르-엉 쁘라 답]	장식품
ผ้ายก	^ / [파- 욕]	비단, 아름답게 짠 천

태국식 의상

춧 타이는 태국의 고유(전통)의상인데 일반적으로 태국사람들은 "춧 타이 프라랏차 니욤" 이라고 한다. 춧타이는 아름다운 의상이다. 왕실가족을 알현할 때, 결혼식 등의 특별한 기회나 행사 때 즐겨 입는다. 남성의 고유의상을 "쓰어 프라랏차탄" 이라고 하고, 여성의 것을 "춧 타이"라고 부른다. 여성의 춧 타이는 "싸바이", 모양을 넣은 실크옷 "파 욕", 허리띠로 구성되고, 여러 가지 장식물을 부착한다. 민속의상은 "춧 타이 르언 똔", "춧 타이 찟라다", "춧 타이 아머린", "춧 타이 버롬피만", "춧 타이짝끄리", 춧 타이 짝끄라팟", "춧 타이 두씻", "춧 타이 씨왈라이" 8 가지 종류로 분류된다.

ไวยากรณ์

1. ประกอบด้วย ...로 구성되다

ก๋วยเตี๋ยวประกอบด้วยเส้นหมี่ เนื้อสัตว์และผัก

ˇ ˇ \ \ ^ ^ \ / \ / \

꾸-워이 띠여우 쁘라 꺼-ㅂ 두-워이 쎄-ㄴ 미- 느-어 쌋 래 팍

국수는 면, 고기와 야채로 구성된다.

ครอบครัวประกอบไปด้วยพ่อ แม่ ลูก

^ \ \ ^ ^ ^ ^

크러-ㅂ 크루-워 쁘라 꺼-ㅂ 빠이 두-워이 퍼- 매- 루-ㄱ

가족은 아버지, 어머니와 자식으로 구성된다.

2. โดยทั่วไป 일반적인

ผลไม้โดยทั่วไปของเมืองไทยมีรสชาติหวาน

ˇ / / ^ ˇ / ^ ˇ

폰 라 마이 도-이 투-워 빠이 커-ㅇ 므-엉 타이 미- 롯 차-ㅅ 와-ㄴ

태국의 과일은 일반적으로 달콤하다.

โดยทั่วไปวัยรุ่นไทยชอบศิลปินเกาหลี

^ ^ ^ ˇ / ˇ

도-이 투-워 빠이 와이룬 타이 처-ㅂ 씬라삔 까올 리-

일반적으로 태국 청소년들은 한국 연예인을 좋아한다.

3. ดังนี้　　이처럼, 이와 같이

รายชื่อนักศึกษาที่สอบผ่านมีดังนี้

^ / \ ˇ ^ \ \ /

라-이 츠- 낙 쓱 싸- 티- 써-ㅂ 파-ㄴ 미- 당 니-

시험에 합격한 학생들의 목록은 이와 같다.

อาหารไทยที่มีชื่อเสียงมีดังนี้　　유명한 태국음식은 이와 같다.

ˇ ^ ^ ˇ /

아- 하-ㄴ 타이 티- 미- 츠- 씨-양 미- 당 니-

<u>คำถามท้ายบท</u>

1.คนไทยนิยมใส่ชุดไทยเมื่อใด

....

2.ชุดไทยแบ่งออกเป็นกี่ประเภท

....

3.ชุดประจำชาติไทยของผู้ชายเรียกว่าอะไร

....

4.ชุดไทยสำหรับผู้หญิงประกอบไปด้วยอะไรบ้าง

....

각 지역의 태국 의상

เรื่องที่ 2 ชุดไทยล้านนา

ชุดไทยล้านนาเป็นชุดไทยของภาคเหนือ แตกต่างกับชุดไทยภาคกลาง เพราะมีความหรูหราของดิ้นทองที่กระโปรง เรียกว่า ซิ่นตวง หรือ ซิ่นบ้วง ท่อนบนเป็นเสื้อเกาะอกสำเร็จรูปทำจากผ้าลายทอง และบางคนใส่ผ้าคลุมตัวนอกทำจากผ้าแก้ว ชุดไทยล้านนาใส่คู่กับเครื่องประดับและปิ่นปักผม ปิ่นปักผมอาจจะทำมาจากเขา หรือกระดูกสัตว์ ส่วนยอดปิ่นอาจจะประดับด้วยอัญมณีอย่างทับทิม นอกจากนี้ยังมีปิ่นที่ทำเป็นรูปร่ม ได้แก่ ปิ่นจ้องของชาวไทลื้อ หรือไทเขินในเชียงตุง

<u>คำศัพท์</u>

แตกต่าง	\ \ [때-ㄱ 따-ㅇ]	상이하다
หรูหรา	ˇ ˇ [루- 라-]	화려하다, 훌륭하다
ดิ้นทอง	^ [딘 터-ㅇ]	금실
ท่อน	^ [터-ㄴ]	절단된 각 부분
ผ้าคลุม	^ [파- 클룸]	물건을 싸거나 씌우기 위하여 네모지게 만든 천

ผ้าแก้ว	[파- 깨-우] (^ ^)	빳빳한 얇고 거친 천
ปิ่น	[삔] (\)	비녀
กระดูก	[끄라 두-ㄱ] (\ \)	뼈
อัญมณี	[안 야 마 니-] (/ /)	보석
ร่ม	[롬] (^)	우산

<u>춧 타이 란나</u>

춧 타이 란나는 북부지방 의상으로 중부지방 의상과는 다르다. 치마에 "씬 뚜엉" 또는 "씬 부엉" 이라고 하는 금색 레이스를 달아 아름답기 때문이다. 상의는 금줄무늬 천 "파 라이 텅" 으로 만든 어깨 띠 없는 옷인데, 어떤 사람은 오건디(organdy)로 만든 외투를 입는다. 춧 타이 란나는 장식물, 머리핀과 함께 착용한다. 머리핀은 동물의 뿔이나 뼈로 만든다. 한편 핀의 꼭대기는 루비 같은 보석으로 장식한다. 이 외에 치양뚱에 거주하는 "타이 르" 또는 "타이 크ㅓㄴ"의 "삔 쩡"은 우산 형태 핀이다.

<u>ไวยากรณ์</u>

1. แตกต่างกับ ...와/과 다르다

หน้าตาของเขาแตกต่างกับน้องสาว

^ ˇ ˇ \ \ \ / ˇ

나- 따- 커-ㅇ 카오 때-ㄱ 따-ㅇ 깝 너-ㅇ 싸-우

그의 외모는 여동생과 다르다.

อาหารไทยภาคเหนือแตกต่างกับภาคใต้

ˇ ^ ˇ \ \ \ ^ ^

아-하-ㄴ 타이 파-ㄱ 느-어 때-ㄱ따-ㅇ 깝 파-ㄱ 따이

북쪽 음식는 남쪽 음식과 다르다.

2. ใส่คู่กับ ...과/와 함께 착용한다

เสื้อสีขาวใส่คู่กับรองเท้าสีแดง

^ ˇ ˇ \ ^ \ / ˇ

쓰-어 씨- 카-우 싸이 쿠- 깝 러-ㅇ 타오 씨- 대-ㅇ

흰 옷은 빨간색 신발과 함께 착용한다.

เสื้อสีขาวใส่คู่กับกระโปรงสีดำ

^ ˇ ˇ \ ^ \ \ ˇ

쓰-어 씨- 카-우 싸이 쿠- 깝 끄라 쁘로-ㅇ 씨- 담

흰 옷은 검정 치마와 함께 착용한다.

3. ประดับด้วย ...으로 장식한다

ผมของเธอประดับด้วยดอกไม้

ˇ ˇ \ \ ^ \ /

폼 커-ㅇ 트ㅓ- 쁘라 답 두-워이 더-ㄱ 마이

그 녀의 머리는 꽃으로 장식한다.

กระทงประดับด้วยดอกไม้ ธูปและเทียน

\ \ \ ^ \ / ^ /

끄라통 쁘라답 두-워이 더-ㄱ 마이 투-ㅂ 래 티-얀

끄라통은 꽃, 선향과 양초로 장식한다.

<u>คำถามท้ายบท</u>

1.กระโปรงของชุดไทยล้านนาเรียกว่าอะไร

....

2.ผ้าคลุมตัวนอกทำมาจากผ้าอะไร

....

3.ส่วนยอดของปิ่นปักผมประดับด้วยอัญมณีชนิดใด

....

치양마이의 춧 타이 란나

เรื่องที่ 3 ชุดไทยภาคใต้

ภาคใต้มีการแต่งกายต่างกันตามเชื้อชาติ ถ้าเป็นคนใต้เชื้อสายจีนจะแต่งกายแบบชาวจีนผสมมลายูเข้าด้วยกัน ผู้หญิงจะใส่เสื้อฉลุลายดอกไม้ รอบคอ เอว และปลายแขน นิยมนุ่งผ้าซิ่นปาเต๊ะ ผู้ชายจะแต่งกายแบบจีนดั้งเดิมอยู่ ส่วนคนใต้มุสลิมเชื้อสายมลายู ผู้หญิงจะคลุมผ้าคลุมผม ใส่เสื้อผ้ามัสลิน หรือ ลูกไม้ตัวยาวแบบมลายู ท่อนล่างนุ่งซิ่นปาเต๊ะ หรือ ซิ่นทอแบบมลายู ผู้ชายจะใส่เสื้อคอตั้ง สวมกางเกงขายาว และมีผ้าโสร่งผืนสั้นที่เรียกว่า ผ้าซองเก็ต พันรอบเอว และสวมหมวกถัก หรือหมวกที่เย็บด้วยผ้ากำมะหยี่

<u>คำศัพท์</u>

เชื้อชาติ	/ ^ [츠-어 차-ㅅ]	종족
เชื้อสาย	/ v [츠-어 싸-이]	혈통, 계통, 계보
ผสม	\ v [파 쏨]	혼합하다, 조화시키다
ฉลุลาย	\ \ [찰 루 라-이]	무늬를 새겨넣다
ดั้งเดิม	^ [당 드ㅓ-ㅁ]	옛날의, 원시, 최초의

ท่อนล่าง	[터-ㄴ 라-ㅇ]	밑 부분, 하체
ลูกไม้	[루-ㄱ 마이]	레이스
โสร่ง	[싸 로-ㅇ]	말레이시아 여인이 입는 것처럼 하반신을 두르는 천
กำมะหยี่	[깜 마 이-]	빌로드, 벨벳(velvet)

남부 의상

남부는 종족에 따라 의상이 다르다. 중국계 타이인이라면 말라유와 혼합된 중국인 복장을 입는다. 여성은 목, 허리, 팔 끝 둘레에 바늘구멍이 나 있는 꽃무늬 상의와 바티크로 만든 통치마 "파 씬 빠떼"를 즐겨 입는다. 남성은 원래 중국스타일의 옷을 입는다. 말라유계 무슬림 여성들은 머리를 덮는 천(히잡)을 착용하고 머슬린 옷 또는 말라유식 긴 레이스 달린 옷을 입는다. 하의는 바티크로 만든 통치마(랩스커트)나 말라유 식으로 짠 통치마를 입는다. 남성은 목있는 셔츠와 긴 바지를 입거나 허리 주위를 두른 "파 썽 껫" 이라고 부르는 짧은 싸롱을 착용한다. 그리고 벨벳으로 만든 모자를 쓴다.

ไวยากรณ์

1. ต่างกัน ...차이가 있다

ความสูงของพวกเขาต่างกัน 그들의 신장은 차이가 있다.

v v ^ v \
콰-ㅁ 쑤-ㅇ 커-ㅇ 푸-웍 카오 따-ㅇ 깐

ปัจจุบันบ้านไทยไม่ต่างกัน 요즘 태국의 집은 차이가 없다.

\ \ ^ ^ \
빳 쭈 반 바-ㄴ 타이 마이 따-ㅇ 깐

2. ดั้งเดิม 전통적인, 원래의

แม่ทำอาหารรสชาติดั้งเดิม 엄마는 전통 맛의 음식을 만든다.

^ v / ^ ^
매- 탐 아- 하-ㄴ 롯 차-ㅅ 당 드ㅓ-ㅁ

ร้านอาหารไทยร้านนี้มีมาแต่ดั้งเดิม

/ v / / \ ^
라-ㄴ 아- 하-ㄴ 타이 라-ㄴ 니- 미- 마- 때- 당 드ㅓ-ㅁ

이 태국 음식점은 원래부터 있었다.

3. เข้าด้วยกัน 함께

แม่ครัวผสมเครื่องปรุงเข้าด้วยกัน

^ \ v ^ ^
매- 크루-워 파 쏨 크르-엉 쁘룽 카오 두-워이 깐

요리사가 재료들을 함께 섞는다.

แม่ผสมนมและน้ำตาลเข้าด้วยกัน

^ \ v / / ^ ^
매- 파 쏨 놈 래 남 따-ㄴ 카오 두-워이 깐

엄마가 우유와 설탕을 함께 섞는다

คำถามท้ายบท

1.ผู้หญิงชาวใต้เชื้อสายจีนจะใส่เสื้อแบบใด

....

2.ผู้หญิงชาวใต้เชื้อสายใดจะคลุมผ้าคลุมผม

....

3.ผ้าโสร่งผืนสั้นเรียกว่าอะไร

....

남부 빳따니 의상

เรื่องที่ 4 ชุดไทยภาคอีสาน

คนอีสานมักจะทอผ้าเป็นกิจกรรมยามว่างหลังจากฤดูการทำนาหรือว่างจากงานประจำ คนอีสานจะทอผ้าที่ใต้ถุนบ้าน ผ้าที่ใส่ในชีวิตประจำวันจะเป็นผ้าพื้นไม่มีลวดลาย ย้อมสีตามต้องการ เพราะต้องการความทนทาน ส่วนในโอกาสพิเศษ เช่น งานบุญประเพณี งานแต่งงาน งานฟ้อนรำ ผ้าที่ทอจะมีลายสวยงาม หลากหลายสีสัน คนอีสานผู้ชายนิยมใส่เสื้อแขนสั้นที่เราเรียกว่า หม้อห้อม และจะสวมกางเกงสีเดียวกับเสื้อจรดเข่า คนอีสานผู้ชายนิยมใช้ผ้าคาดเอวด้วยผ้าขาวม้า ส่วนคนอีสานผู้หญิงจะใส่ผ้าซิ่นแบบทอทั้งตัว สวมเสื้อคอเปิดเล่นสีสัน ห่มผ้าสไบเฉียง และสวมเครื่องประดับตามข้อมือ ข้อเท้าและคอ

<u>คำศัพท์</u>

ทอ	[터-]	짜다, 뜨다
กิจกรรม	[낏 짜 깜] (\ \)	활동
ว่าง	[와-ㅇ] (^)	비다

งานประจำ	[응아-ㄴ 쁘라 짬]	일상 하는 일
ย้อม	[여-ㅁ]	염색하다
ฟ้อนรำ	[훠-ㄴ 람]	춤추다, 무용하다
จรด	[짜 롯]	이르다, 달하다, 도달하다
ผ้าคาดเอว	[파- 카-ㅅ 에-우]	허리에 졸라매는 천

동북부 의상

동북부 사람들은 대개 농사가 끝 난 농한기 활동으로 천을 짠다. 동북부 사람들은 "따이 툰"(2 층 형태의 전통가옥의 밑 공간)에서 천을 짠다. 일상생활에서 착용하는 옷감은 내구력을 원하기 때문에(질겨야 되기 때문에) 무늬가 없고 마음대로 염색을 한 옷감이다. 한편, 전통적 탐분(공덕쌓기) 행사, 결혼식, 손톱춤 행사 같은 특별한 기회에 (입기 위해)짜는 천은 여러가지 아름다운 무늬를 갖는다. 동북부 남성은 머험이라고 부르는 짧은 팔 셔츠와 같은 색의 무릎까지 오는 바지를 입는다. 동북부 남성은 파카우마를 허리에 두르는 천으로 즐겨 사용한다. 한편 여성들은 전체적으로 문양을 넣은 스타일의 튜브 스커트를 입고 목이 열린(앞이 열린) 색깔이 있는 셔츠를 입고 싸바이를 착용하며, 손목, 발목, 목에는 장식품을 두른다.

<u>ไวยากรณ์</u>

1. มักจะ　　대개~하다, 잘~하다, 자칫~하기쉽다

ครูมักจะแปรงฟันหลังกินข้าว

/ \ ˇ ^

크루- 막 짜 쁘래-ㅇ 환 랑 낀 카-우

선생님은 대개 식사 후에 양치질하신다.

เขามักจะสูบบุหรี่เวลาเครียด

ˇ / \ \ \ \ ^

카오 막 짜 쑤-ㅂ 부 리- 웰- 라- 크리-얏

그는 대개 스트레스를 받을 때 담배를 피운다.

2. ตามต้องการ　　원하는 대로

คุณสามารถซื้อหนังสือได้ตามต้องการ

ˇ ^ / ˇ ˇ ^ ^

쿤 싸- 마-ㅅ 쓰- 낭 쓰- 다이 따-ㅁ 떠-ㅇ 까-ㄴ

당신은 원하는 대로 책을 구매할 수 있다.

คุณสามารถกินทุกอย่างได้ตามต้องการ

ˇ ^ / \ ^ ^

쿤 싸- 마-ㅅ 낀 툭 야-ㅇ 다이 따-ㅁ 떠-ㅇ 까-ㄴ

당신은 원하는 대로 모든 것을 먹을 수 있다.

<u>คำถามท้ายบท</u>

1.ยามว่างจากการทำนาหรืองานประจำคนอีสานจะทำกิจกรรมอะไร

....

2.คนอีสานทอผ้าที่ไหน

....

3.คนอีสานจะใส่ผ้าทอที่มีลวดลายสวยงามเมื่อใด

....

4.ผู้ชายชาวอีสานนิยมใส่เสื้อชนิดใด

....

5.ผู้ชายชาวอีสานนำผ้าอะไรมาคาดเอว

....

동북부 의상

เรื่องที่ 5 มวยไทย

มวยไทยคือศิลปะการต่อสู้ของประเทศไทยที่ใช้ร่างกายเป็นอาวุธ ทั้งหมัด ศอก เข่า เท้า ในอดีตมวยไทยถูกใช้ในสงคราม แต่ปัจจุบันมีการดัดแปลงมวยไทยมาเป็นกีฬา โดยมีการใช้นวมเพื่อป้องกันอันตรายในการต่อสู้ มวยไทยสืบทอดมาจากมวยโบราณซึ่งแตกต่างกันตามท้องที่นั้นๆ เช่น มวยท่าเสาของภาคเหนือ มวยโคราชของภาคอีสาน มวยไชยาของภาคใต้ มวยลพบุรีและมวยพระนครของภาคกลาง ปกติมวยไทยจะนิยมแยกสีมุมคู่ต่อสู้เป็นมุมสีแดงและมุมสีน้ำเงิน ในประเทศไทยจะมีการถ่ายทอดการแข่งขันมวยไทยทางโทรทัศน์ทุกวันเสาร์ หรือวันอาทิตย์

<u>คำศัพท์</u>

การต่อสู้	[까-ㄴ 떠- 쑤-]	투쟁, 전투, 경기
ร่างกาย	[라-ㅇ 까-이]	신체, 체격
อาวุธ	[아- 웃]	무기, 병기
หมัด	[맛]	주먹, 펀치

ศอก	[\ 써-ㄱ]	팔꿈치
เข่า	[\ 카오]	무릎
นวม	[누-웜]	글러브(권투용)
สงคราม	[v 쏭 크라-ㅁ]	전쟁
ดัดแปลง	[\ 닷 쁠래-ㅇ]	개량하다, 개정하다, 각색하다
กีฬา	[낄- 라]	체육, 운동
มุม	[뭄]	한쪽 구석, 방면
ถ่ายทอด	[\ 타-이 ^ 터-ㅅ]	중계하다, 전달하다

무워이 타이

무워이 타이는 주먹, 팔꿈치, 무릎, 발 등 신체를 무기로 사용하는 태국의 무술이다. 옛날에 무워이 타이는 전쟁 때 사용되었지만 오늘날은 운동으로 변형되었다. 싸울 때 위험을 방지하기 위해서 글로브를 사용한다. 무워이 타이는 옛날 복싱에서 유래했는데 지방에 따라서 다르다. 예를 들어, 북부의 "무워이 타 싸오", 동북부 지방의 "무워이 코랏", 남부지방의 "무워이 차이야", 중부지방의 "무워이 롭부리", "무워이 프라나컨"이 있다. 일반적으로 무워이 타이는 싸우는 상대방 코너 색을 붉은 색과 푸른색으로 나눈다. 태국에는 매 주 토요일 또는 일요일에 TV 로 무워이 타이 시합 중계방송이 있다.

ไวยากรณ์

1. ทั้ง   모두, ...과 함께, ...랑

ประชาชนทั้งประเทศกลับบ้านเกิดในวันปีใหม่

\ / \ ^ \ ^ \ \

쁘라 차- 촌 탕 쁘라 테-ㅅ 끌랍 바-ㄴ 끄ㅓ-ㅅ 나이 완 삐- 마이

새해에는 전국의 사람들이 고향에 돌아간다.

เขาอ่านหนังสือทั้งคืน   그는 밤새 책을 읽는다.

ˇ \ ˇ ˇ /

카오 아-ㄴ 낭 쓰- 탕 크-ㄴ

2. นิยม   좋아하다

คนไทยนิยมกินโจ๊กตอนเช้า

/ / /

콘 타이 니 욤 낀 쪼-ㄱ 떠-ㄴ 차오

태국인들은 아침에 죽 먹는 것을 좋아한다.

แกงเขียวหวานเป็นที่นิยมของชาวต่างชาติ

ˇ ˇ ^ / ˇ \ ^

깽키-여우와-ㄴ 뻰 티- 니욤 커-ㅇ 차-우 따-ㅇ차-ㅅ

깽키여우완은 외국인들에게 인기가 있다.

3. สืบทอด   계승하다

เราสืบทอดเจตนารมณ์ของคุณปู่

\ ^ \ \ v \

라오 쓰-ㅂ 터-ㅅ 쩨-ㅅ 따 나- 롬 커-ㅇ 쿤 뿌-

우리는 할아버지의 정신을 계승한다.

เขาสืบทอดกิจการของครอบครัว

v \ ^ \ \ v ^

카오 쓰-ㅂ 터-ㅅ 낏짜까-ㄴ 커-ㅇ 크러-ㅂ 크루-워

우리는 가족의 업무를 계승한다.

4. ถ่ายทอด 방송하다

โทรทัศน์ถ่ายทอดการแข่งขันฟุตบอล

/ / \ ^ \ v /

토- 라 탓 타-이 터-ㅅ 까-ㄴ 캐-ㅇ 칸 풋 버-ㄴ

티비에서 축구 경기를 방송한다.

โทรทัศน์ถ่ายทอดสดการประท้วง

/ / \ ^ \ \ /

토- 라 탓 타-이 터-ㅅ 쏫 까-ㄴ 쁘라 투-웡

티비는 시위를 생방송한다.

<u>คำถามท้ายบท</u>

1.มวยไทยใช้สิ่งใดเป็นอาวุธในการต่อสู้

....

2.ในอดีตคนไทยใช้มวยไทยเพื่อประโยชน์อะไร

....

3.มวยไทยภาคใต้มีชื่อว่าอะไร

....

4.มวยไทยนิยมแบ่งคู่ต่อสู้เป็นอย่างไร

....

5.ในปัจจุบันมีการถ่ายทอดมวยไทยในวันอะไร

....

(무워이 타이 시합)

무워이 타이 시합을 시작할 때는 의식용 음악과 무용이 수반된다. 그것은 스승에 대한 존경과 감사를 표하고 (การไหว้ครู), 시합에 앞서 강한 정신과 승리를 기원하기 위한 것이다.

무워이 타이는 서양 복싱의 영향을 받아 1937 년 새로운 경기규칙을 정하게 되었다. 경기는 1 회에 3~5 라운드이며 2 분 휴식에 웨이트에 따라 15 등급까지 있다. 오른손과 허리는 수호신의 실로 두르기도 하며 시합전 머리에 두르는 띠는 시합 개시 때 트레이너가 수거해 간다. 링에는 여자가 들어와서는 안 된다는 불문율도 있다. 시합 룰은 복싱과 크게 다르지 않으나 급소를 걷어차서는 안 된다. 과격한 운동이기 때문에 그만큼 위험성이 높아서 특별히 서포트(support)를 차기도 한다.

เรื่องที่ 6 รำวง

คนไทยชอบรำวงในเทศกาลต่างๆ ทั้งในงานวันวิสาขบูชา งานประจำปี และงานบวช รำวงเป็นการละเล่น โดยรำเป็นวงกลมและร้องของชาวบ้าน มีผู้รำทั้งชายและหญิง รำกันเป็นคู่ๆ หรือ รำกันเป็นวงกลม ในอดีตมีการใช้การเคาะไม้ เคาะปี๊บ เป็นเครื่องกำหนดจังหวะ แต่ในปัจจุบัน มีการใช้วงปี่พาทย์หรือวงดนตรีสากลบรรเลงเพลงประกอบ ส่วนเนื้อร้องของเพลงรำวงนั้นใช้ภาษาง่ายๆ เป็นเชิงเย้าแหย่หยอกล้อ เกี้ยวพาราสีกัน ระหว่างหนุ่มสาว คนไทยรำวงเพื่อความสนุกสนานรื่นเริง ผ่อนคลายอารมณ์ที่ตึงเครียด

<u>คำศัพท์</u>

รำวง	[람 웡]	태국의 민속무용
เทศกาล	^ \ [테-ㅅ 싸 까-ㄴ]	명절, 절기
การละเล่น	/ ^ [까-ㄴ 라 렌]	오락, 유희, 놀이
เคาะ	/ [커]	가볍게 치다, 두드리다
ปี๊บ	/ [삐-ㅂ]	상품 보관용 사각진 양철통

จังหวะ	[짱 와]	박자, 리듬
บรรเลง	[반 레-ㅇ]	연주하다
เนื้อร้อง	[느-어 러-ㅇ]	가사
เย้าแหย่	[야오 얘-]	뒤까불다, 괴롭히다
หยอกล้อ	[여-ㄱ 러-]	집적거리다
เกี้ยวพาราสี	[끼-여우 파- 라- 씨-]	설득하다, 구애하다
ผ่อนคลาย	[퍼-ㄴ 크라-이]	완화하다, 긴장하였던 것을 풀다
อารมณ์	[아- 롬]	감정, 기분
เครียด	[크리-얏]	긴장하다

람웡(윤무)

태국 사람들은 위싸카부차, 연중행사, 득도식 행사 등 여러가지 행사에서 람웡을 즐긴다. 람웡은 마을 사람들이 원을 그리며 춤을 추는 놀이이다. 남, 녀가 짝을 이루고 원을 그리며 춤을 춘다. 옛날에는 박자를 맞추기 위해 나무를 두드리거나 양철통을 두드렸지만 오늘날에는 뻬팟 오케스트라나 일반 오케스트라를 이용해 연주를 한다. 람웡의 가사는 쉬운 언어를 사용하며 청춘남녀 사이에 구애를 위해 희롱하는 내용을 담고 있다. 태국사람들은 긴장된 마음을 풀고 재미를 위해서 람웡을 춘다.

<u>ไวยากรณ์</u>

1. เชิง　　…식, …적, …에 대한

เขาพูดเชิงล้อเล่น　　그는 장난같이 말한다.

ˇ　^　　　　/　^
카오 푸-ㅅ 츠ㅓ-ㅇ 러- 레-ㄴ

นักกีฬาทั้งสองฝ่ายต่างดูเชิงกัน

/　　/　ˇ　\　\
낙 낄- 라- 탕 써-ㅇ 파-이 따-ㅇ 두- 츠ㅓ-ㅇ 깐

양측 운동선수는 서로 수법을 본다.

2. เป็นคู่ๆ　　짝을 이루다

คนจับมือกันเป็นคู่ๆ　　사람들은 짝을 이루어 손을 잡았다.

\　　^　^
콘 짭 므- 깐 뻰 쿠- 쿠-

รองเท้าวางอยู่เป็นคู่ ๆ　　신발은 짝을 이루어 놓여있다.

/　　\　^　^
러-ㅇ 타오 와-ㅇ 유- 뻰 쿠- 쿠-

คำถามท้ายบท

1.คนไทยจะรำวงกันเมื่อใด

....

2.ในอดีตใช้อะไรเป็นเครื่องกำหนดจังหวะในการรำวง

....

3.เนื้อเพลงที่ใช้ในการรำวงใช้ภาษาเป็นอย่างไร

....

เรื่องที่ 7 ฟ้อนเล็บ

ฟ้อนเล็บเป็นการแสดงของภาคเหนือมีดนตรีบรรเลงประกอบโดยเป็นทำนองเพลงที่เชื่องช้า ผู้แสดงจะร่ายรำตามทำนองเพลง เครื่องดนตรีที่ใช้ในการฟ้อนเล็บคือ ขบวนกลองยาว ซึ่งเป็นเครื่องดนตรีของชาวเหนือ ได้แก่ กลองแอร์ กลองตะโล้ดโป๊ด ฉาบ ฆ้องโหม่งใหญ่ ฆ้องโหม่งเล็ก ฉิ่ง ปี่ เป็นต้น คนเหนือจะแสดงการฟ้อนเล็บในงานเทศกาลหรืองานนักขัตฤกษ์ต่างๆ ส่วนใหญ่ในการแสดงฟ้อนเล็บจะใช้คน 4 คู่ 6 คู่ หรือ 8 คู่ เสื้อผ้าที่ใส่ในการฟ้อนเล็บคือ เสื้อผ้าแบบชาวเหนือสมัยโบราณและเกล้าผมทัดดอกไม้และอุบะ ช่างฟ้อนเล็บจะสวมเล็บมือยาวทั้ง 8 นิ้ว เว้นแต่นิ้วหัวแม่มือ

<u>คำศัพท์</u>

ฟ้อน	[훠-ㄴ]	춤추다
ดนตรี	[돈 뜨리-]	음악
บรรเลง	[반 레-ㅇ]	연주하다
เชื่องช้า	[츠-엉 차-]	느리다, 천천히
ร่ายรำ	[라-이 람]	춤을 추다

ทำนอง	[탐 너-ㅇ]	방식, 멜로디
กลอง	[끌러-ㅇ]	장고, 북, 드럼
ฉาบ	\ [차-ㅂ]	심벌즈
ฆ้อง	/ [커-ㅇ]	징
ฉิ่ง	\ [칭]	종모양의 작은 금속 악기
ปี่	\ [삐-]	피리
นักขัตฤกษ์	/ \ \ ^ [낙 캇 따 르ㅓ-ㄱ]	계절에 따른 축제나 명절, 절기, 축제일
โบราณ	[보- 라-ㄴ]	고대의, 옛날의
เกล้าผม	^ v [끌라오 폼]	머리를 땋아 올리다
ทัด	/ [탓]	끼우다, 꽂다
ดอกไม้	\ / [더-ㄱ 마이]	꽃
อุบะ	\ \ [우 바]	꽃송이를 끈으로 엮어 만든 꽃목걸이나 화환

<u>훤렙(손톱 춤)</u>

훤렙은 느린 리듬의 연주가 수반되는 북부지방의 춤이며, 공연자는 음악의 리듬에 맞추어 춤을 춘다. 훤렙에 사용하는 악기는 "카부언 끌렁 야우"라고 하는 데 "끌렁 애", "끌렁따롯뿟", "찹", "컹 몽 야이", "컹 몽 렉", "칭", "삐"(피리) 등의 북부악기이다. 북부사람들은 여러 행사나 페스티발 때 훤렙을 공연한다. 대부분 훤렙은 4, 6, 8 쌍이 공연을 하게 된다. 훤렙때 입는 의상은 고대 북부사람 스타일의 의상이며, 머리를 땋아 올리고 귀 뒤에는 꽃과 꽃다발을 꽂는다. 훤렙을 공연하는 사람은 엄지손가락을 제외하고 8 인치의 모조 손톱을 낀다.

<u>ไวยากรณ์</u>

1. เว้นแต่ ...을 제외하고, ...이외에

เว้นแต่ 는 조건을 나타내는 접속사

ฉันไม่คุยกับเขา เว้นแต่จะมีธุระจำเป็น

ˇ ˆ \ ˇ / \ \ / /

찬 마이 쿠이 깝 카오 웨-ㄴ 때- 짜 미- 투 라 짬 뻰

나는 필요한 용무 이외에 그와 대화하지 않는다.

เขาพูดจาหยาบคายไม่เว้นแต่ผู้ใหญ่

ˇ ˆ \ ˆ / \ ˆ \

카오 푸-ㅅ짜-야-ㅂ카-이 마이 웨-ㄴ 때- 푸-야이

그는 어른에게도 예외 없이 천하게 말한다.

2. ได้แก่　즉, 이를테면

ได้แก่ 는 등위 접속사

เมืองไทยมีสามฤดู ได้แก่ ฤดูร้อน ฤดูฝน และฤดูหนาว

- - - v / - ^ \ / - / / - v / / - v

므엉 타이 미- 싸-ㅁ 르 두- 다이 깨- 르 두- 러-ㄴ 르 두- 혼 래 르 두- 나-우

태국에는 3 계절이 있다. 즉, 여름, 우기와 겨울이다.

3. ซึ่ง

관계대명사 ซึ่ง 은 사건(내용)을 한정하며, 접속사의 의미로 사용될 때도 있다. ซึ่ง 은 ที่ 와 바꾸어 사용할 수 있지만 구어체에서는 별로 사용하지 않는다.

รัฐบาลพยายามปราบปรามยาเสพติดซึ่งเป็นภัยต่อสังคม

/ \ / \ \ \ ^ \ v

랏 타 바-ㄴ 파 야- 야-ㅁ 쁘라-ㅂ 쁘라-ㅁ 야- 쎄-ㅂ 띳 씅 뻰 파이 떠- 쌍 콤

정부는 사회에 위험이 되는 마약퇴치에 노력하고 있다.

วงดนตรีเล่นเพลงลูกทุ่งซึ่งฉันไม่เคยได้ยินมาก่อน

^ ^ ^ ^ v ^ ^ \

웡 돈 뜨리- 렌 플레-ㅇ 루-ㄱ 퉁 씅 찬 마이 크ㅓ-이 다이 인 마- 꺼-ㄴ

악단은 룩퉁음악을 연주하고 있지만 그것은 이전에는 듣지못한 것이다.

คำถามท้ายบท

1.การฟ้อนเล็บเป็นการแสดงของภาคใด

....

2.การฟ้อนเล็บใช้เครื่องดนตรีชนิดใดบ้าง

....

3.การฟ้อนเล็บจะใช้จำนวนคนเท่าไร

....

4.ช่างฟ้อนเล็บจะใส่สิ่งใดที่นิ้วมือ

....

치양마이의 훤렙

เรื่องที่ 8 เซิ้งกระติบข้าว

เซิ้งกระติบข้าว เป็นการละเล่นพื้นเมืองของชาวภูไท ซึ่งเป็นชนกลุ่มน้อยในภาคอีสาน นิยมเล่นกันในงานรื่นเริงวันนักขัตฤกษ์ต่างๆ ผู้ชายจะเป็นคนเล่นเครื่องดนตรี เช่น กลองแต๊ะ กลองยาว แคน ฆ้อง โหม่ง ฉิ่ง ฉาบ และกรับ บรรเลงเพลงที่มีจังหวะรุกเร้า ส่วนผู้หญิงจะมีกระติบข้าวแขวนสะพายอยู่ข้างตัว ออกมาเต้นเซิ้ง การเต้นเซิ้งถือกำเนิดขึ้นตอนผู้หญิงสะพายกระติบข้าวเพื่อนำอาหารไปส่งให้แก่สามี และญาติพี่น้องที่ออกไปทำงานอยู่นอกบ้าน คนเต้นเซิ้งกระติบข้าวจะแต่งกายแบบพื้นเมืองอีสาน นุ่งผ้าซิ่น เสื้อแขนกระบอก และเกล้าผมมวยสูงทัดดอกไม้

คำศัพท์

เซิ้ง	[쓰ㅓ-ㅇ]	노래하며 춤추다
กระติบ	[끄라 띱]	뚜껑 달린 찹쌀밥통
ชนกลุ่มน้อย	[촌 끌룸 너-이]	소수종족
นักขัตฤกษ์	[낙 캇 따 르ㅓ-ㄱ]	축제일, 계절에 따른 축제나 명절

แคน	[캐-ㄴ]	동북지방의 악기로 하모니카의 일종
กรับ	[끄랍]	캐스터네츠
จังหวะ	[짱 와]	박자, 리듬
รุกเร้า	[룩 라오]	자극하다
แขวน	[쾌-ㄴ]	걸다, 매달다
สะพาย	[싸 파-이]	어깨에 걸치다
เกล้าผม	[끄라오 폼]	머리를 묶다
มวยผม	[무-워이 폼]	롤빵모양으로 묶은 머리
ทัด	[탓]	끼우다, 꽂다
ดอกไม้	[더-ㄱ 마이]	꽃
กระบอก	[끄라 버-ㄱ]	대나무통, 대나무통 모양의 것

쓰ㅓㅇ끄라띱카우

"쓰ㅓㅇ 끄라띱카우"는 북부지방 소수종족인 "차우 푸 타이"의 민속 놀이이다. 여러 페스티발의 즐거운 행사에서 즐겨 공연한다. 남성은 "끌렁 때", "끌렁 야우", "캔", "컹 몽", "칭", "찹" 그리고 끄랍" 같은 악기를 연주하고 공격적인 박자에 맞춘 음악을 연주한다. 한편 여성은 몸 옆에 뚜껑 달린 찹쌀밥통을 메고 나와서 쓰ㅓㅇ 춤을 춘다. 이 춤은 여성들이 집밖에 나가서 일하는 남편이나 친척에게 음식을 갖다 주기 위해 뚜껑 달린 찹쌀밥통을 멘 것에서 생겨난 것으로 여겨진다. 쓰ㅓㅇ 끄라떱을 추는 사람들은 동북부 고유의 의상 "파씬"(통치마)과 "쓰어캔끄라벅 "(동북부 상의)을 입고, 머리를 높게 올려 둥글게 묶고 귀 뒤에 꽃을 꽂는다.

<u>ไวยากรณ์</u>

1. ตอน　　(시간의) 때

ฉันไปเที่ยวทะเล ตอนอากาศร้อน

ˇ　　　^　　　　/　　　　　　\　　/

찬 빠이 티-여우 탈 레- 떠-ㄴ 아- 까-ㅅ 러-ㄴ

나는 날씨가 더울 때 바다에 놀러 간다.

ละครเรื่องนี้ออกอากาศเป็นตอนๆ

/　　　^　　/　　\　　　\

라 커-ㄴ 르-엉 니- 어-ㄱ 아- 까-ㅅ 뻰 떠-ㄴ 떠-ㄴ

이 드라마는 연속극으로 방송한다.

2. ข้าง　　옆에

ฉันนั่งข้างเพื่อน　　　　나는 친구 옆에 앉았다.

ˇ　^　^　　^

찬 낭 카-ㅇ 프-언

ไม่มีใครเข้าข้างฉัน 내 옆에 아무도 없다.

^ ^ ^ ˅
마이 미- 크라이 카오 카-ㅇ 찬

3. นอก 밖에

ร้านส้มตำอยู่นอกโรงเรียน 쏨땀 가게는 학교 밖에 있다.

/ ^ \ ^
라-ㄴ 쏨 땀 유- 너-ㄱ 로-ㅇ 리-얀

หมานอนอยู่ข้างนอกบ้าน 개가 집 밖에서 자고 있다.

˅ \ ^ ^ ^
마- 너-ㄴ 유- 카-ㅇ 너-ㄱ 바-ㄴ

<u>คำถามท้ายบท</u>

1.เซิ้งกระติ๊บข้าวเป็นการละเล่นพื้นเมืองของใคร

....

2.เครื่องดนตรีใดบ้างที่ใช้ในการแสดงเซิ้งกระติ๊บข้าว

....

3.การเซิ้งกระติ๊บข้าวผู้หญิงจะนำกระติ๊บข้าวไว้ที่ไหน

....

4.การเซิ้งกระติ๊บข้าวกำเนิดขึ้นจากอะไร

....

5.คนเซิ้งกระติ๊บข้าวจะสวมเสื้อแบบใด

....

쓰 ㅓ ㅇ끄라띱카우

เรื่องที่ 9 โนรา

โนราเป็นการละเล่นอย่างหนึ่งของชาวเมืองนครศรีธรรมราช และเป็นที่นิยมมากของชาวใต้ โนราเป็นที่รู้จักในอีกชื่อหนึ่งว่า มโนห์รา แต่คนใต้มักจะเรียกสั้นๆว่า โนรา ชาวใต้จะแสดงโนราในงานเทศกาลนักขัตฤกษ์หรืองานมงคลต่างๆ มโนราห์เป็นการแสดงทำนองเดียวกับละครชาตรีของภาคกลาง กล่าวคือ มีการร่ายรำ มีบทร้อง บทเจรจา และการแสดงเป็นเรื่องยาว การแสดงมโนห์ราชี้ให้เห็นถึงความเจริญรุ่งเรืองทางวัฒนธรรมของเมืองนครที่มีมาตั้งแต่อดีตได้เป็นอย่างดี เครื่องดนตรีที่ใช้บรรเลงเพลง เช่น กลอง ทับคู่ ฉิ่งโหม่ง ปี่ชวา และกรับ เดิมนิยมใช้แต่ผู้ชายแสดง แต่ปัจจุบันมีผู้หญิงแสดงด้วย

<u>คำศัพท์</u>

แสดง	[싸 대-ㅇ] (\)	표시하다, 전시하다, 진열하다
ละคร	[라 커-ㄴ] (/)	연극, 희극
บท	[봇] (\)	내용
บทร้อง	[봇 러-ㅇ] (\ /)	가사

เจรจา	[쩨- 라 짜-]	대화하다, 회담하다
ความเจริญ	[콰-ㅁ 짜 르ㅓ-ㄴ]	번영, 발전
โบราณกาล	[보- 라-ㄴ 나 까-ㄴ]	고대
ทับ	[탑]	일종의 북
ปี่ชวา	[삐- 차 와-]	자바의 피리

<u>노라</u>

노라는 나컨씨탐마랏 사람들 놀이(포크댄스)의 일종이며 남부사람들이 매우 좋아하는 것이다. 노라의 또 다른 이름은 "마노라"로 알려져 있지만 남부사람들은 대개 줄여서 노라라고 한다. 남부사람들은 노라를 축제나 길조의 행사에 공연한다. 마노라는 중부지방의 "라컨 차뜨리"와 같은 멜로디를 공연한다. 즉 춤, 노래, 대화가 있으며 공연시간은 길다. 마노라 공연은 과거부터 나컨씨탐마랏의 문화발전을 잘 보여준다. "끌렁"(북), "탑 쿠", "칭"(심벌즈), "몽", "삐 차와"(자바 피리), "끄랍" (캐스터네츠) 같은 반주 악기들은 원래 남성공연 때 사용되었지만 현재는 여성이 공연할 때도 사용된다.

ไวยากรณ์

1. ทำนองเดียวกับ ...와 같은 방식(방법, 형식)

เขาบริหารประเทศทำนองเดียวกับบริษัท

v / v \ ^ \ / \

카오 버- 리 하-ㄴ 쁘라 테-ㅅ 탐 너-ㅇ 디-여우 깝 버- 리 쌋

그는 회사와 같은 방식으로 나라를 운영한다.

เพลงไทยเพลงนี้มีทำนองเดียวกับเพลงเกาหลี

/ \ v

플레-ㅇ 타이 플레-ㅇ 니- 미- 탐 너-ㅇ 디-여우 깝 플레-ㅇ 까올 리-

이 태국 노래는 한국 노래와 멜로디가 같다.

2. ชี้ให้เห็นถึง ...을/를 보여주다, 가리키다

ผลงานนี้ชี้ให้เห็นถึงความสามารถของเขา

v / / ^ v v v ^ v v

폰 응아-ㄴ 니- 치- 하이 헨 틍 콰-ㅁ 싸- 마-ㅅ 커-ㅇ 카오

이 작품은 그의 실력을 잘 보여준다.

จำนวนผู้สมัครเรียนชี้ให้เห็นถึงคุณภาพของมหาวิทยาลัย

^ \ \ / ^ v v / ^ v / v / /

짬 누-원 푸- 싸 막 리-얀 치- 하이 헨 틍 쿤 나 파-ㅂ 커-ㅇ 마 하- 윗 타 얄- 라이

지원자의 숫자는 대학의 질을 나타낸다.

คำถามท้ายบท

1.โนรามีชื่อเรียกอีกอย่างว่าอะไร

....

2.โนราเป็นการละเล่นของคนในจังหวัดใด

....

3.คนภาคใต้จะแสดงโนราเมื่อใด

....

4.เครื่องดนตรีที่ใช้ประกอบในการแสดงโนรามีอะไรบ้าง

....

5.ในอดีตนิยมใช้ผู้หญิงหรือผู้ชายในการแสดงโนรา

....

노라 춤

เรื่องที่ 10 ผ้าขาวม้า

ผ้าขาวม้าเป็นผ้ารูปสี่เหลี่ยม คนไทยใช้มาตั้งแต่สมัยโบราณ คนไทยใช้ผ้าขาวม้าสารพัดประโยชน์ เช่น ผู้ชายจะใช้ผ้าขาวม้าในการนุ่งลำลอง ใช้นุ่งอาบน้ำ เช็ดตัว คลุมหัวกันแดด ทำเปล หรือ ใช้เป็นผ้าคาดเอว โดยมากทอเป็นลายตารางเล็กๆ ทำด้วยด้ายหลายสี ผ้าขาวม้าเป็นภาษาทางภาคกลาง คนภาคอีสานจะเรียกผ้าขาวม้าว่า ผ้าแพร สีและลวดลายของผ้าขาวม้าจะแตกต่างไปตามความนิยมของแต่ละท้องถิ่น ผ้าขาวม้าของภาคกลางจะมีลวดลายเป็นตาลายสก๊อต และผ้าขาวม้าของภาคเหนือจะเป็นแบบตาเล็กๆ

<u>คำศัพท์</u>

ผ้า	^ [파-]	천, 옷감, 의복, 옷
สี่เหลี่ยม	\ \\ [씨- 리-얌]	사각형
สารพัด	v / / [싸- 라 팟]	모두, 여러곳에
ประโยชน์	\ \\ [쁘라 요-ㅅ]	용도, 유익, 효과
ลำลอง	[람 러-ㅇ]	편안하다, 자유롭다

เช็ด	/ [쳇]	닦다
ตัว	[뚜워]	신체
กันแดด	\ [깐 대-ㅅ]	햇빛을 가리다
คาด	^ [카-ㅅ]	졸라매다, 묶다, 감다
เอว	[에-우]	허리
เปล	[쁠레-]	해먹(hammock)
ทอ	[터-]	짜다, 뜨다
ลาย	[라-이]	디자인, 문양, 무늬
ตาราง	[따- 라-ㅇ]	평방, 가로 세로 평행선으로 생긴 사각형의 격자
ลวดลาย	^ [루-웟 라-이]	무늬, 문양, 장식
ท้องถิ่น	/ \ [터-ㅇ 틴]	지방

파카우마

파카우마는 사각형의 천이다. 태국사람은 옛날부터 사용해 왔다. 태국사람은 파카우마를 다기능적으로 사용해왔다. 예를 들면 남성은 목욕할 때 파카우마를 캐주얼하게 입었다. 또 몸을 닦을 때,

햇빛을 가리기 위해서 머리에 두를때, 해먹이나 허리띠 등으로 사용했다. 대부분 여러 색의 실을 갖고 작은 사각형 격자 무늬로 짠다. 파카우마는 중부타이어다. 동북부에서는 "파프래"라고 부른다. 파카우마의 색과 무늬는 지역 선호에 따라서 다르다. 중부지방 파카우마는 스콧(Scottish)무늬를 갖고 있으며 북부 파카우마는 작은 격자형태의 무늬를 갖고 있다.

<u>ไวยากรณ์</u>

1. สารพัดประโยชน์ 다기능적으로

เขาใช้คอมพิวเตอร์สารพัดประโยชน์

v / ^ v / / \ \

카오 차이 커-ㅁ 피우 뜨ㅓ- 싸- 라 팟 쁘라 요-ㅅ

그는 컴퓨터를 다기능적으로 사용한다.

คนไทยใช้ผ้าขาวม้าสารพัดประโยชน์

/ ^ v / v / / \ \

콘 타이 차이 파- 카-우 마- 싸- 라 팟 쁘라 요-ㅅ

태국인은 파카오마를 다기능적으로 사용한다.

2. โดยมาก 대다수의, 대부분, 대개

แรงงานต่างด้าวในเมืองไทย โดยมากเป็นชาวกัมพูชา

\ ^ ^

래-ㅇ 응아-ㄴ 따-ㅇ 다-우 나이 므-엉 타이 도-이 마-ㄱ 뻰 차-우 깜 푸- 차-

태국의 외국인 노동자는 대부분 캄보디아 사람이다.

โดยมากวัยรุ่นหาข้อมูลในอินเทอร์เน็ต

^ ^ v ^ \

도-이 마-ㄱ 와이 룬 하- 커- 무-ㄴ나이 인 트ㅓ- 넷

대부분 청소년들은 인터넷으로 정보를 찾는다.

<u>คำถามท้ายบท</u>

1.ผ้าขาวม้ามีรูปทรงอย่างไร

....

2.คนไทยใช้ผ้าขาวม้าทำอะไรบ้าง

....

3.คนภาคอีสานเรียกผ้าขาวม้าว่าอย่างไร

....

4.ลวดลายผ้าขาวม้าของคนภาคกลางเป็นลายใด

....

태국 남성이 입고 있는 파카우마

เรื่องที่ 11 โจงกระเบน

โจงกระเบน คือการม้วนผ้านุ่งแล้วสอดไปใต้หว่างขา ดึงขึ้นไปเหน็บขอบผ้านุ่งด้านหลังระดับเอว คนไทยเรียกวิธีการนุ่งผ้าแบบนี้ว่า นุ่งผ้าโจงกระเบน ในสมัยรัตนโกสินทร์ตอนต้นผู้หญิงชาวบ้านจะนุ่งผ้าถุงหรือโจงกระเบน ใช้ผ้าแถบคาดรัดอก และห่มสไบเฉียงทับ ส่วนผู้ชายนุ่งผ้าม่วง โจงกระเบน ไม่สวมเสื้อ ในสมัยนั้นคนไทยส่วนใหญ่มีอาชีพเกษตรกร ทำนา ทำไร่ การแต่งกายของหญิงชายจึงมีลักษณะทะมัดทะแมง คือ นุ่งผ้าชิ้นเดียวด้วยวิธีการนุ่งโจงกระเบน แต่ถกให้สั้นเหนือเข่า เพื่อสะดวกในการออกแรง ในงานเทศกาลก็มักจะนุ่งผ้าโจงกระเบนแต่เป็นผ้าแพรสีต่างๆ

<u>คำศัพท์</u>

ม้วน	/ [무-원]	둥근모양으로 감다
สอด	\\ [써-ㅅ]	삽입하다, 끼워넣다
หว่างขา	\\ ˇ [와-ㅇ 카-]	다리 사이
เหน็บ	\\ [넵]	꽂아 넣다

ขอบ	\ [커-ㅂ]	모서리, 테두리, 가장자리
เอว	[에-우]	허리
รัด	/ [랏]	감아서 세게 조르다, 매다
ไร่	^ [라이]	밭
ทะมัดทะแมง	/ / / [타 맛 타 매-ㅇ]	적극적으로
ถก	\ [톡]	걷어올리다
เข่า	\ [카오]	무릎
สะดวก	\ \ [싸 두-웍]	편리하다
ออกแรง	\ [어-ㄱ 래-ㅇ]	힘을 내다

<u>쫑끄라벤</u>

쫑끄라벤은 "파눙"을 말아(비틀어) 다리 사이 밑으로 넣어서 허리 뒤 쪽 가장자리까지 잡아 당겨 끼워 넣는다. 태국사람들은 이 같이 옷을 입는 방법을 "눙 파 쫑끄라벤"이라고 부른다. 랏따나꼬씬 왕조 초기 농촌 여성은 "파퉁"이나 "쫑끄라벤"을 입었다. "파탭"으로 가슴을 가리고, "싸바이"를 비스듬히 착용했다. 남성은 보라색의 "파 무웡 쫑끄라벤"을 입고 위 셔츠는 입지 않았다. 당시 태국사람 대부분은 농업에 종사했으며 여성의 의상은 활동적인 형태였다. 즉 쫑끄라벤을 입는 동일한 형태로 "파친"을 착용했다. 그러나 노동하기 편리하게 무릎 위까지 짧게 위로 걷어 올렸다. 행사가 있을 때는 대개 여러가지 색깔의 실크로 만든 파 쫑끄라벤을 입었다.

<u>ไวยากรณ์</u>

1. ๆ (ไม้ยมก) 단어 혹은 구의 반복을 표시하거나 의미를 강조할 때 사용한다.

พ่อทำอาหารทานเองทุก ๆ วัน

^ v / /
퍼- 탐 아- 하-ㄴ 타-ㄴ 에-ㅇ 툭 툭 완

아버지는 매일 스스로 요리해서 드신다.

เดินดี ๆ ระวังจะล้ม 조심히 걸어, 넘어지는 것을 주의 해.

/ \ /
드ㅓ-ㄴ 디- 디- 라 왕 짜 롬

2. ใต้ 밑에

เขานั่งพักใต้ร่มไม้ 그는 나무 그늘 밑에 앉아쉬고 있다.

v ^ / ^ ^ /
카오 낭 팍 따이 롬 마이

เราอยู่ใต้อำนาจของหัวหน้า 우리는 보스의 권력 하에 있다.

\ ^ ^ v v ^
라오 유- 따이 암 나-ㅅ 커-ㅇ 후-워 나-

3. ถก　　걷어 올리다

เขาถกกางเกงขึ้น　　그는 바지를 걷어 올렸다.

ˇ　\　^

카오 톡 까-ㅇ 께-ㅇ 큰

แม่ถกผ้าถุงตอนเดิน　　어머니는 걸을 때 통치마를 걷어 올렸다.

^　\ ^　ˇ

매- 톡 파- 퉁 떠-ㄴ 드ㅓ-ㄴ

<u>คำถามท้ายบท</u>

1.การนุ่งผ้าโจงกระเบน คืออะไร

....

2.สมัยใดที่มีการนุ่งผ้าโจงกระเบน

....

3.เพราะอะไรคนไทยในอดีตจึงต้องนุ่งผ้าโจงกระเบนแบบผืนเดียวถกให้สั้นเหนือเข่า

....

쫑끄라벤

เรื่องที่ 12 หม้อห้อม

หม้อห้อม เป็นเครื่องแต่งกายพื้นบ้านของชาวไทลื้อ และชาวไทล้านนาทางภาคเหนือของไทย มีลักษณะเป็นเสื้อคอกลม แขนสั้น ผ่าอกตลอด มักย้อมผ้าด้วยสีน้ำเงินเข้มหรือสีดำ สีที่ใช้ย้อมผ้าได้มาจากต้นห้อม กรองเอาแต่น้ำแล้วใส่ในหม้อดินใบใหญ่จึงเรียกว่า หม้อห้อม ผ้าห้อมเมื่อใช้ไปนานๆ สีจะซีดลง จะต้องนำกลับมาย้อมใหม่เสมอเพราะเป็นสีที่ได้จากธรรมชาติ ไม่ใช่สีสังเคราะห์ทางเคมี ส่วนใหญ่เสื้อหม้อห้อมทำมาจากผ้าฝ้ายที่มีความทนทาน เนื้อผ้ามีน้ำหนักเบา ทำให้สวมใส่สบายไม่ร้อน และสีย้อมเข้มทำให้ไม่เปื้อนง่าย นอกจากนี้เสื้อผ้าหม้อห้อมยังเป็นผ้าที่ดูแลรักษาง่าย ราคาไม่แพง สามารถใส่ได้ในหลายโอกาส

<u>คำศัพท์</u>

พื้นบ้าน	[프-ㄴ 바-ㄴ] (/ ^)	토속적, 토착의
เสื้อคอกลม	[쓰어 커- 끌롬] (^)	목이 둥근 상의
ผ่า	[파-] (\\)	쪼개다, 가르다

	\	
อก	[옥]	가슴
	/	
ย้อม	[여-ㅁ]	염색하다, 물들이다
กรอง	[끄러-ㅇ]	거르다, 여과하다
	^	
หม้อดิน	[머- 딘]	질그릇
	^	
ซีด	[씨-ㅅ]	바래다
	/ ^	
ธรรมชาติ	[탐 마 차-ㅅ]	자연, 천연, 자연계
	v /	
สังเคราะห์	[쌍 크러]	합성
เคมี	[케- 미-]	화학
ทนทาน	[톤 타-ㄴ]	오래가다, 튼튼하다
	/ \	
น้ำหนัก	[남 낙]	무게
เบา	[바오]	가볍다
	^	
เปื้อน	[쁘-언]	더럽다, 더러워지다
	^	
เข้ม	[켐]	짙다

머험

머험은 “타이 르” 족과 태국 북부 “타이 란나”족의 복장이다. 둥근 목, 짧은 팔, 가운데 단추가 달려 잠글 수 있는 형태이며, 짙은 청색이나 검정색으로 천을 염색한다. 옷을 염색하는 색은 “험” 나무에서 나온다 . 물만 여과시켜 큰 질그릇에 집어넣는데 그래서

"머 험", "파 험"이라고 부른다. 오래 사용하면 색이 바래서 항상 새로 염색을 다시 해야 한다. 자연으로부터 얻은 색은 화학적으로 합성된 색이 아니기 때문이다. 대부분 머험 의상은 질긴 면으로 만든다. 천은 가볍고 편하게 입을 수 있다. 강하게 염색한 색은 쉽게 더러워지지 않는다. 이외에 머험 의상은 다루기가 쉽고, 값이 비싸지 않으며, 여러 경우에 입을 수 있다.

<u>ไวยากรณ์</u>

1. นาน ๆ　　　오랜, (시간이) 길다

น้องชายนั่งดูโทรทัศน์นานๆ ที่โซฟา

/　　　^　　　/ /　　　^

너-ㅇ 차-이 낭 두- 토- 라 탓 나-ㄴ 나-ㄴ 티- 쏘- 화-

남동생은 소파에 오래 앉아서 티비를 본다.

นาน ๆ ที่ เราจะได้เจอกัน

\ ^

나-ㄴ 나-ㄴ 티- 라오 짜 다이 쯔ㅓ- 깐

오랜만에 우리는 만날 수 있을 것이다.

2. ไม่ใช่...　　　...가 아니다

ไม่ใช่ + 명사

เขาไม่ใช่หมอ　　　그는 의사가 아니다.

ˇ　ˆ　ˆ　ˇ
카오 마이 차이 머-

ผงกะหรี่ไม่ใช่เครื่องเทศของไทย

ˇ　\　\　ˆ　ˆ　ˆ　ˆ　ˇ
퐁 까 리- 마이 차이 크르-엉 테-ㅅ 커-ㅇ 타이

카레 가루는 태국의 향신료가 아니다.

<u>คำถามท้ายบท</u>

1.เสื้อหม้อห้อมมีลักษณะอย่างไร

....

2.ผ้าหม้อห้อมมีสีอะไร

....

3.หม้อห้อมเป็นเครื่องแต่งกายของชนชาติใดในประเทศไทย

....

4.เสื้อหม้อห้อมทำจากผ้าชนิดใด

....

เรื่องที่ 13 โขน

โขนเป็นศิลปะการแสดงชั้นสูงของไทยที่มีความสง่างามและอ่อนช้อย โขนเป็นการแสดงมหรสพเพื่อความบันเทิงในโอกาสทั่วๆ ไป ในการแสดงโขนนั้นผู้แสดงจะแสดงอารมณ์ผ่านการเต้นออกท่าทางตามลักษณะของตัวละครนั้นๆ เช่น ตัวยักษ์ ตัวลิง ตัวเทวดา ฯลฯ ประกอบกับเสียงซอและเครื่องดนตรีประเภทต่างๆ ผู้แสดงจะสวมหน้ากากปิดบังใบหน้าตนเองและถืออาวุธ หัวโขนหรือหน้าโขนจะตกแต่งด้วยสี ลงรักปิดทอง ประดับกระจก โขนนิยมแสดงเพียง 3 ประเภทคือ โขนกลางแปลง โขนหน้าจอ และ โขนฉาก

<u>คำศัพท์</u>

ชั้นสูง	/ ˇ [찬 쑤-ㅇ]	고급, 상급
สง่างาม	\ \ [싸 응아- 응아-ㅁ]	당당하고 아름답다, 웅장하다
อ่อนช้อย	\ / [어-ㄴ 처이]	나긋나긋하고 아름답다
มหรสพ	/ ˇ / \ [마 허- 라 쏩]	오락
เต้น	^ [떼-ㄴ]	(춤을) 추다

ท่าทาง	^ [타- 타-ㅇ]	자세, 자태, 몸차림
ยักษ์	/ [약]	도깨비
ลิง	[링]	원숭이
เทวดา	/ [테- 와 다-]	천신, 신
ซอ	[써-]	바이올린
หน้ากาก	^ \\ [나- 까-ㄱ]	복면, 가면
ลงรัก	/ [롱 락]	(금박을 박기 위해) 옻칠을 하다
กระจก	\\ \\ [끄라 쪽]	유리

콘

콘은 아름답고 세련된 태국 상류계층의 연극예술이다. 콘은 일반행사의 오락용으로 공연한다. 콘을 공연할 때 연기자는 현악기 "써"와 여러 종류의 악기 소리와 함께 도깨비, 원숭이, 신 등의 배역에 따라 다르게 나타나는 춤 자세로 기분을 나타낸다. 배우는 자신의 얼굴을 가린 가면을 착용하고 무기를 들고 있다. 콘의 머리 또는 얼굴은 색칠하고 금을 부치고 옻칠(광택제)을 하며 유리로 장식된다. 자주 공연하는 콘은 "콘 끌랑 쁠랭", "콘 나쩌"와 "콘 착" 등 세가지 종류가 있다.

ไวยากรณ์

1. ประกอบกับ 와/과 함께

นักร้องร้องเพลงประกอบกับเล่นเปียโน

/ / / \ \ \ ^

낙 러-ㅇ 러-ㅇ 플레-ㅇ 쁘라 꺼-ㅂ 깝 레-ㄴ 삐-야 노-

가수는 피아노를 치면서 노래를 부른다.

พ่อนำหลังคาบ้านมาประกอบกับตัวบ้าน

^ v ^ \ \ \ ^

퍼- 남 랑 카- 바-ㄴ 마- 쁘라 꺼-ㅂ 깝 뚜-워 바-ㄴ

아버지는 지붕을 가져와서 가옥과 조립한다.

2. ผ่าน ...통해서

เขาได้ไอเดียผ่านหนังสือเล่มนั้น

v ^ \ v v ^ /

카오 다이 아이 디-야 파-ㄴ 낭 쓰- 레-ㅁ 난

그는 그 책을 통해서 아이디어를 얻었다.

ฉันสอบไม่ผ่านวิชาภาษาไทย

v \ ^ \ / v

찬 써-ㅂ 마이 파-ㄴ 위 차- 파- 싸- 타이

나는 타이어 시험을 통과하지 못했다.

คำถามท้ายบท

1.คนไทยจะแสดงโขนเมื่อใด

....

2.การแสดงโขนผู้แสดงจะเต้นออกท่าทางตามลักษณะของสิ่งใด

....

3.หน้ากากที่ผู้แสดงใช้สวมปิดบังใบหน้าเรียกว่าอะไร

....

4.โขนที่นิยมใช้แสดงได้แก่โขนประเภทใด

....

เรื่องที่ 14 ลิเก

ลิเกเป็นศิลปะการแสดงที่ได้รับความนิยมมากในจังหวัดสุราษฎร์ธานีและจังหวัดทางภาคใต้ทั่วไป นักแสดงลิเกจะร้องและรำไปตามเพลง ใช้ปี่พาทย์เป็นเครื่องดนตรีสำคัญ เดินเรื่องรวดเร็วและตลกขบขัน ในการแสดงลิเกมักจะใช้เรื่องสามก๊ก ราชาธิราช และฉันใดเวือง นักแสดงจะแต่งกายด้วยเครื่องประดับสวยงาม แพรวพราว เลียนแบบเครื่องทรงกษัตริย์ สวมถุงเท้ายาวสีขาว ไม่สวมรองเท้า ส่วนมากลิเกจะแสดงที่ลานวัด ตลาด สนามกว้างๆ ทำเวที ด้านหน้าเป็นที่แสดง ด้านหลังเป็นที่พักที่แต่งตัว มีฉากหลังเป็นภาพเมือง วัง หรือป่าเขา

<u>คำศัพท์</u>

ปี่พาทย์	[삐- 파-ㅅ]	태국 민속악단(오케스트라)
เดินเรื่อง	[드ㅓ-ㄴ 르-엉]	진행되다
ขบขัน	[콥 칸]	우습다, 익살맞다
แพรวพราว	[프래-우 프라-우]	빛나다, 반짝이다
เลียนแบบ	[리-얀 배-ㅂ]	흉내내다, 모방하다

เครื่องทรง	[크르-엉 쏭]	국왕이 사용하는 의류의 총칭
ลาน	[라-ㄴ]	광장
ฉาก	[차-ㄱ]	배경
วัง	[왕]	궁, 궁전

리께

리께는 쑤랏타니 도와 남부지방에서 사랑 받는 공연예술이다. 리께 공연자는 "삐팟" 민속악단 공연 음악에 맞추어 노래하고 춤을 추며, 빠르고 유머러스하게 진행한다. 리께 공연때는 보통 삼국지 이야기, "랏차티랏", "찬다이우으엉"같은 작품을 공연하게 된다. 배우는 아름답고 반짝이는 장식물을 착용한다. 왕의 장식물을 모방하고, 긴 흰색 양말을 신으며, 구두는 신지 않는다. 대부분 리께는 사원 광장, 시장, 넓은 운동장에서 공연한다. 무대는 공연하는 앞쪽에 만든다. 뒷면은 옷 갈아 입고 쉬는 곳이다. 뒷면 배경에는 도시, 왕궁, 산 속 그림이 그려져 있다.

ไวยากรณ์

1. ได้รับ 당하다, 받아들이다

เขาได้รับการยกย่องจากประชาคมโลก

ˇ ^ / /^ \ \ ^
카오 다이랍 까-ㄴ욕여-ㅇ 짜-ㄱ 쁘라차-콤 로-ㄱ

그는 국제사회에서 존경을 받는다.

ฉันได้รับพัสดุจากเพื่อนชาวเกาหลี

ˇ ^ / / \ \ \ ^ ˇ
찬 다이 랍 팟 싸 두 짜-ㄱ 프-언 차-우 까올 리-

나는 한국인 친구에게서 소포를 받았다.

2. ด้านหลัง　　뒷 면에

พ่อยืนอยู่ด้านหลังประตูเพื่อตีหนู

^ \ ^ ˇ \ ^ ˇ
퍼- 으ㅕ-ㄴ 유- 다-ㄴ 랑 쁘라 뚜- 프-어 띠- 누-

아버지가 쥐를 잡기 위해 문 뒤에 서 있다.

เด็กที่นั่งด้านหลังห้องคุยเสียงดัง

\ ^ ^ ^ ˇ ^ ˇ
덱 티- 낭 다-ㄴ 랑 허-ㅇ 쿠이 씨-양 당

방 뒷 쪽에 앉은 아이가 큰 소리로 말한다.

<u>คำถามท้ายบท</u>

1.การแสดงลิเกได้รับความนิยมมากในจังหวัดใด

....

2.เครื่องดนตรีชนิดใดที่สำคัญในการแสดงลิเก

....

3. นักแสดงลิเกจะแต่งกายเลียนแบบใคร

....

4. การแสดงลิเกนิยมแสดงที่ใด

....

5. ฉากของการแสดงลิเกเป็นภาพอะไร

....

เรื่องที่ 15 หนังตะลุง

หนังตะลุง เป็นการแสดงของภาคใต้ เล่าเรื่องราวเป็นนิยาย ดำเนินเรื่องด้วยบทร้อยกรอง ขับร้องเป็นสำเนียงท้องถิ่น มีบทสนทนาแทรกเป็นระยะ และใช้การแสดงเงาบนจอผ้าเป็นสิ่งดึงดูดสายตาของผู้ชม ในหนังตะลุงตัวละครที่สำคัญและโดดเด่นคือ ตัวตลก เพราะตัวตลกทุกตัวพูดภาษาใต้ และมักจะสร้างเลียนแบบมาจากบุคลิกของบุคคลที่เคยมีชีวิตอยู่จริง ตัวตลกจึงมีความผูกพันใกล้ชิดกับผู้ชมชาวใต้มากกว่าตัวละครอื่นๆ ตัวหนังตะลุงจะทำมาจากหนังสัตว์ คือ หนังวัวและหนังควาย นำมาทำความสะอาดและแกะฉลุตามตัวละครที่ต้องการ

<u>คำศัพท์</u>

นิยาย	[니 야́-이]	소설, 이야기
บทร้อยกรอง	[봇̀ 러́-이 끄러-ㅇ]	시구
ขับร้อง	[캅̀ 러́-ㅇ]	노래를 부르다
สำเนียง	[쌈̌ 니-양]	음성, 발음

บทสนทนา	[봇 쏜 타 나-]	대화, 회화문
แทรก	[쌔-ㄱ]	끼어들다, 삽입하다
เงา	[응아오]	그림자
จอผ้า	[쩌- 파-]	영사막, 은막
โดดเด่น	[도-ㅅ 데-ㄴ]	뛰어나다, 유별나다
ตัวตลก	[뚜-워 딸 록]	익살스러운 역, 어릿광대
ผูกพัน	[푸-ㄱ 판]	마음을 기울이다, 연결하다
หนังสัตว์	[낭 쌋]	모피, 가죽
แกะ	[깨]	새기다, 조각하다, 파다

낭 딸룽

낭 딸룽은 남부 지방 공연이며 소설을 소재로 사용한다. 시를 가지고 이야기를 진행하고, 사투리 액센트로 노래를 부르며, 산발적으로 대화가 끼어든다. 그리고 천으로 만든 스크린 위에 그림자 공연이 있어서 구경꾼의 눈을 사로 잡는다. 낭딸룽에서 주요한 배역은 코미디언이다. 코미디언은 남부 사투리로 말하고 실존한 적 있는 인물을 모방하기 때문이다. 그래서 코미디언은 다른 배역보다 남부 구경꾼들과 가까운 관계를 갖는다. 낭딸룽은 동물 가죽으로 만든다. 소와 물소 가죽을 깨끗하게 씻어 원하는 배역에 따라 서 구멍을 내 오려 만든다.

<u>ไวยากรณ์</u>

1. อื่นๆ　다른

เขาอ้วนกว่าคนอื่นๆ　그는 다른 사람보다 뚱뚱하다.

v　^　\　\　\
카오 우-원 꽈- 콘 으-ㄴ 으-ㄴ

นอกจากส้มตำยังมีอาหารอื่น ๆ อีกที่มีรสเผ็ด

^　\　^　v　\　\　\　^　/　\
너-ㄱ 짜-ㄱ 쏨 땀 양 미- 아- 하-ㄴ 으-ㄴ 으-ㄴ 이-ㄱ 티- 미- 롯 펫

쏨땀뿐만 아니라, 매운 맛이 나는 다른 음식도 있다.

2. เป็นระยะ　정해진 간격을 두다

บ้านอยู่ห่างกันเป็นระยะ ๆ

^　\　\　/　/　/　/
바-ㄴ 유- 하-ㅇ 깐 뻰 라야 라야

집이 정해진 간격으로 서로 떨어져 있다.

อาจารย์หยุดพูดเป็นระยะ ๆ　교수가 정기적으로 얘기를 멈춘다.

\　^　/　/　/　/
아- 짜-ㄴ 윳 푸-ㅅ 뻰 라야 라야

3. ใกล้ชิดกับ　접근하다, 친근하다, 가깝다

เขามีความใกล้ชิดกับเจ้านาย　그는 고용주와 친근하다.

v ^ / \ ^

카오 미- 콰-ㅁ 끌라이 칫 깝 짜오 나-이

เขาไว้ใจคนใกล้ชิด　그는 친근한 사람을 믿는다.

v / ^ /

카오 와이 짜이 콘 끌라이 칫

<u>คำถามท้ายบท</u>

1.หนังตะลุงเป็นการแสดงของภาคใดในประเทศไทย

....

2.จอที่ใช้แสดงหนังตะลุงทำมาจากสิ่งใด

....

3.ตัวละครที่โดดเด่นในการแสดงหนังตะลุงคือตัวละครใด

....

4.ตัวหนังตะลุงทำมาจากสิ่งใด

....

(낭 연극)

낭 또는 그림자놀이는 낭 야이(หนังใหญ่)와 낭 딸룽(หนังตะลุง) 등 두 종류로 나뉜다. 중요한 행사 때만 공연되는 낭 야이는 한 명 또는 복수의 배역을 큰 물소 가죽에 새겨 놓는다. 이것들을 막대기 위에 세워놓고 막대기를 쥔 사람들이 음악이나 대사에 따라 움직이게 된다. 낭 야이를 공연하는 사람들은 모두 남성이며 흰 천으로 만든 스크린의 앞과 뒤에서 움직이게 된다. 낭 야이를 부리기 위하여 동원되는 인원은 보통 10 명이며 전통의상을 입고 있다. 이들 중 보통 제일 나이가 많은 사람이 해설자가 된다.

낭 연극은 아윳타야 왕조 초기에 자바로부터 태국에 도입되었다고 한다. 낭 딸룽은 남부 지방에서 유행하고 있는데 인도네시아와 말레이시아에서 유래한 것이다. 낭 야이와 비교해 낭 딸룽은 보다 작고 정교하게 조각된 관절로 이어진 팔과 다리로 구성된다.

เรื่องที่ 16 หุ่นกระบอก

หุ่นกระบอก เป็นหุ่นที่เกิดขึ้นในสมัยรัชกาลที่ 5 โดยเลียนแบบมาจากหุ่นจีนไหหลำ หุ่นกระบอกเป็นการแสดงอย่างหนึ่งที่เชิดตัวหุ่นกระบอก ตัวหุ่นกระบอกจะมี 4 ส่วน คือ ศีรษะ ลำตัว มือ เครื่องแต่งกายและเครื่องประดับ หุ่นกระบอกจะทำจากไม้เนื้อเบา แกะสลักเป็นตัวละครต่างๆ เช่น พระ นาง ยักษ์ ลิง ตลก หรือสัตว์ มักจะทำมือของหุ่นให้เป็นมือตั้งวงรำเหมือนมือละครรำ ที่มือของหุ่นกระบอกจะต่อไม้ยาวลงมาเรียกว่า ไม้ตะเกียบสำหรับจับเชิดหุ่นให้ร่ายรำ เสื้อผ้าของหุ่นกระบอกมักเป็นผ้าถุงที่มีสีสันตามตัวละคร เครื่องดนตรีที่สำคัญคือซออู้ และนิยมแสดงเรื่องพระอภัยมณี

<u>คำศัพท์</u>

หุ่น	[훈]	인형
เลียนแบบ	[리-얀 배-ㅂ]	흉내내다, 모방하다
เชิด	[츠ㅓ-ㅅ]	무용극에 있어서 춤자세를 조정하다
ลำตัว	[람 뚜-워]	몸체, 신체

แกะสลัก [깨- 쌀 락] 조각하다

ตัวพระ [뚜-워 프라] 주연남우

ตัวนาง [뚜-워 나-ㅇ] 주연 여우

ตะเกียบ [따 끼-얍] 젓가락

ร่ายรำ [라-이 람] 춤을 추다

<u>**훈 끄라벅**</u>

훈 끄라벅은 라마 5 세때 중국의 하이난(Hainan) 인형을 모방해 생겨난 인형이다. 훈 끄라벅은 훈끄라벅 배역을 조정하는 연극의 일종이다. 훈 끄라벅은 네 가지 부분- 머리,몸통, 손, 의상과 장식품-으로 나뉜다. 훈 끄라벅은 재질이 가벼운 나무를 사용해 만든다. 승려, 여자, 도깨비, 원숭이, 코미디언, 동물 등 여러 배역을 조각한다. 대개 훈의 손은 "라컨 람"처럼 춤추는 자세로 만든다. 훈 끄라벅의 손에는 잡고 조정해서 춤추게 할 수 있는 "마이 따끼압" 이라고 불리는 오르내릴 수 있는 긴 나무를 붙인다. 훈 끄라벅의 복장은 대개 배역에 따라서 색깔이 다른 "파퉁"이다. 중요한 악기는 "써 우" (바이올린)이며, "프라 아파이마이니" 이야기를 즐겨 소재로 사용한다.

<u>ไวยากรณ์</u>

1. สำหรับ ...을 위한

ข้าวต้มเป็นอาหารสำหรับคนป่วย 죽은 환자를 위한 음식이다.

^ ^ v v \ \
카-우 똠 뻰 아- 하-ㄴ 쌈 랍 콘 뿌-워이

ดอกไม้นี้สำหรับคุณ 이 꽃은 당신을 위한 것이다

\ / / v \
더-ㄱ 마이 니- 쌈 랍 쿤

2. เหมือน ...처럼

เธอใจดีเหมือนนางฟ้า 그 녀는 천사처럼 착하다.

v /
트ㅓ- 짜이 디- 므-언 나-ㅇ 화-

เขาหน้าตาเหมือนกัน 그들은 외모가 똑같다.

v ^ v
카오 나- 따- 므-언 깐

3. เชิด 들어 올리다, 막후조정하다

รัฐบาลนี้เป็นรัฐบาลหุ่นเชิด 이 정부는 괴뢰 정부이다.

/ \ / / \ \ ^
랏 타 바-ㄴ 니- 뻰 랏 타 바-ㄴ 훈 츠ㅓ-ㅅ

เธอเชิดหน้าเวลาร้องไห้ 그녀는 울 때 얼굴을 들어 올린다.

^ ^ / ^
트ㅓ- 츠ㅓ-ㅅ 나- 웰- 라- 러-ㅇ 하이

คำถามท้ายบท

1.หุ่นกระบอกในประเทศไทยเกิดขึ้นรัชกาลที่เท่าใด

....

2.หุ่นกระบอกมีกี่ส่วน ประกอบไปด้วยอะไรบ้าง

....

3.ไม้ที่ต่อยาวลงมาจากมือหุ่นกระบอกเรียกว่าอะไร

....

4.เครื่องดนตรีสำคัญที่ใช้ในการแสดงหุ่นกระบอกคืออะไร

....

5.หุ่นกระบอกนิยมทำเป็นตัวละครใดบ้าง

....

훈 끄라벅 행사

เรื่องที่ 17 โคมลอย

โคมลอย เป็นโคมที่จุดไฟแล้วปล่อยให้ลอยไปในอากาศ มักจะทำโคมจากไม้ไผ่ตั้งเป็นโครงติดกระดาษสา คนไทยในภาคเหนือจะใช้โคมลอยตลอดปีในการเฉลิมฉลองและในโอกาสพิเศษต่างๆ โดยเฉพาะทุกวันเพ็ญเดือนสิบสองจะเป็นเทศกาลยี่เป็ง หรือ ประเพณีลอยกระทงแบบล้านนา คนไทยเชื่อว่าการลอยโคมทำให้โชคดี เป็นการลอยปัญหาและความกังวลลอยไป และเปลวไฟในโคมเป็นสัญลักษณ์ของความรู้ และแสงสว่างที่ได้รับจากโคมจะส่งผลให้ดำเนินชีวิตไปในทางที่ถูกต้อง การลอยโคมไฟไม่ได้มีเฉพาะในประเทศไทย ยังมีในประเทศจีน ได้หวัน บราซิลและโปรตุเกส

<u>คำศัพท์</u>

โคม	[코-ㅁ]	등, 초롱
ลอย	[러-이]	뜨다, 띄우다
กระดาษสา	[끄라 다-ㅅ 싸-]	뽕 나무껍질로 만든 종이
เฉลิมฉลอง	[찰 르ㅓ-ㅁ 찰 러-ㅇ]	경축하다
ความกังวล	[콰-ㅁ 깡 원]	우려, 근심

เปลวไฟ	[쁠레-우 화이]	불꽃, 화염
ความรู้	[콰-ㅁ 루-]	지식, 학식, 학문
แสงสว่าง	[쌔-ㅇ 싸 와-ㅇ]	밝은 빛
ดำเนินชีวิต	[담 느ㅓ-ㄴ 치- 윗]	생활하다, 처세하다

<u>콤 러이</u>

콤 러이는 불을 붙여 공중으로 띄워 올리는 등으로 대개 대나무로 만들며 뽕나무 껍질로 만든 종이를 붙인 구조물이다. 북부지방 사람들은 1 년 내내 콤 러이를 사용한다. 기념일이나 여러가지 행사 특히 태국식 음력 12 월 보름 "이 뼁" 행사 또는 란나식 "러이 끄라통"에 사용하게 된다. 태국사람은 등을 띄우는 것은 행복을 가져오고, 문제 덩어리와 걱정을 하늘로 띄워 보내는 것이라고 믿는다. 등 속의 불꽃은 지식의 상징이다. 등속의 밝은 빛은 인생을 올바른 길로 인도하게 된다. 등을 띄우는 "깐 러이 콤 화이"는 태국 뿐 아니라 중국, 타이완, 브라질, 포르투갈에도 있다.

<u>ไวยากรณ์</u>

1. ส่งผล ...에 영향을 미치다

มลพิษทางอากาศส่งผลต่อสุขภาพ

/ / \ \ ˇ \ \ \ ^

몰 라 핏 타-ㅇ 아- 까-ㅅ 쏭 폰 떠- 쑥 카 파-ㅂ

대기 오염은 건강에 영향을 미친다.

ปัญหาการเมืองส่งผลให้เศรษฐกิจตกต่ำ

ˇ \ ˇ ^ \ \ \ \ \

빤 하- 까-ㄴ 므-엉 쏭 폰 하이 쎄-ㅅ 타 낏 똑 땀

정치 문제는 경기 침체에 영향을 미친다.

2. ตลอด 내내

เขาดูหนังตลอดคืน 그는 하룻밤 내내 영화를 봤다.

ˇ ˇ \ \

카오 두- 낭 딸 러-ㅅ 크-ㄴ

เธอกินตลอดเวลา 그녀는 항상 먹는다.

\ \

트ㅓ- 낀 딸 러-ㅅ 웰- 라-

<u>คำถามท้ายบท</u>

1.โคมลอยทำมาจากอะไร

....

2.ในภาคเหนือนิยมปล่อยโคมในประเพณีใด

....

3.คนไทยภาคเหนือมีความเชื่อเรื่องการปล่อยโคมว่าอย่างไร

....

4.เปลวไฟในโคมลอยเป็นสัญลักษณ์ของอะไร

....

5.นอกจากประเทศไทย มีประเทศอะไรอีกบ้างที่มีการลอยโคมไฟ

....

치앙마이의 콤 러이 축제

เรื่องที่ 18 บ้านทรงไทย

บ้านทรงไทยมีลักษณะแตกต่างกันในแต่ละภาคขึ้นอยู่กับสภาพแวดล้อม ภูมิอากาศ ภูมิศาสตร์ อาชีพ ฐานะ ความเชื่อและศาสนา เช่น เรือนไทยภาคเหนือ มีลักษณะเฉพาะคือ ที่ยอดจั่วจะประดับกาแลไม้สลักอย่างงดงาม เรือนไทยภาคกลางจะยกพื้น ใต้ถุนสูง ชายหลังคายาวเพื่อกันฝนสาด แดดส่อง นิยมสร้างตามทิศทางลม เรือนไทยภาคอีสานจะไม่นิยมทำหน้าต่างด้านหลังตัวเรือน มักจะทำเป็นช่องเล็กๆ พอยื่นศีรษะออกไปได้เท่านั้น เรือนไทยภาคใต้ เสาเรือนจะเป็นเสาไม้ตั้งบนฐานคอนกรีต เพราะที่ภาคใต้เกิดพายุได้ฝุ่นและลมแรงเสมอจึงจำเป็นต้องมีโครงสร้างที่แข็งแรง

<u>คำศัพท์</u>

สภาพแวดล้อม	[싸̀ 파̂-ㅂ 왜̂-ㅅ 러́-ㅁ]	(주위)환경
ฐานะ	[타̌- 나́]	직위, 신분, 지위
เรือน	[르-언]	집, 주택
จั่ว	[쭈̀-워]	박공

สลัก	[쌀 락]	새기다, 조각하다
ใต้ถุน	[따이 툰]	마루가 높은 가옥의 마루 밑
หลังคา	[랑 카-]	지붕
แดด	[대-ㅅ]	햇빛
ส่อง	[써-ㅇ]	비추어보다, 비치다
ทิศทาง	[팃 타-ㅇ]	방향
หน้าต่าง	[나- 따-ㅇ]	창, 창문
ฐาน	[타-ㄴ]	기초, 받침대, 좌대
คอนกรีต	[커-ㄴ 끄리-ㅅ]	콘크리트
พายุ	[파- 유]	폭풍
โครงสร้าง	[크로-ㅇ 싸-ㅇ]	구조

태국의 가옥 모습

태국 가옥 모습은 각 지역에 따라 다르며 환경, 기후, 지리, 직업, 지위, 믿음, 종교에 따라서 다르다. 예를 들면, 북부 가옥은 독특한 형태를 갖는데, 박공 끝이 아름답게 조각한 "깔래"로 장식되고, 중부 지방 태국가옥은 바닥을 높이고, (바닥 밑에) 높은 공간부분이 있으며, 비가 들이치고 햇볕이 비추는 것을 방지하기 위해서 지붕 가장자리를 길게 만든다. 바람방향에 따라 집을 짓는 것을 선호한다. 동북부 지방 가옥은 집 뒤에 창문을 만드는 것을 선호하지 않으며 대부분 머리를 내밀 정도의 작은 구멍형태의 창을 만든다. 남부 가옥의 기둥은 콘크리트 단 위에 세운다. 남부는 태풍이 발생하고 항상 바람이 강해서 튼튼한 구조물을 가져야 하기 때문이다.

<u>ไวยากรณ์</u>

1. เท่านั้น   ...만, ...단지

เธออยากลดน้ำหนัก เธอจึงกินสลัดเท่านั้น

\   / / \   \ \ ^   /

트ㅓ- 야-ㄱ 롯 남 낙 트ㅓ- 쯩 낀 쌀 랏 타오 난

그녀는 살을 빼고 싶어서 샐러드만 먹는다.

เขาเท่านั้นที่ทำงานนี้ได้

v   ^   / ^   /   ^

카오 타오 난 티- 탐 응아-ㄴ 니- 다이

이 일을 할 수 있는 사람은 단지 그 사람이다.

2. ขึ้นอยู่กับ   ...에 따라 다르다.

ราคาของบ้านขึ้นอยู่กับวัสดุที่ใช้

v ^ ^ \ \ / \ \ ^ /
라- 카- 커-ㅇ 바-ㄴ 큰 유- 깝 왓 싸 두 티- 차이
주택의 가격은 사용한 재료에 따라 다르다.

ผลคะแนนขึ้นอยู่กับความสามารถของนักเรียน
v / ^ \ \ v ^ v /
폰 카내-ㄴ 큰유-깝 콰-ㅁ싸-마-ㅅ 커-ㅇ 낙 리-얀
점수는 학생의 능력에 따라 다르다.

3. จำเป็นต้อง

จำเป็นต้อง~ 은 조동사로 "당연, 의무"를 나타내며 "~할 필요가 있다"의 의미이다. 필요성을 강조한다.

อาจารย์จำเป็นต้องมีความรู้อย่างกว้างขวาง
^ / \ ^ v
아-짜-ㄴ 짬뻰떠-ㅇ 미- 콰-ㅁ루- 야-ㅇ꽈-ㅇ콰-ㅇ
교수들은 폭 넓은 지식을 가질 필요가 있다.

ทุกคนจำเป็นต้องทำงานเพื่อหาเงิน
/ ^ ^ v
툭 콘 짬 뻰 떠-ㅇ탐 응아-ㄴ 프-어 하- 응으ㅓ-ㄴ
모든 사람들은 돈을 벌기 위해 일을 할 필요가 있다.

<u>คำถามท้ายบท</u>

1.อะไรเป็นสาเหตุให้บ้านทรงไทยแต่ละภาคมีลักษณะแตกต่างกัน

....

2. ลักษณะเฉพาะของเรือนไทยภาคเหนือคืออะไร

....

3. เพราะอะไรเรือนไทยภาคใต้จึงต้องมีโครงสร้างที่แข็งแรง

....

북부의 가옥 "깔래"

(깔래)

전통식 가옥의 특징은 태국의 각 지방에서 다양하게 나타나고 있는데, 북부 전통가옥의 특징은 흑색에 가까운 색으로 도색을 해 중량감을 느끼게 하며, 중부의 밝고 화려한 색채의 가옥과는 대조적이다. 물소뿔을 상징하는 깔래 (กาแล) 를 붙인 지붕이 일반적인데 중국의 운남성 지방에서 유래한 것으로 알려지고있다. 원래 이 지방은 옛날부터 농사에 필요한 동물인 물소를 대단히 중요하게 생각했으며 물소를 숭배하는 축제가 현재도 많이 행해지고 있다.

บทที่ 7 อาหารไทย

เรื่องที่ 1 ข้าวไทย

ข้าวเป็นอาหารหลักของคนไทย ข้าวยังเป็นสินค้าส่งออกที่สำคัญของไทยมาช้านาน คนไทยบริโภคทั้งข้าวเจ้าและข้าวเหนียวสามมื้อในหนึ่งวัน ข้าวสวยคือการนำข้าวเจ้ามานึ่งหรือมาต้มให้เดือด ข้าวสวยเป็นอาหารหลักในหลายๆประเทศในทวีปเอเชีย เช่น ไทย พม่า ฟิลิปปินส์ เวียดนาม อินโดนีเซีย มาเลเซีย เกาหลี จีน ญี่ปุ่น คนไทยยังใช้ข้าวในการทำขนมหลายอย่าง เช่น ขนมข้าวเหนียวแก้ว กะละแม ข้าวต้มมัด ขนมสังขยา ขนมกล้วย ข้าวเม่าคลุกข้าวเม่าหมี่ กระยาสารท เป็นต้น ทางภาคเหนือมักจะนำข้าวเหนียวไปต้ม ทำขนมเทียน ขนมวง ข้าวต้มหัวหงอกที่มักจะทำกันในช่วงเข้าพรรษาหรือเทศกาลสงกรานต์ ทางภาคกลางมักจะทำขนมจากข้าวเจ้าไม่เหนียวเช่น ข้าวตัง ข้าวเหนียวมูน ขนมตาล และขนมกล้วย เป็นต้น

คำศัพท์

^
ข้าว [카-우] 밥, 쌀

v \
อาหารหลัก [아- 하-ㄴ 락] 주식

v /
สินค้า [씬 카-] 상품, 화물

\ \
ส่งออก [쏭 어-ㄱ] 수출하다

/ ^
บริโภค [버- 리 포-ㄱ] 소비하다, 사용하다

^ ^
ข้าวเจ้า [카-우 짜오] 멥쌀

^ v
ข้าวเหนียว [카-우 니-여우] 찹쌀

/
มื้อ [므-] 회, 번(식사에 사용)

^
นึ่ง [능] 찌다

^
ต้ม [똠] 끓이다

\
เดือด [드-엇] (물이) 끓다

\ v
ขนม [카 놈] 과자

태국 쌀

쌀은 태국사람의 주식이다. 쌀은 아직도 태국의 오래된 중요한 수출품이다. 태국사람은 하루 세끼 멥쌀과 찹쌀을 모두 소비한다. "카우 쑤워이"는 멥쌀을 찌거나 끓인 것이다. 카우 쑤워이는 아시아 대륙 여러국가인 태국, 버마, 필리핀, 베트남, 인도네시아, 말레이시아, 한국, 중국, 일본 등의 주식이다. 태국사람은 "카놈 카우니여우 깨우", "까라매"(캬라멜), "카우 맛", "카놈 쌍카야"(계란 커스터드) , "카놈 끌루워이", "카우 마오 클룩 카우 마오 미", "끄라야 쌋"(쌀, 콩, 깨, 설탕으로 만든 찰진 반죽) 등 여러종류의 과자를 만드는데 쌀을 사용한다. 북부지방에서는 대개 우안거 기간이나 쏭끄란 때 찹쌀을 끓여서 "카놈 티얀", "카놈 웡", "카우 후어 응억"을 만든다. 중부지방은 쫄깃하지 않은 멥쌀로 "카우 땅", "카우 니여우 문", "카놈 딴", "카놈 끌루워이" 등을 만든다.

ไวยากรณ์

1. นำ...ไป ..를 가져가다

แม่นำข้าวที่เหลือไปทำข้าวต้ม

^ ^ ^ ˇ ^ ^
매- 남 카-우 티- 르-어 빠이 탐 카-우 똠

엄마는 남은 밥을 가져가서 죽을 만들었다.

คุณยายนำอาหารไปถวายพระสงฆ์

ˇ \ ˇ / ˇ

쿤 야-이 남 아- 하-ㄴ 빠이 타 와-이 프라 쏭

할머니가 음식을 가져가서 스님께 드린다.

2. ช้านาน　　아주 오래

เราเป็นเพื่อนกันมาช้านาน　우리는 오랫 동안 친구이다.

^ /

라오 뻰 프-언 깐 마- 차- 나-ㄴ

ศาสนาพุทธเป็นศาสนาประจำชาติไทยมาช้านาน

\ \ ˇ / \ \ ˇ \ ^ /

싸-ㅅ 싸 나- 풋 뻰 싸-ㅅ 싸 나- 쁘라 짬 차-ㅅ 타이 마- 차- 나-ㄴ

불교는 오랫 동안 태국의 국가 종교이다.

3. ทั้ง~ ด้วย　　둘 다, ~도 ~도

มวยไทยจัดว่าเป็นทั้งกีฬาและอาวุธป้องกันตัวด้วย

- \ ^ - / / - / ^ ^

무-워 이 타 이 짯 와- 뻰 탕 낄 라- 래 아- 웃 뻐-ㅇ 깐 뚜-워 두-워이

무워이 타이는 스포츠인 동시에 호신수단으로 여겨진다.

คำถามท้ายบท

1.ในหนึ่งวันคนไทยบริโภคข้าวกี่มื้อ

....

2.ข้าวสวยคืออะไร

....

3.ประเทศใดบ้างที่บริโภคข้าวสวยเป็นอาหารหลัก

....

4. ขนมไทยอะไรบ้างที่ทำมาจากข้าว

....

5.ขนมชนิดใดที่นิยมทำในช่วงเข้าพรรษาหรือเทศกาลสงกรานต์

....

태국 쌀

(태국 쌀은 인디카 종)

쌀은 태국의 전 국토에서 생산되고 있다. 홍수에 강한 키가 큰 벼(浮稻)인 인디카종 멥쌀 카우 짜오 (ข้าวเจ้า) 가 주류를 이룬다. 북·동북부에서는 찹쌀 카우 니여우 (ข้าวเหนียว)를 많이 생산하고 있다. 쌀은 일반적으로 크게 쌀알의 모양과 재배지역에 따라 인디카종 (Indica)과 자포니카종(Japonica)으로 나누는데, 인디카종은 길고 가느다란 장립형이며 자포니카종은 둥글고 짧은 단중립형이다. 인디카종은 푸석거리는 쌀로 흔히 안남미라고도 불린다. 우리나라에서 생산되는 쌀은 자포니카종에 속한다.

เรื่องที่ 2 สมุนไพรไทย

สมุนไพรคือ พืช สัตว์และแร่ธาตุ จากธรรมชาติที่ใช้เป็นยาเพื่อรักษาโรค บำรุงร่างกาย หรือนำมาปรุงอาหาร เครื่องดื่ม อาหารเสริมและเครื่องสำอาง เช่น กระเจี๊ยบแดงที่ช่วยลดไขมันในเลือด และช่วยต้านมะเร็ง ไมยราบเป็นยาสมุนไพรแก้ไอ ขับเสมหะ รักษาอาการกระเพาะอาหารอักเสบ หรือหอมแดงที่ช่วยลดความเสี่ยงการเป็นโรคหัวใจ บำรุงสมอง และมีสรรพคุณช่วยรักษาสิวฝ้า เป็นต้น แต่ผู้บริโภคควรใช้เครื่องสำอางด้วยความระมัดระวังและใช้อย่างถูกต้อง เพราะสมุนไพรบางอย่างมีพิษ ปัจจุบันรัฐบาลไทยส่งเสริมให้คนไทยใช้สมุนไพรไทยมากยิ่งขึ้น เพื่อลดการนำเข้ายาจากต่างประเทศที่มีราคาแพง

<u>คำศัพท์</u>

แร่ธาตุ	[래- 타-ㅅ]	광물질
ยา	[야-]	약, 약품
รักษา	[락 싸-]	치료하다
โรค	[로-ㄱ]	병, 질병

บำรุง	[밤 룽]	기르다, 성장시키다, 육성하다
ปรุง	[쁘룽]	만들다, 조리하다, 조정하다
เสริม	v [쓰ㅓ-ㅁ]	보충하다, 덧붙이다
เครื่องสำอาง	^ v [크르-엉 쌈 아-ㅇ]	화장품
ไขมัน	v [카이 만]	지방, 체내의 지방과 기름
เลือด	^ [르-엇]	피, 혈액
มะเร็ง	/ [마 렝]	암
ไอ	[아이]	기침하다
เสมหะ	v \ [쎄-ㅁ 하]	가래
อาการ	[아- 까-ㄴ]	상태, 증상
อักเสบ	\ \ [악 쎄-ㅂ]	염증을 일으키다
ความเสี่ยง	\ [콰-ㅁ 씨-양]	위험
ฝ้า	^ [화-]	피부에 난 흠이나 오점
ระมัดระวัง	/ / / [라 맛 라 왕]	주의하다, 조심하다
พิษ	/ [핏]	독

허브

싸문 프라이는 병을 방지하고, 몸에 영양분을 공급하며, 음식물, 음료수, 보충식품, 화장품을 만드는 데 약으로 사용하는 자연에서 얻는 식물, 동물, 광물이다. 예를 들면, "끄라찌얍 댕"은 핏 속 콜레스트롤을 줄여주고 항암효과가 있으며, "마이야랍"은 기침, 가래 해소, 위염을 치료하며, "험 댕"은 심장병 위험을 줄이고, 머리를 밝게 하며 여드름 방지효과가 있다. 하지만 소비자들은 화장품을 조심해서 올바르게 사용해야 한다. 어떤 종류의 싸문 프라이는 독이 있기 때문이다. 오늘날 태국정부는 외국으로부터 비싼 약 수입을 줄이기 위해서 태국 싸문 프라이를 많이 사용하도록 더욱 장려한다.

ไวยากรณ์

1. ควร …해야 할, ..했으면 좋겠다. 조언적인 의미를 갖는다.

คุณควรกินยาหลังอาหาร 당신은 식사 후에 약을 드셔야 한다.

ˇ ˇ
쿤 쿠-원 낀 야- 랑 아- 하-ㄴ

ผู้หญิงไม่ควรออกนอกบ้านเวลาดึก

^ ˇ ^ \ ^ ^ \
푸- 잉 마이 쿠-원 어-ㄱ 너-ㄱ 바-ㄴ 웰- 라- 득

여자는 늦은 밤에 집 밖에 나가지 않아야 한다.

น่าจะ 도 ควร 과 같이 조언적인 의미를 갖고 있으며 본래 그렇게 할 수 밖에 없는 상황에서 다소의 안타까운 감정이 포함되어 있다.

สุขภาพไม่ดีก็ไม่น่าจะดื่มเหล้า

\ \ ^ ^ - ^ ^ ^ \ \ ^
쑥 카 파-ㅂ 마이 디- 꺼- 마이 나- 짜 드-ㅁ 라오

건강이 좋지 않으면 술을 마시지 말아야 한다.

2. ใช้~เป็น… ~를 …로 사용하다

เด็กๆใช้เสื้อยืดเป็นเสื้อนอน

\ \ / ^ ^ ^
덱 덱 차이 쓰어 으ㅕ-ㅅ 뻰 쓰-어 너-ㄴ

어린이들은 티셔츠를 잠옷으로 사용한다.

ร้านอาหารร้านนี้ใช้ผ้าขาวม้าเป็นผ้าปูโต๊ะ

/ v / / / ^ v / ^ /
라-ㄴ 아- 하-ㄴ 라-ㄴ 니- 차이 파- 카-우 마- 뻰 파- 뿌- 또

이 식당은 파카우마를 식탁보로 사용한다.

คำถามท้ายบท

1.สมุนไพรคืออะไร

……………………………………………………………………………

2.พืชชนิดใดมีสรรพคุณบำรุงสมองและรักษาสิวฝ้า

....

3.สมุนไพรไมยราบช่วยรักษาอาการอะไร

....

4.ทำไมรัฐบาลไทยจึงส่งเสริมให้คนไทยใช้สมุนไพรไทย

....

태국의 허브 "카"

เรื่องที่ 3 น้ำจิ้ม

น้ำจิ้มคือซอสที่ใช้จิ้มทานกับอาหารหลายๆอย่าง มีรสเปรี้ยว เค็ม หวาน น้ำจิ้มเป็นเครื่องปรุงรสที่ทำให้อาหารมีรสชาติอร่อยมากขึ้น อาหารไทยบางอย่างขาดน้ำจิ้มไม่ได้ น้ำจิ้มไทยมีหลายแบบ หลายชนิด หลายส่วนผสม เช่น น้ำจิ้มสุกี้ที่มีรสชาติหวาน เผ็ด มักจะกินกับต้มสุกี้ น้ำจิ้มซีฟู้ดที่มีรสชาติเปรี้ยวเผ็ด มักจะกินกับอาหารทะเลย่างร้อนๆ น้ำจิ้มหมูกระทะที่มักจะกินกับเนื้อย่าง น้ำจิ้มหมูสะเต๊ะที่มักจะกินกับเนื้อสะเต๊ะย่าง น้ำจิ้มอาจาดที่มีรสชาติเปรี้ยวๆหวานๆ ที่มักจะกินกับทอดมัน ขนมปังหน้าหมู หรือ อาหารทอดต่างๆ หรือ น้ำจิ้มลูกชิ้นที่กินกับลูกชิ้นย่างหลายชนิด

<u>คำศัพท์</u>

น้ำจิ้ม	[남 찜] (´ ^)	양념장
เปรี้ยว	[쁘리-여우] (^)	시다, 시큼하다
เค็ม	[켐]	짜다
หวาน	[와-ㄴ] (ˇ)	달다

ซอส	/ [써-ㅅ]	소스, 양념
เครื่องปรุงรส	^ / [크르-엉 쁘룽 롯]	조미료, 향료, 양념
รสชาติ	/ ^ [롯 차-ㅅ]	맛
ส่วนผสม	\ \ v [쑤-원 파 쏨]	합성비율, 성분
ทะเล	/ [탈 레-]	바다, 해양
ย่าง	^ [야-ㅇ]	불에 쬐어 굽다
กระทะ	\ / [끄라 타]	후라이팬
สะเต๊ะ	\ / [싸 떼]	소고기, 돼지고기, 닭고기 등으로 만든 꼬치구이
ทอด	^ [터-ㅅ]	튀기다
ลูกชิ้น	^ / [루-ㄱ 친]	어육이나 고기로 만든 완자

남찜

남찜은 여러 가지 음식과 함께 찍어 먹는 소스이다. 신맛, 매운 맛, 단 맛이 있다. 남찜은 음식에 맛을 내는 조미료다. 어떤 태국 음식은 남찜 없이 먹을 수 없다. 태국 남찜은 여러 형태와 종류가 있다. 달고, 매운 맛을 내는 "남찜 쑤끼"는 대개 쑤끼 끓인 것과 함께 먹는다. 시고, 매운 맛을 내는 "남찜 씨푸드"는 뜨겁게 구운 씨푸드와 함께 먹는다. "남찜 무끄라타"는 불고기와 함께 먹는다. "남찜 무싸떼"는 구운 "싸떼"(satay)와 함께 먹는다. 시고, 단맛이 나는 "남찜 아짯"은 "텃만", "카놈빵 나무" 또는 여러가지 튀김요리와 함께 먹는다. "남찜 룩친"은 여러 종류의 구운 "룩 친"과 함께 먹는다.

<u>ไวยากรณ์</u>

1. บางอย่าง   어떤 것

ฉันทำอาหารเป็นบางอย่าง   나는 어떤 음식도 요리할 수 있다.

ˇ   ˇ   \
찬 탐 아- 하-ㄴ 뻰 바-ㅇ 야-ㅇ

บางอย่างเราไม่ควรสนใจ

\   ^   ˇ
바-ㅇ 야-ㅇ 라오 마이 쿠-원 쏜 짜이

우리는 어떤 것에는 관심을 가질 필요가 없다.

2. กับ   …와/과 같이

ฉันเล่นฟุตบอลกับเพื่อน   나는 친구와 같이 축구를 한다.

ˇ ^   /   \ ^
찬 레-ㄴ 훗 버-ㄴ 깝 프-언

พ่อกินก๋วยเตี๋ยวกับข้าว   아버지가 국수를 밥과 드신다.

^ v v \ ^
퍼- 낀 꾸-워이 띠-여우 깝 카-우

전치사 กับ 은 "~ 와/과"라는 의미며, 전치사 และ 와 같은 의미다. 그러나 กับ 은 전치사로만 사용되지만, และ 는 두 문장을 대등하게 잇는 접속사로도 사용된다.

คนไทยกับคนเกาหลี คนไทยและคนเกาหลี

\ v / v
콘 타이- 깝 콘 까올 리- 콘 타이-래 콘 까올 리-

태국사람과 한국사람

ฝนตกและลมพัด 비가 오고 바람이 분다.

v \ / /
혼 똑 래 롬- 팟

<u>คำถามท้ายบท</u>

1. น้ำจิ้มมีรสชาติเป็นอย่างไร

……………………………………………………………………………

2. ทำไมคนไทยต้องทานอาหารคู่กับน้ำจิ้ม

……………………………………………………………………………

3. น้ำจิ้มสุกี้มีรสชาติเป็นอย่างไร

....

4. น้ำจิ้มซีฟู้ดรับประทานคู่กับอาหารประเภทใด

....

5. น้ำจิ้มอาจาดรับประทานคู่กับอาหารประเภทใด

....

남찜 투워(น้ำจิ้มถั่ว)

เรื่องที่ 4 น้ำพริก

น้ำพริกคืออาหารไทยประเภทเครื่องจิ้มอย่างหนึ่ง ส่วนมากใช้รับประทานกับผัก มีส่วนผสมสำคัญคือ พริก ตอนทำน้ำพริกจะต้องตำพริกให้ละเอียดและใส่ส่วนผสมต่างๆ ลงไป ในแต่ละภาคจะมีการทำน้ำพริกแตกต่างกัน น้ำพริกที่ภาคอีสานจะใส่ปลาร้าหรือข้าวคั่วเป็นส่วนผสมสำคัญ น้ำพริกภาคเหนือจะย่างหรือเผาส่วนผสมทั้งหมดให้สุกก่อนแล้วปรุงรสด้วยเกลือ ส่วนน้ำพริกภาคใต้จะใช้กะปิเป็นส่วนผสมหลัก และไม่ใส่มะนาวหรือน้ำตาล จึงมีลักษณะแห้งและเก็บไว้ได้นาน ประเทศไทยมีน้ำพริกหลายประเภท เช่น น้ำพริกอ่อง น้ำพริกกะปิ น้ำพริกปลาทู น้ำพริกตาแดง น้ำพริกนรก น้ำพริกเผา น้ำพริกหนุ่ม น้ำพริกแมงดา น้ำพริกมะขามสด เป็นต้น

คำศัพท์

พริก [프릭] 고추

ตำ [땀] 찧다

ละเอียด [라 이-얏] 가루모양의

ส่วนผสม	[수원 파 쏨]	성분비, 합성비율
ข้าวคั่ว	[카-우 쿠-워]	볶은 쌀, 백미를 넣어 좋은 냄새가 날 때까지 볶은 것으로 차대신 사용
เผ่า	[파오]	종족, 부족
แห้ง	[해-ㅇ]	마르다, 건조하다
กะปิ	[까 삐]	작은 새우에 소금을 섞어 발효시킨 조미료

남프릭

남프릭은 태국 양념의 일종으로 대개 야채와 함께 먹는다. 주요 재료는 고추(프릭)이다. 남프릭을 만들 때 고추를 잘게 빻고 여러 가지 양념을 넣는다. 지방마다 남프릭 만드는 방법이 다르다. 동북부 지방에서는 "쁠라 라"나 볶은 쌀을 넣는다. 북부지방은 모든 양념을 구워서 익힌 후에 소금을 넣어 간을 맞춘다. 남부 지방 남프릭은 새우반죽을 기본 양념으로 삼으며 레몬이나 설탕을 넣지 않아 마른 형태로 오랫동안 보관할 수 있다. 태국에는 "남프릭 엉", "남프릭 까삐", "남프릭 쁠라투", "남프릭 따댕", "남프릭 나록", "남프릭 파오", "남프릭 눔", "남프릭 맹다", "남프릭 마캄" 등 여러 가지 종류의 남프릭이 있다.

ไวยากรณ์

1. ก่อน …먼저, …전에

ฉันอยู่เมืองไทยก่อนกลับมาเกาหลี

ˇ \ \ \ ˇ

찬 유- 므-엉 타이 꺼-ㄴ 끌랍 마- 까올 리-

나는 한국으로 돌아오기 전에 태국에서 살았다.

ก่อนหน้านี้เขาทำงานที่บริษัท 이전에 그는 회사에서 일했다.

\ ^ / ˇ ^ / \

꺼-ㄴ 나- 니- 카오 탐 응아-ㄴ 티- 버- 리 쌋

2. ทั้งหมด 모든

นักเรียนทั้งหมดไปเมืองไทย 모든 학생들은 태국에 갔다.

/ / \

낙 리-얀 탕 못 빠이 므-엉 타이

พ่อกินอาหารทั้งหมดที่แม่ทำ

^ ˇ / \ ^ ^

퍼- 낀 아- 하-ㄴ 탕 못 티- 매- 탐

아버지는 어머니가 요리한 음식을 모두 다 드셨다.

3. เป็น ~로서

자격을 나타내는 전치사이다.

แต่งตั้งเป็นนายกรัฐมนตรี 수상으로 임명하다.
\ ^ - - / / \ - -
때-ㅇ 땅 뻰 나- 욕 랏 타 몬 뜨리-

<u>คำถามท้ายบท</u>

1.คนไทยรับประทานน้ำพริกคู่กับอะไร

....

2.ส่วนผสมหลักของการทำน้ำพริกคืออะไร

....

3.น้ำพริกของภาคอีสานใส่อะไรเป็นส่วนผสมหลัก

....

4.ทำไมน้ำพริกของภาคใต้จึงเก็บไว้ได้นาน

....

5.ให้บอกชื่อน้ำพริกมาสามประเภท

....

남프릭 따댕

(남프릭)

"태국의 식사는 밥, 국, 카레, 지짐 요리, 그리고 "남 프릭"(น้ำพริก)에서 시작한다"라고 말하는 사람도 있을 정도로 남 프릭은 중요하다.

เรื่องที่ 5 ปลาร้า

ปลาร้าหรือปลาแดกเป็นอาหารของภาคอีสาน ทำมาจากปลาน้ำจืด แล้วหมักกับรำข้าวและเกลือ แล้วใส่ไหไว้ประมาณ 7-8เดือน ขึ้นอยู่กับขนาดของปลา ถ้าเป็นปลาตัวใหญ่อาจจะใช้เวลาในการหมักถึงหนึ่งปี คนอีสานนำปลาร้าไปปรุงอาหารหลายชนิด เช่น น้ำพริก หลน ทอด ต้ม เป็นต้น ส่วนน้ำปลาร้าใช้ปรุงรสส้มตำ ส้มตำที่ใส่ปลาร้านั้นจะเรียกว่า ส้มตำลาว หรือ ส้มตำปลาร้า แต่ถ้าใส่กุ้งแห้งจะเรียกส้มตำไทย คนอีสานทุกครอบครัวจะทำปลาร้าไว้กินเอง ปลาร้าถือเป็นวิธีการถนอมปลาอย่างหนึ่ง คุณภาพของปลาร้าจะอยู่ที่ขนาดของปลา คุณค่าสารอาหาร รส กลิ่นและสี

<u>คำศัพท์</u>

ปลาน้ำจืด	/ \\ [쁠라- 남 쯔-ㅅ]	민물고기
รำข้าว	^ [람 카-우]	쌀겨, 기울
ไห	v [하이]	소형 항아리나 독
หมัก	\\ [막]	발효시키다

หลน	[론ˇ]	조리다
ปรุงรส	[쁘룽 롯/]	조합하다, 가미하다
กุ้งแห้ง	[꿍^ 해^-ㅇ]	말린 새우
คุณภาพ	[쿤 나/ 파^-ㅂ]	품질, 질, 성능
สาร	[싸ˇ-ㄴ]	물질, 내용, 중심
สารอาหาร	[싸ˇ-ㄴ 아- 하ˇ-ㄴ]	영양

쁠라 라

"쁠라 라" 또는 "쁠라 댁"은 동북부 음식으로 민물고기를 겨와 소금으로 발효시켜, 물고기 크기에 따라서는 약 7-8 개월동안 흙으로 만든 단지에 넣어 만든다. 만일 큰 물고기라면 발효시키는데 1 년이 걸린다. 동북부 사람은 쁠라 라를 여러가지 음식 -남프릭, 조림, 튀김, 끓인 음식-을 만드는 데 사용한다. 한편 "남 쁠라 라"는 쏨땀의 맛을 내는 데 사용한다. 쁠라 라를 넣은 "쏨땀"을 "쏨땀 라우"(라오스식 쏨땀) 또는 "쏨땀 쁠라 라"라고 부른다. 하지만 마른 새우를 넣으면 "쏨땀 타이"라고 부른다. 동북부 전 세대는 스스로 쁠라 라를 만들어 먹는다. 쁠라 라는 물고기를 보관하는 한 가지 방법이다. 쁠라 라의 질은 물고기 크기, 영양분, 맛, 냄새, 색깔에 달렸다.

ไวยากรณ์

1. เอง　　스스로

เขาซักเสื้อผ้าเอง　　그는 옷을 스스로 빨래한다.

ˇ / ^ ^
카오 싹 쓰-어 파- 에-ㅇ

ฉันฝึกพูดภาษาไทยด้วยตัวเอง

ˇ \ ^ ˇ ^
찬 흑 푸-ㅅ 파- 싸- 타이 두-워이 뚜-워 에-ㅇ

나는 혼자 태국어 말하기를 연습한다.

2. อยู่ที่　　…에 달렸다

ความสำเร็จอยู่ที่ตัวเอง　성공은 자신에 달려 있다.

ˇ \ \ ^
콰-ㅁ 쌈 렛 유- 티- 뚜-워 에-ㅇ

ความสุขอยู่ที่ใจ　　행복은 마음에 달려 있다.

\ \ ^
콰-ㅁ 쑥 유- 티- 짜이

3. หมักกับ　　담가 두다, 발효시키다, 절이다.

ฉันหมักเนื้อกับเกลือ　　나는 고기를 소금에 절인다.

ˇ \ / \
찬 막 느-어 깝 끌르-어

น้ำปลาคือการนำปลาหมักกับเกลือ

/ \ \

남 쁠라- 크- 까-ㄴ 남 쁠라- 막 깝 끌르-어

남쁠라는 생선을 소금에 절인 것이다.

<u>คำถามท้ายบท</u>

1.ปลาร้าเป็นการถนอมอาหารของคนภาคใด

....

2.ปลาร้ามีชื่อเรียกอีกอย่างหนึ่งว่าอะไร

....

3.การทำปลาร้าต้องนำปลามาหมักรวมกับอะไร

....

4.ในการทำปลาร้าต้องใช้เวลาในการหมักนานเท่าใด

....

5.คนอีสานนำปลาร้าไปทำอาหารอะไรบ้าง

....

6.คุณภาพของปลาร้าขึ้นอยู่กับอะไร

....

남프릭 쁠라라

เรื่องที่ 6 กะปิ

คนไทยใช้กะปิเป็นเครื่องปรุงรสในอาหารหลายๆ อย่าง ส่วนใหญ่คนไทยทำกะปิจากกุ้งเคย เพราะหาง่ายทางแถบทะเลอันดามัน กะปิคือการดองกุ้งเพื่อเอาไว้รับประทานได้ในระยะเวลานานๆ กะปิทำมาจากเกลือกับกุ้งเคยจึงมีรสชาติเค็ม อาหารที่มีชื่อเสียงที่ทำจากกะปิ ได้แก่ ข้าวคลุกกะปิ อีกทั้งอาหารที่ทำจากกะปิยังมี หลนกะปิ กุ้งผัดกะปิถั่วพู เป็นต้น

<u>คำศัพท์</u>

เคย	[크ㅓ-이]	작은 새우
ดอง	[더-ㅇ]	절이다, 담그다
กุ้ง	^ [꿍]	새우
เกลือ	[끌르-어]	소금
รสชาติ	/ ^ [롯 차-ㅅ]	맛
เดียว	[디-여우]	하나의
ผักสด	\ \ [팍 솟]	생 채소

까삐

태국사람은 까삐를 여러 가지 음식의 양념으로 사용한다. 대부분 태국사람들은 작은 새우로 까삐를 만드는 데 안다만에서 찾기가 수월하기 때문이다. 까삐는 오랫동안 먹을 수 있게 하기 위해서 새우를 절여놓은 것이다. 까삐는 소금과 작은 새우로 만들어 맛이 짜다. 까삐로 만든 유명한 음식은 "카우 클룩 까비" 뿐 아니라 "론 까삐", "꿍 팟 까삐 투어 푸" 등이 있다.

ไวยากรณ์

1. อีกทั้ง 또, 더, 더욱 더

บ้านเขากว้าง อีกทั้งมีสระว่ายน้ำ

^ v ^ \ / \ ^ /

바-ㄴ 카오 꽈-ㅇ 이-ㄱ 탕 미- 싸 와-이 남

그의 집은 크고 또한 수영장이 있다.

เขาทำงานหนัก อีกทั้งยังเรียนหนังสือด้วย

v \ \ / v v ^

카오 탐 응아-ㄴ 낙 이-ㄱ 탕 양 리-얀 낭 쓰- 두-워이

그는 일도 많이 하고 공부도 한다.

2. มีชื่อเสียง 유명하다, 명성이 있다

คนนี้ดูเหมือนจะมีชื่อเสียงมากกว่าคนอื่นๆ

/ v \ ^ v ^ \ \ \
콘 니- 두- 므-언 짜 미- 츠- 씨-양 마-ㄱ 꽈- 콘 으-ㄴ 으-ㄴ

이 분은 다른 사람보다 유명한 것 처럼 보인다.

ต้มยำกุ้งมีชื่อเสียงไปทั่วโลก　똠얌꿍은 세계적으로 유명하다.

^ ^ ^ v ^ ^
똠 얌 꿍 미- 츠- 씨-양 빠이 투-워 로-ㄱ

<u>คำถามท้ายบท</u>

1.กะปิ คืออะไร

....

2.คนไทยทำกะปิจากอะไร

....

3.กะปิมีรสชาติเป็นอย่างไร

....

4.อาหารไทยที่มีชื่อเสียงที่ทำจากกะปิคืออะไร

....

5.เครื่องเคียงของน้ำพริกกะปิมีอะไรบ้าง

....

남프릭 까삐

เรื่องที่ 7 กะทิ

กะทิเป็นน้ำสีขาวข้นคล้ายนม ทำมาจากการคั้นน้ำจากเนื้อมะพร้าวแก่ มะพร้าวแก่ยังนำมาทำน้ำมันมะพร้าวและน้ำตาลมะพร้าวได้อีกด้วย คนไทยใช้กะทิในการทำอาหารหลายอย่าง กะทิให้รสชาติมันและหวาน คนไทยมักจะใส่กะทิในแกงต่างๆ เช่น แกงเผ็ด แกงเขียวหวาน อาหารประเภทผัด เช่น ผัดพริกแกง และ ต้ม เช่น ต้มข่าไก่ นอกจากนั้นคนไทยยังนิยมนำกะทิไปทำขนมหลายๆ ประเภทอีกด้วย เช่น วุ้นกะทิ ไอศกรีมกะทิสด ขนมถ้วย ขนมตะโก้ ลอดช่องน้ำกะทิ เป็นต้น ในประเทศไทยกะทิสามารถหาซื้อได้ทั้งแบบน้ำและแบบผง

<u>คำศัพท์</u>

ข้น	[콘]	진하게 되다, 불투명하다
นม	[놈]	우유
การคั้น	[까-ㄴ 칸]	짜내는 것
มะพร้าว	[마 프라-우]	야자
แก่	[깨-]	익다

น้ำตาล	[남 따-ㄴ]	설탕
รสชาติ	[롯 차-ㅅ]	맛
รสมัน	[롯 만]	기름진 맛
แกง	[깨-ㅇ]	찌개
วุ้น	[운]	젤리, 젤라틴
ผง	[퐁]	분말, 가루

까티(코코넛 밀크)

까티는 오래된(잘 익은) 마프라우(야자)살을 짜서 만든 우유 비슷한 진한 흰색 액체이다. 오래된 마프라우로는 마프라우 기름과 설탕도 만든다. 태국사람은 까티를 여러가지 음식에 사용하는 데 고소하고 단맛을 낸다. 태국 사람들은 대개 까티를 "깽 펫", "깽 키여우 완" 같은 여러 가지 국에 넣으며, "팟 프릭 깽" 같은 볶은 음식, "카 까이" 같은 끓인 음식에 넣는다. 이외에 "까티"로 "운 까티"(젤리) "아이스크림 까티", "카놈 투워이", "카놈 따꼬", "럿 청 남 까티" 같은 여러가지 종류의 간식을 즐겨 만든다. 태국에서 까티는 액체형태나 가루 형태 모두 구입할 수 있다.

ไวยากรณ์

1. ประเภท 종류

ราดหน้าเป็นอาหารประเภทก๋วยเตี๋ยว

^ ^ ˇ \ ^ ˇ ˇ

라-ㅅ나- 뻰 아-하-ㄴ 쁘라 페-ㅅ 꾸-워이 띠-여우

랏나는 국수 종류의 음식이다.

ป่าไม้ในประเทศไทยมี 2 ประเภท

\ / \ ^ ˇ \ ^

빠-마이 나이 쁘라테-ㅅ타이 미- 써-ㅇ 쁘라 페-ㅅ

태국의 삼림은 두 종류가 있다.

2. คล้ายกับ คล้ายกันกับ คล้ายกัน …와/과 비슷하다

แผนที่ประเทศอิตาลีดูคล้ายกับร้องเท้าบู๊ต

ˇ ^ \ ^ \ / \ / / /

패-ㄴ 티- 쁘라 테-ㅅ 이 따 리- 두- 크라-이 깝 러-ㅇ 타오 부-ㅅ

이탈리아의 지도는 긴 장화와 비슷해 보인다.

ผู้หญิงที่ทำศัลยกรรมหน้าตาจะคล้ายกับตุ๊กตา

^ ˇ ^ ˇ / ^ \ / \ / \

푸-잉 티- 탐 싼야 깜 나-따- 짜 크라-이 깝 뚝까 따-

성형수술한 여성의 얼굴은 인형과 비슷할 것이다.

คำถามท้ายบท

1.กะทิมีลักษณะเป็นอย่างไร

....

2.กะทิได้มาจากพืชชนิดใด

....

3.คนไทยใช้กะทิทำอะไร

....

4.กะทิมีรสชาติเป็นอย่างไร

....

5.คนไทยใส่กะทิในแกงอะไรบ้าง

....

6.ให้บอกชื่อขนมไทยมาสามประเภทที่ต้องใช้กะทิในการทำ

....

까티로 만든 태국 전통 과자

เรื่องที่ 8 แกงส้ม

คนไทยนิยมกินแกงส้มเพราะมีคุณค่าทางโภชนาการครบถ้วน เพราะเป็นแกงที่ใส่ทั้งเนื้อสัตว์ เช่น ปลาหรือกุ้ง และผักหลายๆ ชนิด ผักที่ใช้อาจเป็นผักบุ้ง มะละกอ หัวไชเท้า กะหล่ำดอก ดอกแค หรือ ไข่เจียวชะอม ส่วนผสมที่สำคัญที่ขาดไม่ได้ในการทำแกงส้มคือ น้ำพริกแกงส้ม มะขาม น้ำตาลปี๊บ และ เกลือ แกงส้มจึงมีรสชาติเผ็ด หวาน เค็ม และ เปรี้ยว เครื่องปรุงที่ทำให้แกงส้มเปรี้ยวมีหลายชนิด เช่น มะม่วงอ่อน มะขามเปียก มะขามสด หน่อไม้ดองเปรี้ยว ส้มแขก ตะลิงปลิง มะนาว หรือ แตงเปรี้ยว ทางภาคใต้จะใส่ขมิ้นในน้ำพริกแกงด้วยจึงเรียกแกงส้มว่า แกงเหลือง

<u>คำศัพท์</u>

คุณค่า	[쿤 카-]	가치
โภชนาการ	[포-ㅅ 차 나- 까-ㄴ]	영양
ครบถ้วน	[크롭 투-원]	충분하다, 완전하다
น้ำตาล	[남 따-ㄴ]	설탕
น้ำพริกแกง	[남 프릭 깨-ㅇ]	찌개의 양념장

น้ำตาลปี๊บ [남 따-ㄴ 삐-ㅂ] 코코넛으로 만든 설탕

<u>깽쏨</u>

태국사람은 깽 쏨을 즐겨 먹는다. 풍부한 영양가가 있으며, 생선 또는 새우 같은 동물의 고기와 여러 가지 종류의 채소를 넣은 국이기 때문이다. 사용하는 채소는 "팍 붕"(모닝 글로리), "말라꺼"(파파야), "후어 차이 타오"(무), "까람덕"(양배추), "덕 캐", "카이 찌여우 차옴"이다. 깽 쏨 만들 때 없어서는 안될 양념은 "남프릭 깽 쏨", "마캄", "남딴 뻽", 소금 등 이다. 그래서 깽쏨은 맵고, 달고, 짜고, 신맛이 난다. 깽쏨 맛을 시게 만드는 조미료는 "마무웡 언", "마캄", "마캄 삐약", "마캄", "너마이 덩 쁘리여우", "쏨 캑", "따 링 쁘링", "마나우", "땡 쁘리여우" 등 여러 종류가 있다. 남부지방에서는 "남프릭 깽"에 카민(심황)을 넣어 "깽 르엉"이라고 부른다.

<u>ไวยากรณ์</u>

1. อาจ ...인 지도 모르다, ...일 수도 있다

ห้องนอนที่สกปรกอาจทำให้เจ็บป่วย

허-ㅇ 너-ㄴ 티- 쏙 까 쁘록 아-ㅅ 탐 하이 쩹 뿌-워이

더러운 침실은 질병의 원인이 될 수도 있다.

ผู้ชายคนนี้อาจเป็นคนร้าย 이 남자는 범인일 수도 있다.

^ / \ /
푸- 차-이 콘 니- 아-ㅅ 뻰 콘 라-이

2. ครบถ้วน 충분하다, 완전하다

ข้าวผัดมีคุณค่าทางอาหารครบถ้วน 볶음밥은 충분한 영양가가 있다.

^ \ ^ v / ^
카-우 팟 미- 쿤 카- 타-ㅇ 아- 하-ㄴ 크롭 투-원

ฉันเตรียมเอกสารมาครบถ้วน 나는 자료를 충분히 준비했다.

v \ \ v / ^
찬 뜨리-얌 에-ㄱ 까 싸-ㄴ 마- 크롭 투-원

3. ขาดไม่ได้ 빠질 수 없다, 필요하다, 긴요하다

มนุษย์ขาดอากาศไม่ได้ 사람은 공기를 필요로 한다.

/ / \ \ ^ ^
마 늣 카-ㅅ 아- 까-ㅅ 마이 다이

เด็ก ๆ ขาดคนดูแลไม่ได้ 어린이는 돌보는 사람이 필요하다.

\ \ \ ^ ^
덱 덱 카-ㅅ 콘 둘- 래- 마이 다이

คำถามท้ายบท

1.เพราะอะไรคนไทยถึงนิยมรับประทานแกงส้ม

....

2.ผักอะไรบ้างที่คนไทยนำมาใส่ในแกงส้ม

....

3.ส่วนผสมสำคัญที่ใช้ในการทำแกงส้มคืออะไร

....

4.แกงส้มมีรสชาติอย่างไร

....

5.ทางภาคใต้จะใส่อะไรเพิ่มในน้ำพริกแกงส้ม

....

6.แกงส้มทางภาคใต้เรียกว่าอย่างไร

....

깽솜

เรื่องที่ 9 แกงเขียวหวาน

แกงเขียวหวานเป็นแกงกะทิชนิดหนึ่งของประเทศไทย และเป็นอาหารที่เป็นที่นิยม โดยติดอันดับหนึ่งในสิบอาหารไทยยอดนิยมที่ชาวต่างชาติชอบรับประทาน เนื่องด้วยรสชาติที่ทานง่าย และกลิ่นหอมของน้ำกะทิและพริกแกงเขียวหวาน แกงเขียวหวานประกอบด้วยเครื่องแกงเขียวหวาน เนื้อวัว เนื้อไก่ หรือ หมู กะทิ ใบโหระพา ใบมะกรูด และ มะเขือยาว มะเขือเปราะ มะเขือพวง เป็นต้น แกงเขียวหวานมีสีเขียวเพราะใช้พริกขี้หนูสดสีเขียว และมีรสชาติกลมกล่อม หวาน เผ็ด และเค็ม คนไทยนิยมรับประทานแกงเขียวหวานกับข้าวสวยร้อนๆ หรือ ขนมจีน ปัจจุบันคนไทยระมัดระวังการกินอาหารกะทิเป็นอย่างมาก เพราะอาหารกะทิมีผลต่อน้ำหนักตัว ถ้ารับประทานกะทิเยอะๆ จะทำให้อ้วนขึ้นได้

<u>คำศัพท์</u>

อันดับ [안 답] 순서, 계급

นิยม [니 욤] 좋아하다, 애호하다

กลิ่นหอม	[끌린 허-ㅁ]	향기로운 냄새
พริกขี้หนู	[프릭 키- 누-]	쥐똥고추, 아주 매운 작은 고추
เครื่องแกง	[크르-엉 깨-ㅇ]	양념, 향신료
กลมกล่อม	[끌롬 끌러-ㅁ]	적당하다, 알맞다
ข้าวสวย	[카-우 쑤-워이]	쌀밥
ขนมจีน	[카 놈 찌-ㄴ]	쌀로 만든 소면(국수)
ระมัดระวัง	[라 맛 라 왕]	주의하다, 조심하다
น้ำหนัก	[남 낙]	무게, 중량
อ้วน	[우-원]	살찌다, 뚱뚱하다

깽키여우완

깽키여우완은 태국의 코코넛 밀크 스프의 한 종류로 좋아하는 음식이다. 쉽게 먹을 수 있고, 코코넛밀크 향과 깽키여우완에 들어가는 고추가 고소하기때문에 외국인이 선호하는 태국음식 10 가지 중 최고의 음식이다. 깽키여우완은 "크르엉 깽 깽키여우완", 쇠고기, 닭고기, 또는 돼지고기, 코코넛 밀크, "바이 호라파"(basil), "바이 마끄룻", "마크어 야우"(가지) , "마크어 쁘러", "마크어 푸엉"등으로 만든다. 깽키여우완은 푸른색 고추를 사용하기 때문에 푸른색이다. 그리고 맛은 부드럽고, 달고, 맵고, 짜다. 태국사람은 깽키여우완과 더운 쌀밥 또는 "카놈 찐"(가는 쌀국수)을 같이 즐겨 먹는다. 오늘날 태국사람은 코코넛밀크가 들어간 음식은 체중에 영향을 미치기 때문에 매우 조심해서 먹는다. 코코넛밀크를 많이 먹으면 살찔 수 있기 때문이다.

<u>ไวยากรณ์</u>

1. มีผลต่อ ...에 영향을 미친다

การทำรัฐประหารมีผลต่อเศรษฐกิจ 쿠데타는 경제에 영향을 미친다.

/ \ \ v v \ \ \ \

까-ㄴ 탐 랏 타 쁘라 하-ㄴ 미- 폰 떠- 쎄-ㅅ 타 낏

ความขยันมีผลต่อการทำงาน 성실은 근무에 영향을 미친다.

\ v v \

콰-ㅁ 카 얀 미- 폰 떠- 까-ㄴ 탐 응아-ㄴ

2. เนื่องด้วย ...때문에

เนื่องด้วยสภาพอากาศที่ไม่ดี เครื่องบินจึงลงจอดกระทันหัน

^ ^ \ ^ \ ^ ^ ^ \ \ v

느-엉 두-워이 싸 파-ㅂ 아- 까-ㅅ 티- 마이 디- 크르-엉 빈 쯩 롱 쩌-ㅅ 끄라 탄 한

날씨가 안 좋기 때문에 비행기가 갑작스럽게 착륙한다.

เนื่องด้วยพรุ่งนี้เป็นวันหยุด คนไทยจึงไปเที่ยว

^ ^ ^ / \ ^

느-엉 두-워이 프룽 니-뻰 완윷 콘 타이 쯩 빠이 티-여우

내일이 휴일이기 때문에 태국사람들은 놀러 간다.

3. ติดอันดับหนึ่ง 일등이다.

เขาสอบติดอันดับหนึ่งของประเทศ

v \ \ \ \ v \ ^

카오 써-ㅂ 띳 안 답 능 커-ㅇ 쁘라 테-ㅅ

그는 전국 일등으로 시험에 합격했다.

กรุงเทพเป็นสถานที่ท่องเที่ยวติดอันดับหนึ่งของเอเชียตะวันออกเฉียงใต้

^ \ v ^ ^ ^ \ \ \ v \ \

끄룽 테-ㅂ 뻰 싸 타-ㄴ 티- 터-ㅇ 티-여우 띳 안 답 능 커-ㅇ 에- 치아- 따 완 어-ㄱ

v ^

치-양 따-이

방콕은 동남아시아의 일등 관광지이다.

<u>คำถามท้ายบท</u>

1.ทำไมชาวต่างชาติถึงนิยมรับประทานแกงเขียวหวาน

....

2.คนไทยใช้มะเขืออะไรบ้างในการทำแกงเขียวหวาน

....

3.ทำไมพริกแกงเขียวหวานจึงมีสีเขียว

....

4.คนไทยนิยมรับประทานแกงเขียวหวานคู่กับอะไร

....

5.หากรับประทานอาหารกะทิมาก ๆ จะส่งผลอย่างไรต่อร่างกาย

....

깽키여우완 까이(แกงเขียวหวานไก่)

เรื่องที่ 10 ผัดไทย

ผัดไทยเป็นอาหารที่ได้รับอิทธิพลมาจากอาหารจีน เดิมเรียกว่า ก๋วยเตี๋ยวผัด และได้ปรับเปลี่ยนรสชาติให้ถูกปากคนไทย ผัดไทยทำมาจากเส้นเล็ก ไข่ ใบกุยช่าย ถั่วงอก หัวไชโป๊ เต้าหู้ ถั่วลิสง กุ้งแห้ง และ กุ้งสด คนไทยมักจะกินผัดไทยแกล้มกับใบกุยช่าย ถั่วงอกสดและหัวปลี ผัดไทยถือเป็นสัญลักษณ์สำหรับประเทศไทยและเป็นที่นิยมที่ชาวต่างชาติและคนไทยชอบรับประทาน ผัดไทยมีรสชาติกลมกล่อม ทานง่าย ไม่เผ็ดจนเกินไป ถ้าใครชอบรสชาติเปรี้ยวหรือเผ็ดก็สามารถบีบมะนาวเพิ่ม หรือ โรยพริกเพิ่มได้

<u>คำศัพท์</u>

　　　　　\ /
อิทธิพล [잇 티 폰] 영향

　　　　　ˇ　　ˇ
ก๋วยเตี๋ยว [꾸-워이 띠-여우] 쌀국수 요리

　　　　　　　\
ปรับเปลี่ยน [쁘랍 쁠리-얀] 변경하다

　　　　　\　\
ถูกปาก [투-ㄱ 빠-ㄱ] 입에 맞다, 맛있다

　　　　　ˇ / /
สัญลักษณ์ [싼 야 락] 심벌, 상징, 표징

บีบ [비-ㅂ] 손으로 꽉 조르다, 압축하다

โรย [로-이] 뿌리다

<u>**팟타이**</u>

팟타이는 중국음식의 영향을 받은 음식이다. 원래는 "꾸워이 띠여우 팟"이라고 불렀으며 태국사람 입맛에 맞게 만들었다. 팟타이는 "쎈 렉", 달걀, "바이 꾸이 차이", "투어 응억"(콩나물) "후어 차이 뽀", "따오 후"(두부), "투어리쏭"(땅콩), "꿍 행"(마른 새우), "꿍 솟"(생 새우)으로 만든다. 태국사람은 팟타이를 "바이 꾸이 차이", "투어 응억"(생 콩나물), "후워 쁠리"(바나나 꽃)와 함께 먹는다. 팟타이는 태국의 심볼로 여겨지며, 외국인과 태국인이 잘 먹는 음식이다. 팟타이는 맛이 부드럽고, 먹기 쉽고, 너무 맵지 않다. 만일 시거나 매운 맛을 좋아하면 레몬을 비틀어 첨가하거나 고추가루를 첨가할 수 있다.

<u>ไวยากรณ์</u>

1. ถูกปาก 입에 맞다

อาหารเกาหลีถูกปากทุกอย่าง

아- 하-ㄴ 까올 리- 투-ㄱ 빠-ㄱ 툭 야-ㅇ

한국 음식은 모두 다 입에 맞는다.

อาหารรสเผ็ดไม่ถูกปากชาวต่างชาติ

v / \ ^ \ \ \ ^
아-하-ㄴ 롯 펫 마이 투-ㄱ 빠-ㄱ차-우 따-ㅇ차-ㅅ

매운 음식은 외국인 입에 안 맞는다.

2. จนเกินไป 지나치게

เขาสายตาสั้นเพราะดูโทรทัศน์มากจนเกินไป

v v ^ / / / ^
카오 싸-이 따- 싼 프러 두- 토-라탓 마-ㄱ 쫀 끄ㅓ-ㄴ 빠이

그는 티비를 지나치게 시청하기 때문에 근시가 되었다.

เขากินมากจนเกินไป จึงปวดท้อง

v ^ \ /
카오 낀 마-ㄱ 쫀 끄ㅓ-ㄴ 빠이 쯩 뿌-웟 터-ㅇ

그는 지나치게 먹기 때문에 배가 아프다.

<u>คำถามท้ายบท</u>

1.ผัดไทยเป็นอาหารที่ได้รับอิทธิพลจากประเทศอะไร

....

2.ชื่อเดิมของผัดไทยคืออะไร

....

3.คนไทยนิยมรับประทานผัดไทยกับอะไร

....

4.ผัดไทยมีรสชาติเป็นอย่างไร

....

팟타이

เรื่องที่ 11 ส้มตำ

ส้มตำมีส่วนผสมหลักคือมะละกอดิบที่ขูดเป็นเส้นมาตำในครก มีรสชาติแตกต่างกันตามใจผู้บริโภค ถ้าชอบรสเผ็ดก็ใส่พริกเพิ่ม ชอบรสเปรี้ยวก็ใส่มะนาวเพิ่ม เป็นเมนูเพื่อสุขภาพและเหมาะสำหรับผู้ที่ต้องการลดน้ำหนัก คนไทยรับประทานส้มตำพร้อมกับข้าวเหนียวร้อนๆ หรือ ขนมจีน เส้นหมี่ แคบหมู ไก่ย่าง และผักสดหลายชนิด ส้มตำเป็นอาหารของภาคอีสาน คนอีสานนิยมใส่ปลาร้าในส้มตำ ส้มตำจึงมีรสเผ็ดเค็ม ส่วนคนไทยภาคกลางนิยมทานส้มตำรสเปรี้ยวหวาน ส้มตำมีหลายประเภท เช่น ส้มตำปลาร้า ส้มตำปู ส้มตำปูปลาร้า ส้มตำไทย และ ส้มตำลาว

<u>คำศัพท์</u>

มะละกอ	/ / [말 라 꺼-]	파파야
ดิบ	\\ [딥]	생것, 날것, 덜 익다
ขูด	\\ [쿠-ㅅ]	긁어내다, 갈다
เส้น	^ [쎄-ㄴ]	선, 열, 대열

ครก	/ [크록]	절구, 분쇄기
ผู้บริโภค	^ / ^ [푸- 버- 리 포-ㄱ]	고객, 소비자
สุขภาพ	\ \ ^ [쑥 카 파-ㅂ]	건강
ลดน้ำหนัก	/ / \ [롯 남 낙]	(몸이) 감량하다, 축나다
เส้นหมี่	^ \ [쎄-ㄴ 미-]	국수, 면
แคบหมู	^ v [캐-ㅂ 무-]	바삭하게 튀긴 돼지껍질

쏨땀

쏨땀의 기본 구성물은 말라꺼를 결 따라 긁어 절구에 빻은 것이다. 소비자에 따라서 맛이 다르다. 만일 매운 맛을 좋아하면 고추를 더 넣고, 신 맛을 좋아하면 레몬을 더 넣는다. 쏨땀은 건강을 위해서 체중을 줄이려는 사람에게 적합한 메뉴이다. 태국사람은 쏨땀을 더운 찹쌀밥이나 "카놈 찐", "쎈 미"(쌀 국수), "캡 무"(돼지 껍질 기름에 튀긴 것) , "까이 양"(구운 닭), 그리고 여러 종류의 야채와 먹는다. 쏨땀은 동북부 음식이다. 동북부 사람은 쏨땀에 "쁠라 라"를 즐겨 넣는다. 그래서 쏨땀이 맵고 짜다. 중부지방 사람은 시고, 단 쏨땀을 즐겨 먹는다. 쏨땀은 "쏨땀 쁠라 라", "쏨땀 뿌", "쏨땀 뿌 쁠라 라", "쏨땀 타이" 그리고 "쏨땀 라우" 등 여러 가지 종류가 있다.

ไวยากรณ์

1. เพิ่ม 증가하다, 첨가하다

เขาใส่นมข้นในกาแฟเพื่อเพิ่มความหวาน

v \ ^ ^ ^ v

카오 싸이 놈 콘 나이 까- 홰- 프-어 프ㅓ-ㅁ 콰-ㅁ 와-ㄴ

그는 커피의 단맛을 더내기 위해 연유를 넣는다.

นักมวยเพิ่มน้ำหนักก่อนขึ้นชก

/ ^ / \ \ ^ /

낙 무-워이 프ㅓ-ㅁ 남 낙 꺼-ㄴ 큰 촉

권투선수는 경기 전에 체중을 늘인다.

2. ตามใจ 마음 대로

ไปที่ไหนก็ได้ ตามใจคุณ

^ v ^ ^

빠이 티- 나이 꺼 다이 따-ㅁ 짜이 쿤

당신 마음 대로 아무데나 갈 수 있다.

เด็กนิสัยไม่ดี เพราะพ่อแม่ตามใจมากเกินไป

\ / v ^ / ^ ^ ^

덱 니 싸이 마이 디- 프러 퍼- 매- 따-ㅁ 짜이 마-ㄱ 끄ㅓ-ㄴ 빠이

아이의 성격이 나쁘다. 부모님이 지나치게 방임하기 때문이다.

3. พร้อมกับ ...와/과 동시에

เขานอนพร้อมกับน้องชาย 그는 남동생과 동시에 잤다.

ˇ / \ /
카오 너-ㄴ 프러-ㅁ 깝 너-ㅇ 차-이

เขากินข้าวพร้อมกับอ่านหนังสือไปด้วย

ˇ ^ / \ \ ˇ ˇ ^
카오 낀 카-우 프러-ㅁ 깝 아-ㄴ 낭 쓰- 빠이 두-워이

그는 밥을 먹는 동시에 책을 읽는다.

<u>คำถามท้ายบท</u>

1.ส่วนผสมหลักของส้มตำคืออะไร

....

2.หากต้องการส้มตำที่มีรสเปรี้ยวต้องใส่สิ่งใดเพิ่ม

....

3.คนไทยนิยมรับประทานส้มตำกับอะไร

....

4.คนอีสานนิยมใส่อะไรลงไปในส้มตำ

....

5.ส้มตำมีกี่ประเภท อะไรบ้าง

....

쏨땀

เรื่องที่ 12 น้ำตก

น้ำตกเป็นอาหารอีสาน มีรสชาติจัดจ้าน น้ำตกหมายถึงการนำเนื้อวัว เนื้อหมู เนื้อไก่ มาย่างให้สุกเล็กน้อย หั่นเป็นชิ้นบางๆ หรือสับ แล้วปรุงด้วยเครื่องปรุงและสมุนไพรต่างๆ ที่ช่วยเสริมรสชาติ คนไทยรับประทาน น้ำตกกับข้าวเหนียว ส้มตำ ซุปหน่อไม้ และผักสดต่างๆ ปัจจุบันมีประชากรในภาคอีสานมาทำงานในกรุงเทพฯ จำนวนมาก และเปิดร้านขายอาหารอีสาน ทำให้คนภาคอื่นๆ มีโอกาสลิ้มลองอาหารอีสาน อาหารอีสานมีรสชาติเผ็ดจัดจ้าน เข้าถึงรสของสมุนไพรไทย เช่น ตะไคร้กับใบมะกรูด ที่มักใส่ในอาหารอีสานเกือบทุกชนิด ไม่ว่าจะเป็นลาบ ก้อย น้ำตก แกงอ่อม ต้มแซ่บ เป็นต้น

<u>คำศัพท์</u>

สุก	\ [쑥]	잘 익다, 성숙하다
จัดจ้าน	\ ^ [짯 짜-ㄴ]	진한 맛
หั่น	\ [한]	잘게 썰다
สับ	\ [쌉]	잘게 다지다

เสริม	[쓰ㅓ-ㅁ] ˇ	강화하다, 증가시키다
เดินทาง	[드ㅓ-ㄴ 타-ㅇ]	여행하다, 길을 걷다
งานประจำ	[응아-ㄴ 쁘라 짬] \	일상 하는 일
ร้านอาหาร	[라-ㄴ 아- 하-ㄴ] / ˇ	음식점, 식당
ขาย	[카-이] ˇ	팔다
ลิ้มลอง	[림 러-ㅇ] /	맛을 보다

남 똑

남똑은 동북부 음식으로 맛이 강하다. 남똑은 소, 돼지, 닭 고기를 구워서 조금 익힌 후, 얇게 썰거나 다져서, 맛을 낼 수 있는 양념과 허브로 요리한 음식이다. 태국사람은 남똑을 찹쌀밥, 쏨땀, 대나무 순, 여러 가지 야채와 함께 먹는다. 오늘날 많은 동북부 사람 들이 방콕에서 일하며 동북부 음식점을 개점해 다른 지방 사람도 동북부 음식을 맛 볼 기회가 있다. 동북부 음식은 맛이 매우 맵고, 강하다. "따크라이"와 "바이 마끄룻"은 "랍", "꺼이", "남 똑", "깽 엄", "쌥"을 불문하고 거의 모든 종류의 동북부 음식에 넣는다.

ไวยากรณ์

1. เกือบ 거의

ฉันเคยไปเกือบทุกประเทศในเอเชีย

v \ / \ ^

찬 크ㅓ-이 빠이 끄어-ㅂ 투-ㄱ 쁘라 테-ㅅ 나이 에-치아

나는 거의 모든 아시아 국가에 가 본 적이 있다.

เขาเกือบสอบตกในวิชาภาษาอังกฤษ

v \ \ \ / v \

카오 끄-업 써-ㅂ 똑 나이 위 차- 파- 싸- 앙 끄릿

그는 영어 시험에 거의 불합격할 뻔 했다.

2. ไม่ว่าจะ ...을/를 불문하다

ไม่ว่าจะข้าวหรือก๋วยเตี๋ยว ฉันกินได้

^ ^ \ ^ v v v v ^

마이 와- 짜 카-우 르- 꾸-워이 띠-여우 찬 낀 다이

밥, 국수를 불문하고 나는 먹을 수 있다.

ไม่ว่าลูกจะดีหรือร้ายพ่อแม่ก็รัก

^ ^ ^ \ v / ^ ^ ^ /

마이 와- 루-ㄱ 짜 디- 르- 라-이 퍼- 매- 꺼- 락

자식이 좋든 나쁘든 부모님은 자식을 사랑한다.

3. ลอง ...해 보다

เขาลองกินผักชี 그는 팍치를 먹어 봤다.

ˇ \
카오 러-ㅇ 낀 팍 치-

ขอลองใส่เสื้อตัวนี้ได้ไหม 이 옷을 입어 봐도 돼요?

ˇ \ ^ / ^ ˇ
커- 러-ㅇ 싸이 쓰-어 뚜-워 니- 다이 마이

<u>คำถามท้ายบท</u>

1.น้ำตก คืออาหารที่มีการทำอย่างไร

....

2.น้ำตกมีรสชาติอย่างไร

....

3.คนอีสานนิยมรับประทานน้ำตกกับอะไร

....

4.ทำไมคนภาคอื่น ๆ ถึงได้มีโอกาสกินอาหารอีสาน

....

남똑

เรื่องที่ 13 ขันโตก

ขันโตกเป็นอาหารภาคเหนือของประเทศไทย ขันโตก หรือ โตก คือ ภาชนะที่ใช้สำหรับวางสำรับอาหารของชาวล้านนา ส่วนมากขันโตกทำด้วยไม้และหวาย คนเหนือใช้ขันโตกเป็นภาชนะที่วางถ้วยอาหารกับข้าว นอกจากนั้นขันโตกยังใช้ในการใส่ดอกไม้ธูปเทียนเครื่องคำนับ และใส่ผลหมากรากไม้ ขันโตกมีสามขนาดด้วยกัน คือ ขันโตกหลวง ที่ทำจากไม้ขนาดใหญ่ ประชาชนจึงนิยมทำขันโตกหลวงไปถวายวัด ต่อมา ขันโตก ฮามที่มีขนาดกลาง มักใช้ในครอบครัวใหญ่ เช่น เศรษฐี สุดท้าย ขันโตกหน้อยที่มีขนาดเล็ก ใช้ในครอบครัวเล็ก ผู้ที่รับประทานคนเดียว หรือ อาหารที่ใส่มีจำนวนน้อย

<u>คำศัพท์</u>

ภาชนะ	[파- 차 나] (/ /)	용기
สำรับ	[쌈 랍] (ˇ \)	요리를 늘어놓는 밥상, 셋트, 한벌
ถ้วย	[투-워이] (^)	잔, 컵
ชาว	[차-우]	거주지역의 사람들

หวาย	[와-이]	등나무
คำนับ	[캄 납]	경의를 표하다
ผลหมากรากไม้	[폰 마-ㄱ 라-ㄱ 마이]	과일
เศรษฐี	[쎄-ㅅ 티-]	부자, 재벌

칸똑

칸똑은 태국 북부 음식이다. "칸똑" 또는 "똑"은 란나 사람들의 음식 쟁반을 놓는 데 사용하는 용기이다. 칸똑은 대부분 나무와 등나무로 만든다. 북부 사람은 칸똑을 음식 사발과 밥을 놓는 용기로 사용했다. 이외에도 칸똑은 꽃, 선향, 양초, 공양물을 놓거나 과일을 놓는데 사용한다. 칸똑은 세가지 크기가 있다. 큰 규모의 나무에서 만든 "칸똑 루웡"이 있다. 사람들은 칸똑 루웡을 만들어 사원에 가서 공양하는 것을 좋아한다. 중간크기의 "칸똑 함"은 대부분 갑부들 대가족 내에서 사용한다. 마지막으로 소규모의 "칸똑 너이"는 소가족, 혼자 먹는 사람이나 소량 음식에 사용된다.

ไวยากรณ์

1. ต่อมา　　그 후, 그 다음

เธอเป็นคนไม่มีศาสนา แต่ต่อมาเธอนับถือศาสนาพุทธ

^ \ \ v \ \ / v \ \ v /

트ㅓ- 뻰 콘 마이 미- 싸-ㅅ 싸 나- 때- 떠- 마- 트ㅓ- 납 트- 싸-ㅅ 싸 나- 풋

그녀는 무교였지만 나중에 불교를 믿게 된다.

ต่อมาไม่นาน เขาก็แต่งงานกับคนรัก

\ ^ v ^ \ \ /

떠-마-마이 나-ㄴ 카오 꺼- 때-ㅇ 응아-ㄴ 깝 콘 락

얼마 후, 그는 사랑하는 사람과 결혼했다.

2. สำหรับ　　…하기 위해

เขาใช้คอมพิวเตอร์สำหรับเล่นเกม

v / / ^ v \ ^

카오 차이 커-ㅁ 피우 뜨ㅓ- 쌈 랍 레-ㄴ 께-ㅁ

그는 게임을 하기 위해 컴퓨터를 사용한다.

คนจีนใช้ตะเกียบสำหรับกินข้าว

/ \ \ v \ ^

콘 찌-ㄴ 차이 따 끼-얍 쌈 랍 낀 카-우

중국인은 밥을 먹기 위해 젓가락을 사용한다.

คำถามท้ายบท

1.ขันโตกคืออะไร

……………………………………………………………………………………………

2.ขันโตกเป็นวัฒนธรรมของคนไทยภาคใด

……………………………………………………………………………………………

3.ขันโตกทำมาจากสิ่งใด

……………………………………………………………………………………………

4.นอกจากนำขันโตกมาวางถ้วยอาหารแล้ว คนไทยยังนำขันโตกมาทำอะไร

……………………………………………………………………………………………

5.ขันโตกชนิดใดที่ประชาชนนิยมนำไปถวายวัด

……………………………………………………………………………………………

칸똑

เรื่องที่ 14 แกงไตปลา

แกงไตปลาเป็นอาหารทางภาคใต้ของประเทศไทย แกงไตปลามีไตปลาเป็นส่วนประกอบที่สำคัญ มีทั้งแบบที่ใส่กะทิและไม่ใส่กะทิ น้ำพริกแกงประกอบด้วย พริกขี้หนูแห้ง เกลือ พริกไทยเม็ด ตะไคร้ ผิวมะกรูด กระเทียม ขมิ้น หอม และกะปิ ไตปลาหรือพุงปลาเป็นการถนอมอาหารอย่างหนึ่ง โดยหมักดองกระเพาะของปลาทู ปลาดุก ปลาช่อน หรือปลาอื่นๆ มาหมักกับเกลือไว้ประมาณ 10-30 วันก็ใช้ได้ ไตปลามีรสเค็ม ฉะนั้นจึงมักกินกับผักสด คนไทยนิยมนำไตปลามาทำน้ำพริกไตปลา แกงพุงปลา หรือ ไตปลาผัดกับน้ำพริกแกง เป็นต้น

<u>คำศัพท์</u>

ไตปลา [따이 쁠라-] 물고기 내장으로 만든 소스

\ /
กะทิ [까 티] 야자즙

\ ˇ
ถนอม [타 너-ㅁ] 보존하다

\
หมักดอง [막 더-ㅇ] 천천히 발효시켜 보존하다

\ /
กระเพาะ [끄라 퍼] 위

ผัก	\ [팍]	야채
สด	\ [쏫]	신선하다, 싱싱하다

<u>깽 따이쁠라</u>

깽 따이쁠라는 남부지방 음식이다. 깽 따이 쁠라는 따이쁠라가 중요한 구성물이다. 까티를 넣는 것과 안 넣는 형태가 있다. (깽 따이쁠라를 만드는 양념장) "남프릭 깽"은 "프릭 키 누 행", 소금, "프릭 타이멧" "따크라이", "피우 마끄룻", 마늘, "카민", 양파, "까뻬" 로 만든다. 따이쁠라 또는 "풍 쁠라"는 음식 보관의 한 방법이다. "쁠라 투"(고등어), "쁠라둑"(메기), "쁠라천" (가물치) 또는 다른 물고기 위를 소금에 저려 10-30 일간 발효시켜 만들 수 있다. 따이 쁠라의 맛은 짜서 대부분 생야채와 함께 먹는다. 태국사람은 따이쁠라를 가지고 "남프릭 따이쁠라", "깽 풍 쁠라" 또는 "따이 쁠라 팍"과 "남프릭 깽" 등을 즐겨 만든다.

<u>ไวยากรณ์</u>

1. ฉะนั้น　　그래서, 그러므로, 그런 이유로

ที่ทำการไปรษณีย์ปิด ฉะนั้นฉันจึงส่งพัสดุไม่ได้

^ \ \ \ / v \ / \ \ ^ ^
티- 탐 까-ㄴ 쁘라이 싸 니- 뻿 차 난 찬 쯩 쏭 팟 싸 두 마이 다이

우체국이 닫혀서 나는 소포를 보낼 수가 없다.

เธออ้วน ฉะนั้นต้องหยุดกินของหวาน

^ \ / ^ \ v v

트ㅓ- 우-원 차 난 떠-ㅇ 윳 낀 커-ㅇ 와-ㄴ

그녀는 뚱뚱하다. 그래서 단 것 먹는 것을 중지해야 한다.

2. เป็นต้น

ในซูเปอร์มาร์เก็ตมีผลไม้ ข้าว นม เป็นต้น

^ / v / / ^ ^

나이 쑤 쁘ㅓ- 마 껫 미- 폴 라 마이 카-우 놈 뻰 똔

슈퍼마켓에 과일,쌀,우유 등이 있습니다.

<u>คำถามท้ายบท</u>

1.แกงไตปลาเป็นอาหารของคนไทยภาคใด

....

2.อะไรคือส่วนประกอบสำคัญในการทำแกงไตปลา

....

3.น้ำพริกแกงไตปลามีอะไรเป็นส่วนประกอบบ้าง

....

4.การหมักดองพุงปลาเพื่อถนอมอาหารใช้เวลากี่วัน

....

5.คนไทยนิยมนำไตปลามาทำอาหารอะไร

....

เรื่องที่ 15 ผลไม้ไทย

ประเทศไทยมีแผ่นดินและสภาพอากาศเหมาะกับการเพาะปลูก ฉะนั้นประเทศไทยจึงมีผลไม้หลากหลายตลอดปีและแตกต่างกันในแต่ละภาค ผลไม้ไทยนับเป็นพืชเศรษฐกิจที่สำคัญที่ทำรายได้เข้าประเทศ ผลไม้ที่มีมูลค่าในการส่งออกสูงและเป็นที่นิยมในต่างประเทศ เช่น ลำไย ทุเรียน ลิ้นจี่ มังคุด มะม่วง ส้มโอ เงาะ สับปะรด มะพร้าวน้ำหอม มะขาม เป็นต้น ส่วนผลไม้ที่คนไทยนิยมรับประทาน คือ กระท้อน ชมพู่ น้อยหน่า พุทรา มะปราง ฝรั่ง ลองกอง ลางสาด สละ ขนุน มะนาว องุ่นและกล้วย เป็นต้น

<u>คำศัพท์</u>

สภาพอากาศ	\ ^ \ [싸 파-ㅂ 아- 까-ㅅ]	기상, 기후
เพาะปลูก	/ [퍼 쁠루-ㄱ]	심다, 기르다, 재배하다
หลากหลาย	\ v [라-ㄱ 라-이]	가지각색이다
พืชเศรษฐกิจ	^ \ \ \ [프-ㅅ 쎄-ㅅ 타 낏]	경제작물
มูลค่า	/ ^ [무-ㄴ 라 카-]	가격, 가치

과일

태국은 토지와 기후가 과일 재배에 적합하여 1 년 내내 과일 종류가 많고 지역에 따라 다르다. 과일은 태국에 수입을 가져다 주는 중요한 경제작물이다. 수출가격이 높고 외국에서 좋아하는 과일은 다음과 같은 것들이 있다. "람야이"(longan), "투리얀"(durian), "린찌"(lichee), "망쿳"(mangosteen), "마무왕"(mango), "쏨오"(pomelo), "응어"(rambutan), "쌉빠롯"(pineapple), "마프라우 남험"(coconut), "마캄"(tamarind) 등이다. 태국사람이 즐겨 먹는 과일은 "끄라턴", "촘푸"(rose apple), "너이 나"(custard apple), "풋싸"(대추), "마쁘랑"(monkey apple), "화랑"(guava), "렁 껑", "랑", "쌀라", "카눈"(Jackfruit), "마나우"(레몬), "아응운"(포도), 끌루어이(바나나) 등이 있다.

<u>ไวยากรณ์</u>

1. เหมาะกับ ...에 적합하다, 어울리다

กับ 뒤에는 명사, 대명사, การ + 동사 등 명사 상당어가 온다.

ผมทรงนั้นเหมาะกับเขา 그 머리 스타일은 그와 어울리다.

ˇ / \ \ ˇ
폼 쏭 난 머 깝 카오

อาหารประเภทซุปเหมาะกับการทานในฤดูหนาว

ˇ \ ^ / \ \ / ˇ
아- 하-ㄴ 쁘라 페-ㅅ 숩 머 깝 까-ㄴ 타-ㄴ 나이 르 두- 나-우

수프 종류 음식은 겨울철에 먹는 게 적합하다.

2. นับเป็น 간주하다, 여기다

เขาได้เหรียญทองโอลิมปิกซึ่งนับเป็นครั้งแรกในประวัติศาสตร์ไทย

ˇ ^ ˇ \ ^ / / ^ \ \ \
카오 다이 리-얀 터-ㅇ 오- 림 삑 씅 납 뻰 크랑 래-ㄱ 나이 쁘라 왓 싸-ㅅ 타이

그는 태국 역사상 최초로 간주되는 올림픽 금메달을 땄다.

นับเป็นเรื่องที่ดีที่ประเทศไทยจะมีรถไฟความเร็วสูง

/ ^ ^ ^ \ ^ \ / ˇ
납 뻰 르-엉 티- 디- 티- 쁘라 테-ㅅ 타이 짜 미- 롯 화이 콰-ㅁ 레우 쑤-ㅇ

태국에 고속철도가 있는 것은 좋은 일로 간주된다.

<u>คำถามท้ายบท</u>

1.เพราะอะไรประเทศไทยจึงมีผลไม้หลากหลายและมีตลอดปี

....

2.ผลไม้ไทยอะไรบ้างที่นิยมในต่างประเทศ

....

3.คนไทยนิยมรับประทานผลไม้อะไร

....

4.ผลไม้ไทยอะไรที่คนเกาหลีนิยมรับประทาน

....

5.ในประเทศเกาหลีผลไม้ชนิดใดเป็นที่นิยม

....

(과일의 왕과 여왕)

'과일의 왕'이라고 불리는 투리얀은 고약한 암모니아 냄새 때문에 일부 호텔에서는 반입을 금지하기도 한다. 껍질에는 울퉁불퉁한 가시가 돋아 있지만, 말랑말랑한 크림색 속살은 고소한 맛을 낸다. 먹고 나면 술을 마신듯 약간 열이 나는 것이 특징으로 열대 과일 가운데 가장 비싸다. 투리얀을 아이스크림, 사탕, 주스, 잼, 양갱 등으로 가공한 제품도 인기가 있다.

'과일의 여왕'으로 불리는 망쿳은 그 짙은 자주색 껍질 아래쪽을 손으로 눌러 벗겨내면 안에는 흰색의 보드라운 속살이 마늘처럼 붙어 있다. 즙이 많고 단 맛이 나며, 안쪽 껍질에서 흐르는 물은 색소가 강하므로 옷에 묻지 않도록 조심해야 한다.

제 3 부

연습 문제 해답

เฉลย

บทที่ 1 ภูมิประเทศ

เรื่องที่ 1 ที่ตั้ง

1. ประเทศไทยมีชื่อเดิมว่าอย่างไร

<u>ตอบ</u> ประเทศไทยมีชื่อเดิมว่า สยาม

2. ประเทศไทยมีรูปร่างคล้ายกับสิ่งใด

<u>ตอบ</u> ประเทศไทยมีรูปร่างคล้าย ขวาน

3. พรมแดนภาคตะวันออกของประเทศไทยติดต่อกับประเทศใด

<u>ตอบ</u> พรมแดนภาคตะวันออกของประเทศไทยติดต่อกับประเทศลาวและกัมพูชา

เรื่องที่ 2 ภูมิภาค

1. ในปัจจุบันประเทศไทยแบ่งเป็นกี่ภาค

<u>ตอบ</u> ปัจจุบันประเทศไทยแบ่งเป็น 6 ภาค

2. เมืองหลวงของประเทศไทยมีชื่อว่าอย่างไร

<u>ตอบ</u> เมืองหลวงของประเทศไทยมีชื่อว่า กรุงเทพมหานคร

3. เมืองหลวงของประเทศไทยตั้งอยู่ในภาคใด

<u>ตอบ</u> เมืองหลวงของประเทศไทยตั้งอยู่ในภาคกลาง

เรื่องที่ 3 สภาพอากาศ

1. ประเทศไทยมีอุณหภูมิเฉลี่ยกี่องศาเซลเซียส

<u>ตอบ</u> ประเทศไทยมีอุณหภูมิเฉลี่ย 19-38 องศาเซลเซียส

2. ประเทศไทยมีกี่ฤดู อะไรบ้าง

<u>ตอบ</u> ประเทศไทยมี 3 ฤดู ได้แก่ ฤดูร้อน ฤดูฝน และฤดูหนาว

3. เดือนพฤษภาคมถึงเดือนตุลาคมอยู่ในฤดูใด

<u>ตอบ</u> เดือนพฤษภาคมถึงเดือนตุลาคมอยู่ในฤดูฝน

บทที่ 2 ประวัติศาสตร์ไทย

เรื่องที่ 1 สมัยสุโขทัย

1. ราชวงศ์ใดที่ขึ้นปกครองอาณาจักรสุโขทัยเป็นลำดับแรก

<u>ตอบ</u> ราชวงศ์ที่ขึ้นปกครองอาณาจักรสุโขทัยเป็นลำดับแรก คือ ราชวงศ์พระร่วง

2. กษัตริย์พระองค์แรกที่ขึ้นปกครองสุโขทัยมีชื่อว่าอะไร

<u>ตอบ</u> กษัตริย์พระองค์แรกที่ขึ้นปกครองสุโขทัย คือ พ่อขุนศรีอินทราทิตย์

3. อาณาจักรสุโขทัยใช้การปกครองบ้านเมืองแบบใด

<u>ตอบ</u> อาณาจักรสุโขทัยใช้การปกครองบ้านเมืองแบบพ่อปกครองลูก

เรื่องที่ 2 สมัยอยุธยา

1. ใครที่สร้างเมืองอยุธยาขึ้นมาใหม่

ตอบ ผู้ที่สร้างเมืองอยุธยา คือ กลุ่มคนไทยที่อาศัยอยู่บริเวณลุ่มแม่น้ำเจ้าพระยาตอนล่าง

2. เมืองที่สร้างขึ้นใหม่ในสมัยอยุธยามีชื่อว่าอย่างไร

ตอบ เมืองที่สร้างขึ้นใหม่ในสมัยอยุธยามีชื่อว่า กรุงศรีอยุธยา

3. สมัยกรุงศรีอยุธยามีการปกครองยาวนานกี่ปี

ตอบ กรุงศรีอยุธยามีการปกครองยาวนาน 417 ปี

เรื่องที่ 3 สมัยกรุงธนบุรี

1. กรุงธนบุรีได้ย้ายอาณาจักรไปอยู่บริเวณใด หลังจากอาณาจักรอยุธยาล่มสลาย

ตอบ กรุงธนบุรีได้ย้ายอาณาจักรไปอยู่บริเวณฝั่งตะวันออกของแม่น้ำเจ้าพระยาหลังจากอาณาจักรอยุธยาล่มสลาย

2. กรุงธนบุรีมีพระมหากษัตริย์ปกครองทั้งหมดกี่พระองค์

ตอบ กรุงธนบุรีมีพระมหากษัตริย์ปกครองพระองค์เดียว

3. กรุงธนบุรีมีระบบการปกครองบ้านเมืองเป็นแบบใด

ตอบ กรุงธนบุรีมีระบบการปกครองแบบสมบูรณาญาสิทธิราช

เรื่องที่ 4 สมัยรัตนโกสินทร์

1. กษัตริย์พระองค์แรกของกรุงรัตนโกสินทร์มีพระนามว่าอย่างไร

ตอบ กษัตริย์พระองค์แรกของกรุงรัตนโกสินทร์มีพระนามว่าพระบาทสมเด็จพระพุทธยอดฟ้าจุฬาโลกมหาราช

2. กรุงเทพมหานครเดิมมีชื่อว่าอย่างไร

ตอบ ชื่อเดิมของกรุงเทพมหานคร คือ กรุงรัตนโกสินทร์

3. ในปัจจุบันประเทศไทยใช้ระบบการปกครองบ้านเมืองแบบใด

ตอบ ในปัจจุบันประเทศไทยปกครองแบบประชาธิปไตย

เรื่องที่ 5 พ่อขุนรามกำแหงมหาราช

1. พ่อขุนรามคำแหงมหาราชเป็นกษัตริย์ในราชวงศ์ใดของอาณาจักรสุโขทัย

ตอบ พ่อขุนรามคำแหงมหาราชเป็นกษัตริย์ในราชวงศ์พระร่วง

2. เพราะเหตุใดพ่อขุนรามคำแหงจึงได้รับการยกย่องเป็น "มหาราช"

ตอบ เพราะพระองค์ได้สร้างคุณประโยชน์มากมายแก่แผ่นดินไทย

3. ผลงานสำคัญที่สุดของพ่อขุนรามคำแหงมหาราชที่มีต่อชาติไทยคืออะไร

ตอบ ผลงานที่สำคัญที่สุดของพ่อขุนรามคำแหงคือ การประดิษฐ์ตัวอักษรไทย

เรื่องที่ 6 สมเด็จพระนเรศวรมหาราช

1. สมเด็จพระนเรศวรมหาราชมีพระนามเดิมว่าอย่างไร

ตอบ พระนามเดิมของสมเด็จพระนเรศวรมหาราช คือ พระองค์ดำ

2. สมเด็จพระนเรศวรมหาราชปกครองกรุงศรีอยุธยารวมทั้งหมดกี่ปี

ตอบ สมเด็จพระนเรศวรมหาราชปกครองกรุงศรีอยุธยา 15 ปี

3. เหตุการณ์สำคัญที่สมเด็จพระนเรศวรมหาราชได้สร้างขึ้นคือเหตุการณ์ใด

ตอบ เหตุการณ์สำคัญที่สมเด็จพระนเรศวรมหาราชได้สร้างขึ้นคือการกู้อิสรภาพให้ชาติไทยจากการเสียกรุงครั้งแรก

เรื่องที่ 7 สมเด็จพระเจ้าตากสินมหาราช

1. สมเด็จพระเจ้าตากสินมหาราชทรงเป็นพระมหากษัตริย์ในสมัยใดของชาติไทย

ตอบ สมเด็จพระเจ้าตากสินมหาราชทรงเป็นพระมหากษัตริย์ในสมัยกรุงธนบุรี

2. ชาติใดที่เข้าปกครองกรุงศรีอยุธยาก่อนที่สมเด็จพระเจ้าตากสินมหาราชจะขับไล่ออกจากชาติไทย

ตอบ ชาติที่เข้าปกครองกรุงศรีอยุธยาก่อนโดนขับไล่คือ พม่า

3. สมเด็จพระเจ้าตากสินมหาราชทรงฟื้นฟูพัฒนาประเทศในด้านใดบ้าง

ตอบ สมเด็จพระเจ้าตากสินมหาราชทรงฟื้นฟูพัฒนาประเทศในด้านเศรษฐกิจ ศาสนา ศิลปวัฒนธรรม วรรณกรรม การศึกษา

เรื่องที่ 8 รัชกาลที่ 5

1. พระนามเต็มของพระพุทธเจ้าหลวงมีว่าอย่างไร

ตอบ พระบาทสมเด็จพระปรมินทรมหาจุฬาลงกรณ์ฯ พระจุลจอมเกล้าเจ้าอยู่หัว

2. รัชกาลที่ 5 ทรงเป็นพระมหากษัตริย์แห่งราชวงศ์ใด

ตอบ รัชกาลที่ 5 ทรงเป็นพระมหากษัตริย์ในราชวงศ์จักรี

3. เส้นทางรถไฟสายแรกในประเทศไทยเริ่มต้นจากจังหวัดใดถึงจังหวัดใด

ตอบ เส้นทางรถไฟสายแรกในประเทศไทยเริ่มต้นกรุงเทพมหานคร ถึงนครราชสีมา

4. เพราะเหตุใดประชาชนชาวไทยจึงเคารพและเทิดทูนสมเด็จพระจุลจอมเกล้าเจ้าอยู่หัว รัชกาลที่ 5

ตอบ เพราะพระองค์ทรงพระกรุณาโปรดเกล้าฯ ให้มีการเลิกทาสและนำระบบความจริญของชาติตะวันตกมาพัฒนาประเทศไทย

5. พระราชสมัญญานาม ของสมเด็จพระจุลจอมเกล้าเจ้าอยู่หัว รัชกาลที่ 5 มีความหมายว่าอย่างไร

ตอบ พระราชสมัญญานาม ของรัชกาลที่ 5 มีความหมายว่า พระมหากษัตริย์ผู้ทรงเป็นที่รักยิ่งของปวงชน

เรื่องที่ 9 รัชกาลที่ 9

1. พระมหากษัตริย์พระองค์ปัจจุบันของประเทศไทยมีพระนามว่าอย่างไร

ตอบ พระมหากษัตริย์พระองค์ปัจจุบันของประเทศไทยมีพระนามว่า

พระบาทสมเด็จพระปรมินทรมหาภูมิพลอดุลยเดช

2. โครงการในพระราชดำริในพระบาทสมเด็จพระเจ้าอยู่หัวรัชกาลที่ 9 สร้างขึ้นเพื่อสาเหตุใด

ตอบ โครงการในพระราชดำริสร้างขึ้นเพื่อ สร้างประโยชน์แก่ประชาชนและประเทศไทย

3. ปัจจุบันประเทศไทยในสมัยรัตนโกสินทร์มีพระมหากษัตริย์รวมทั้งหมดกี่พระองค์

ตอบ ประเทศไทยในสมัยรัตนโกสินทร์มีพระมหากษัตริย์รวม 9 พระองค์

บทที่ 3 สังคมไทย

เรื่องที่ 1 นิสัยคนไทย

1. คนไทยมีนิสัยเป็นอย่างไร

ตอบ คนไทยยึดติดความสบาย พิถีพิถันในการทำงาน เกรงใจ เคารพผู้ใหญ่

2. ในเวลาที่พูดคุยหรือทักทายกันคนไทยจะมีลักษณะพิเศษอย่างไร

ตอบ ลักษณะพิเศษของคนไทยคือ มีรอยยิ้มตลอดเวลา

3. เพราะอะไรชาวต่างชาติจึงหลงใหลความเป็นคนไทย

ตอบ เพราะคนไทยมีมิตรไมตรี และมีรอยยิ้มอยู่เสมอ

เรื่องที่ 2 ธงชาติไทย

1. ธงชาติไทยมีใช้ครั้งแรกเมื่อใด

<u>ตอบ</u> ธงชาติไทยมีใช้ครั้งแรกในสมัยรัชกาลที่ 6 ของกรุงรัตนโกสินทร์

2. ธงชาติไทยมีกี่สี สีอะไรบ้าง

<u>ตอบ</u> ธงชาติไทยมี 3 สี ได้แก่สีแดง สีขาว สีน้ำเงิน

3. ความบริสุทธิ์ ความสะอาด คือความหมายของสีอะไร

<u>ตอบ</u> ความหมายของ สีขาว

เรื่องที่ 3 ดอกไม้ประจำชาติไทย

1. ดอกไม้ประจำชาติไทยคือดอกอะไร

<u>ตอบ</u> ดอกไม้ประจำชาติไทยคือ ดอกราชพฤกษ์

2. ในภาษาเหนือเรียกดอกไม้ประจำชาติไทยว่าอย่างไร

<u>ตอบ</u> ในภาษาเหนือเรียกดอกราชพฤกษ์ว่ ดอกลมแล้ง

3. ดอกราชพฤกษ์จะบานในช่วงใดของปี

<u>ตอบ</u> ดอกราชพฤกษ์จะบานในช่วงเดือนกุมภาพันธ์ถึงเดือนพฤษภาคม

4. ดอกราชพฤกษ์มีสีอะไร

<u>ตอบ</u> ดอกราชพฤกษ์มีสีเหลือง

5. ทำไมคนไทยจึงนำต้นราชพฤกษ์มาปลูกไว้ที่บ้าน

<u>ตอบ</u> เพราะคนไทยมีความเชื่อว่าจะทำให้มีเกียรติ มีศักดิ์ศรี

เรื่องที่ 4 ครอบครัวไทย

1. ในอดีตสังคมไทยนิยมทำอาชีพอะไร

ตอบ ในอดีตสังคมไทยทำเกษตรกรรม

2. มีใครอยู่ในครอบครัวใหญ่บ้าง

ตอบ ครอบครัวใหญ่ประกอบด้วย พ่อ แม่ ลูก ปู่ ย่า ยาย ตา ทวด พี่ ป้า น้า อา

3. ปัจจุบันสังคมไทยมีครอบครัวเป็นอย่างไร

ตอบ ปัจจุบันครอบครัวไทยเป็นครอบครัวเดี่ยว คือ มีพ่อ แม่ ลูก

เรื่องที่ 5 การเมืองไทย

1. ระบบการปกครองของไทยใครเป็นประมุขของประเทศ

ตอบ ประมุขของประเทศไทยคือ พระมหากษัตริย์

2. ระบบการเมืองไทยใครเป็นหัวหน้ารัฐบาล

ตอบ หัวหน้ารัฐบาลคือ นายกรัฐมนตรี

3. การจัดตั้งรัฐบาลของประเทศเป็นแบบใด

ตอบ การจัดตั้งรัฐบาลของประเทศเป็นแบบพรรคการเมืองหลายพรรครวมกัน

4. ทำไมประเทศไทยจึงเกิดการรัฐประหาร

ตอบ ประเทศไทยทำรัฐประหาร เพราะ มีการต่อสู้ระหว่างกลุ่มการเมือง

เรื่องที่ 6 การศึกษาไทย

1. ประเทศไทยกำหนดให้คนไทยต้องเรียนอย่างน้อยกี่ปี

ตอบ คนไทยต้องเรียนอย่างน้อย 9 ปี

2. การศึกษาภาคบังคับต้องเรียนระดับชั้นใดถึงระดับชั้นใด

ตอบ การศึกษาภาคบับคับเรียนตั้งแต่ประถมศึกษาปีที่ 1 ถึงมัธยมศึกษาปีที่ 3

3. การศึกษาขั้นพื้นฐานของประเทศไทยเรียนทั้งหมดกี่ปี

ตอบ การศึกษาขั้นพื้นฐานของไทยเรียนทั้งหมด 12 ปี

4. ระดับชั้นมัธยมศึกษาตอนปลายเรียนระดับชั้นใดถึงระดับชั้นใด

ตอบ มัธยมศึกษาตอนปลายคือ ตั้งแต่ชั้นมัธยมศึกษาปีที่ 4 ถึง ชั้นมัธยมศึกษาปีที่ 6

เรื่องที่ 7 การศึกษาในระดับประถม

1. เด็กในประเทศไทยเริ่มเรียนระดับประถมศึกษาเมื่ออายุเท่าไร

ตอบ เด็กไทยเริ่มเรียนชั้นประถมศึกษาเมื่ออายุครบ 7 ปี

2. ก่อนเข้าเรียนในระดับชั้นประถมศึกษาต้องผ่านการเรียนระดับใด

ตอบ เด็กไทยต้องเข้าเรียนในระดับอนุบาล ก่อนเข้าเรียนในระดับประถมศึกษา

3. การเรียนในระดับชั้นประถมศึกษาต้องเรียนกี่ปี

ตอบ การเรียนในระดับชั้นประถมศึกษาต้องเรียนทั้งหมด 6 ปี

4. ประถมศึกษาช่วงชั้นที่สองคือระดับใดถึงระดับใด

<u>ตอบ</u> ประถมศึกษาช่วงชั้นที่สอง คือ ชั้นประถมศึกษาปีที่ 4 ถึงประถมศึกษาปีที่ 6

เรื่องที่ 8 การศึกษาในระดับมัธยมศึกษา

1. ก่อนเข้าเรียนในระดับมัธยมศึกษาต้องผ่านการเรียนในระดับชั้นใด

<u>ตอบ</u> เด็กไทยต้องผ่านในระดับชั้นประถมศึกษาก่อนเข้าเรียนในระดับชั้นมัธยมศึกษา

2. การศึกษาในระดับมัธยมศึกษาแบ่งเป็นกี่ระดับ

<u>ตอบ</u> การศึกษาในระดับมัธยมแบ่งเป็น 2 ระดับ คือ ระดับมัธยมศึกษาตอนต้นและระดับมัธยมศึกษาตอนปลาย

3. มัธยมศึกษาตอนปลายเรียนในระดับชั้นใดถึงระดับชั้นใด

<u>ตอบ</u> ชั้นมัธยมศึกษาปีที่ 4 ถึง ชั้นมัธยมศึกษาปีที่ 6

4. ถ้าต้องการพัฒนาความรู้ด้านทักษะอาชีพต้องเรียนอะไร

<u>ตอบ</u> หากต้องการพัฒนาความรู้ในทักษะอาชีพ ต้องเรียน อาชีวะศึกษา

เรื่องที่ 9 มหาวิทยาลัย

1. การศึกษาสูงสุดในประเทศไทยคือการศึกษาระดับใด

<u>ตอบ</u> การศึกษาสูงสุดในประเทศไทย คือ ระดับอุดมศึกษา

2. ก่อนเข้าเรียนในมหาวิทยาลัยนักเรียนต้องเรียนผ่านระดับใด

<u>ตอบ</u> นักเรียนต้องผ่านระดับมัธยมศึกษาก่อนเข้าเรียนในมหาวิทยาลัย

3. การเรียนในมหาวิทยลัยใช้เวลาเรียนกี่ปี

ตอบ การเรียนในมหาวิทยาลัยใช้เวลา 4 ปี

4. คณะใดที่ใช้เวลาเรียน 5 ปี

ตอบ คณะศึกษาศาตร์ ใช้เวลาในการเรียน 5 ปี

เรื่องที่ 10 ชุดนักศึกษา

1. ใครเป็นคนแต่งเครื่องแบบนักศึกษา

ตอบ นักศึกษาต้องแต่งเครื่องแบบนักศึกษา

2. ทำไมต้องต้องแต่งเครื่องแบบนักศึกษา

ตอบ เพราะเป็นการสร้างเอกลักษณ์และสร้างวินัยให้แก่นักศึกษา

3. นักศึกษาชายหรือนักศึกษาหญิงที่ต้องผูกเนคไท

ตอบ นักศึกษาชายผูกเนคไท

4. นักศึกษาชายหรือนักศึกษาหญิงที่ต้องติดเข็มกลัดที่อกเสื้อ

ตอบ นักศึกษาหญิงติดเข็มกลัดหน้าอก

5. กางเกงและกระโปรงนักศึกษาสีอะไร

ตอบ กางเกงและกระโปรงนักศึกษามีสีดำ

เรื่องที่ 11 ภาษาไทย

1. ประเทศไทยใช้ภาษาใดในการติดต่อสื่อสารของคนในประเทศ

ตอบ คนไทยใช้ภาษากลางในการติดต่อสื่อสารในประเทศ

2. ภาษาไทยมีพยัญชนะกี่ตัว

ตอบ พยัญชนะไทยมี 44 ตัว

3. ภาษาไทยมีสระกี่เสียง

ตอบ สระในภาษาไทยมี 32 เสียง

4. นอกจากภาษากลางประเทศไทยใช้ภาษาใดในแต่ละภูมิภาค

ตอบ คนไทยใช้ภาษาถิ่นในแต่ละภูมิภาค

5. ภาษาล้านนา หรือ คำเมือง ใช้ในภาคใดของประเทศไทย

ตอบ ภาษาล้านนาหรือคำเมืองใช้ในภาคเหนือ

บทที่ 4 วันสำคัญของไทย

เรื่องที่ 1 วันวิสาขบูชา

1. วิสาขบูชาแปลว่าอะไร

ตอบ วิสาขบูชา แปลว่า การบูชาในวันเพ็ญเดือนวิสาขะหรือเดือนหก

2. วันวิสาขบูชาเรียกอีกอย่างหนึ่งว่าวันอะไร

ตอบ วันวิสาขบูชา เรียกอีกอย่างหนึ่งว่า วันพระพุทธเจ้า

3. วันวิสาขบูชาได้มีเหตุการณ์สำคัญใดเกิดขึ้น

ตอบ เกิดเหตุการณ์สำคัญ 3 ประการในวันวิสาขบูชา คือ การประสูติ ตรัสรู้ และปรินิพพานของพระพุทธเจ้า

เรื่องที่ 2 วันมาฆบูชา

1. วันมาฆบูชามีชื่อเรียกอีกอย่างหนึ่งว่าอะไร

<u>ตอบ</u> วันมาฆบูชามีชื่อเรียกอีกอย่าง คือ วันจาตุรงคสันนิบาติ

2. หลักธรรมใดที่พระพุทธเจ้าแสดงต่อพระภิกษุสงฆ์

<u>ตอบ</u> หลักโอวาทปาฏิโมกข์ คือ หลักธรรมที่พระพุทธเจ้าแสดงต่อพระภิกษุสงฆ์

3. เกิดเหตุการณ์สำคัญทางพระพุทธศาสนาในวันมาฆบูชาทั้งหมดกี่เหตุการณ์

<u>ตอบ</u> ในวันมาฆบูชาเกิดเหตุการสำคัญ 4 เหตุการณ์

4. มีพระสงฆ์มาประชุมกันทั้งหมดกี่รูป

<u>ตอบ</u> มีพระสงฆ์ 1250 รูปมาประชุมกันในวันมาฆบูชา

5. พระสงฆ์ทั้งหมดมาประชุมกันที่ใด

<u>ตอบ</u> พระสงฆ์มาประชุมกันที่วัดเวฬุวัน

เรื่องที่ 3 วันอาสาฬหบูชา

1.พระพุทธเจ้าแสดงธรรมเป็นครั้งแรกหลังจากตรัสรู้กี่เดือน

<u>ตอบ</u> หลังจากตรัสรู้ 2 เดือน พระพุทธเจ้าแสดงธรรมเป็นครั้งแรก

2. พระพุทธเจ้าแสดงธรรมเป็นครั้งแรกให้แก่ใคร

<u>ตอบ</u> พระพุทธเจ้าแสดงพระธรรมครั้งแรกให้พระปัญจวัคคีย์ทั้ง 5

3. ใครบรรลุธรรมเป็นพระภิกษุสงฆ์รูปแรกของพระพุทธศาสนา

<u>ตอบ</u> พระอัญญาโกณฑัญญะ เป็นผู้บรรลุธรรมเป็นพระภิกษุสงฆ์รูปแรก

4. พระรัตนตรัยครบองค์สามบริบูรณ์หมายความว่าอย่างไร

ตอบ พระรัตนตรัยครบองค์สามหมายถึง มีพระพุทธ พระธรรม และพระสงฆ์ครบทั้งสามอย่าง

เรื่องที่ 4 วันเข้าพรรษา

1. ช่วงเข้าพรรษาในศาสนาพุทธมีระยะเวลากี่เดือน

ตอบ ช่วงเข้าพรรษามีระยะเวลา 3 เดือน

2. ช่วงเข้าพรรษาตรงกับฤดูใดของประเทศไทย

ตอบ ช่วงเข้าพรรษาตรงกับฤดูฝนของประเทศไทย

3. การที่พระสงฆ์ต้องอยู่ที่วัดตลอดช่วงเข้าพรรษาเรียกว่าอะไร

ตอบ การที่พระสงฆ์อยู่วัดในช่วงเข้าพรรษา เรียกว่า จำพรรษา

4. ทำไมพระพุทธเจ้าจึงให้พระสงฆ์อยู่ที่วัดในช่วงเข้าพรรษา

ตอบ เพราะต้องการให้พระสงฆ์ศึกษาพระธรรมที่วัด หยุดพักจากการเผยแพร่ศาสนาในฤดูฝนซึ่งลำบากในการเดินทาง และป้องกันความเสียหายจากการเดินเหยียบธัญพืชของชาวบ้าน

5. พุทธศาสนิกชนนิยมถวายอะไรให้แด่พระสงฆ์ในช่วงเข้าพรรษา

ตอบ พุทธศาสนิกชนนิยมถวายหลอดไฟ เทียนเข้าพรรษา และผ้าอาบน้ำฝนในช่วงเข้าพรรษา

เรื่องที่ 5 วันออกพรรษา

1. วันออกพรรษาเรียกอีกอย่างหนึ่งว่าอย่างไร

ตอบ วันออกพรรษาเรียกอีกอย่างหนึ่งว่า วันปวารณาออกพรรษา

2. การว่ากล่าวตักเตือนกันของพระสงฆ์เรียกว่าอย่างไร

ตอบ การว่ากล่าวตักเตือนกันของพระสงฆ์เรียกว่า มหาปวรณา

3. ทำไมพระสงฆ์ต้องว่ากล่าวตักเตือนกันในวันออกพรรษา

ตอบ เพื่อพระสงฆ์รู้ข้อบกพร่องของตนเองและปรับปรุงตัวให้ดีขึ้น

4. ชาวพุทธศาสนิกชนจะตักบาตรเทโวในวันใด

ตอบ ชาวพุทธจะตักบาตรเทโวในหลังวันออกพรรษา 1 วัน

เรื่องที่ 6 วันสงกรานต์

1. สงกรานต์มีความหมายว่าอย่างไร

ตอบ สงกรานต์หมายถึง การเข้าสู่ปีใหม่ของไทย.

2. ประเพณีสงกรานต์ตรงกับเดือนใด และมีทั้งหมดกี่วัน

ตอบ ประเพณีสงกรานต์ตรงกับ เดือนเมษายน และมีทั้งหมด 3 วัน

3. วันผู้สูงอายุแห่งชาติตรงกับวันที่เท่าใด

ตอบ วันผู้สูงอายุแห่งชาติตรงกับวันที่13 เมษายน

4. คนไทยนิยมทำกิจกรรมอะไรบ้างในวันสงกรานต์

ตอบ คนไทยนิยมทำบุญตักบาตร สรงน้ำพระพุทธรูป ขนทรายเข้าวัด เล่นสาดน้ำในวันสงกรานต์

5. ทำไมคนไทยรดน้ำดำหัวญาติผู้ใหญ่ในวันสงกรานต์

ตอบ เพื่อขอโทษในสิ่งที่ได้ล่วงเกิน และขอพรปีใหม่

เรื่องที่ 7 วันลอยกระทง

1. วันเพ็ญเดือน 12 คือ เดือนใด

ตอบ วันเพ็ญเดือน 12 ตรงกับ เดือนพฤศจิกายน

2. กระทงที่คนไทยทำไปลอยน้ำมีลักษณะคล้ายกับอะไร

ตอบ คนไทยประดิษฐ์กระทงคล้ายกับดอกบัว

3. คนไทยนิยมทำกระทงจากอะไร

ตอบ คนไทยนิยมทำกระทงจากต้นกล้วย ใบกล้วย

4. ทำไมคนไทยจึงนำกระทงไปลอยในแม่น้ำในวันลอยกระทง

ตอบ เพื่อขอขมาพระแม่คงคา

5. ในภาคเหนือ นิยมทำอะไรในวันลอยกระทง

ตอบ ในภาคเหนือนิยมปล่อยโคมลอยในวันลอยกระทง

เรื่องที่ 8 วันจักรี

1. วันจักรีตรงกับวันที่เท่าใด เดือนอะไร

ตอบ วันจักรีตรงกับวันที่ 6 เมษายน

2. ใครคือพระมหากษัตริย์พระองค์แรกแห่งราชวงศ์จักรี

ตอบ พระบาทสมเด็จพระพุทธยอดฟ้าจุฬาโลกมหาราชเป็นพระมหากษัตริย์พระองค์แรกแห่งราชวงศ์จักรี

3. วันจักรีเกิดขึ้นในสมัยใดของประเทศไทย

ตอบ วันจักรีเกิดขั้นในสมัยรัตนโกสินทร์

4. ราชวงศ์ใดปกครองประเทศไทยในปัจจุบัน

ตอบ ในปัจจุบันราชวงศ์จักรีปกครองประเทศไทย

เรื่องที่ 9 วันฉัตรมงคล

1. พระราชพิธีบรมราชาภิเษก คือพิธีอะไร

ตอบ พระราชพิธีบรมราชาภิเษก คือ พิธีแต่งตั้งให้เป็นพระมหากษัตริย์

2. วันฉัตรมงคลตรงกับวันที่เท่าใด เดือนอะไร

ตอบ วันฉัตรมงคลตรงกับวันที่ 5 พฤษภาคม

3. พระมหากษัตริย์องค์ปัจจุบันของประเทศไทยมีชื่อว่าอะไร

ตอบ พระมหากษัตริย์องค์ปัจจุบันของไทยมีพระนามว่า พระบาทสมเด็จพระปรมินทรมหาภูมิพลอดุลยเดช

4. พระมหากษัตริย์องค์ปัจจุบันของประเทศไทยเป็นพระมหากษัตริย์ลำดับที่เท่าใดแห่งราชวงศ์จักรี

ตอบ พระมหากษัตริย์องค์ปัจจุบันของประเทศไทยเป็นพระมหากษัตริย์ลำดับที่ 9 แห่งราชวงศ์จักรี

เรื่องที่ 10 วันพืชมงคล

1. คนไทยส่วนใหญ่ทำอาชีพอะไร

ตอบ คนไทยส่วนใหญ่ทำอาชีพเกษตรกรรม

2. ใครเป็นผู้คิดพระราชพิธีพืชมงคล

ตอบ ผู้คิดพระราชพิธีพืชมงคบ คือ สมเด็จพระเจ้าอยู่หัวรัชกาลที่ 4 แห่งราชวงศ์จักรี

3. พระราชพิธีพืชมงคลมีจุดประสงค์เพื่ออะไร

ตอบ พระราชพิธีพืชมงคลมีจุดประสงค์เพื่อให้เมล็ดพันธุ์ ปราศจากโรคภัยและให้อุดมสมบูรณ์เจริญงอกงาม

4. พิธีการใดที่เป็นสัญญาณว่าได้เริ่มเข้าสู่ฤดูการทำนา

ตอบ พิธีจรดพระนังคัลแรกนาขวัญเป็นสัญญาณว่าได้เริ่มเข้าสู่ฤดูการทำนา

เรื่องที่ 11 วันปิยมหาราช

1. วันปิยมหาราชมีความสำคัญอย่าไร

ตอบ วันปิยมหาราชเป็นวันสวรรคต ของพระบาทสมเด็จพระจุลจอมเกล้าเจ้าอยู่หัว รัชกาลที่ 5

2. พระราชกรณียกิจที่สำคัญของพระบาทสมเด็จพระจุลจอมเกล้าเจ้าอยู่หัวคืออะไร

ตอบ พระราชกรณียกิจที่สำคัญของพระบาทสมเด็จพระจุลจอมเกล้าเจ้าอยู่หัวคือทรงประกาศเลิกทาสในประเทศไทย

3. สมเด็จพระปิยมหาราช หมายความว่าอย่างไร

ตอบ สมเด็จพระปิยมหาราช หมายความว่าพระมหากษัตริย์ที่ทรงเป็นที่รักยิ่งของปวงชน

เรื่องที่ 12 วันพ่อแห่งชาติ

1. วันพ่อแห่งชาติของประเทศไทยคือวันที่เท่าใด เดือนอะไร

ตอบ วันพ่อแห่งชาติตรงกับวันที่ 5 เดือน ธันวาคม

2. ใครคือ "พ่อของแผ่นดิน"

ตอบ พ่อของแผ่นดินของไทย คือ พระบาทสมเด็จพระเจ้าอยู่หัวภูมิพลอดุลยเดช

3. ดอกไม้อะไรที่เป็นสัญลักษณ์ในวันพ่อ

ตอบ ดอกพุทธรักษาเป็นสัญลักษณ์ในวันพ่อ

เรื่องที่ 13 วันแม่แห่งชาติ

1. วันแม่แห่งชาติของประเทศไทยตรงกับวันที่เท่าใด เดือนอะไร

ตอบ วันแม่แห่งชาติตรงกับวันที่ 12 เดือน สิงหาคม

2. ในวันแม่แห่งชาติคนไทยมอบดอกไม้อะไรให้แม่

ตอบ คนไทยมอบ ดอกมะลิให้แม่ในวันแม่

3. ดอกไม้ที่คนไทยมอบให้แม่ในวันแม่แห่งชาติมีสีอะไร

ตอบ ดอกมะลิมีสีขาว

เรื่องที่ 14 วันภาษาไทยแห่งชาติ

1. วันภาษาไทยแห่งชาติ เกิดขึ้นครั้งแรกเมื่อใด

ตอบ วันภาษาไทยแห่งชาติเกิดขึ้นครั้งแรกเมื่อวันที่ 29 กรกฎาคม พ.ศ.2505

2. เรื่องอะไรที่พระบาทสมเด็จพระเจ้าอยู่หัวภูมิพลอดุลยเดช ได้ทรงอภิปรายในการประชุม

ตอบ เรื่องที่พระบาทสมเด็จพระเจ้าอยู่หัวภูมิพลอดุลยเดช ได้ทรงอภิปรายในการประชุม คือ ปัญหาการใช้ภาษาไทย

3. ทำไมประเทศไทยต้องมีวันภาษาไทยแห่งชาติ

ตอบ เพื่อกระตุ้นให้ชาวไทยเห็นความสำคัญและคุณค่าของภาษาไทยและใช้ภาษาไทยให้ถูกต้อง

บทที่ 5 ศาสนา

เรื่องที่ 1 ศาสนาในประเทศไทย

1. ศาสนาประจำชาติไทยคือศาสนาใด

ตอบ ศาสนาประจำชาติไทยคือศาสนาพุทธ.

2. คนไทยที่นับถือศาสนาอิสลามส่วนใหญ่อาศัยอยู่ในภาคใด

ตอบ คนไทยที่นับถือศาสนาอิสลามส่วนใหญ่อาศัยอยู่ในภาคใต้

3. คนไทยส่วนใหญ่นับถือศาสนาพุทธนิกายใด

ตอบ คนไทยส่วนใหญ่นับถือศาสนาพุทธนิกายหินยาน

4. คนไทยที่นับถือศาสนาคริสต์จะไปสวดมนต์ที่ใด

ตอบ คนไทยที่นับถือศาสนาคริสต์จะไปสวดมนต์ที่โบสถ์

5. ทำไมชายจึงต้องบวชเป็นพระภิกษุสงฆ์

ตอบ เพื่อตอบแทนบุญคุณของพ่อแม่

เรื่องที่ 2 พิธีอุปสมบท

1. อุปสมบท หมายถึง อะไร

ตอบ อุปสมบท หมายถึง การบวชเป็นภิกษุและภิกษุณี

2. จุดประสงค์ของการอุปสมบทคืออะไร

ตอบ เพื่อให้มีการสืบสานศาสนาพุทธ

3. ทำไมครอบครัวไทยจึงต้องให้ลูกชายบวชเป็นพระภิกษุ

ตอบ เพื่อให้แม่เกาะชายผ้าเหลืองขึ้นสวรรค์ ชดใช้ค่าน้ำนม และเป็นการสืบต่ออายุพระพุทธศาสนา

เรื่องที่ 3 พระภิกษุสงฆ์

1. ชายไทยที่จะบวชเป็นพระภิกษุสงฆ์ต้องมีอายุเท่าใด

ตอบ ชายไทยที่จะบวชเป็นพระภิกษุสงฆ์ต้องมีอายุไม่ต่ำกว่า 20 ปี

2. พระรัตนตรัยประกอบไปด้วยอะไรบ้าง

ตอบ พระรัตนตรัยประกอบด้วยพระพุทธ พระธรรม พระสงฆ์

3. พระสงฆ์ต้องรักษาศีลทั้งหมดกี่ข้อ

ตอบ พระสงฆ์ต้องรักษาศีลทั้งหมด 227 ข้อ

4. ประเพณีไทยใดบ้างที่พระสงฆ์เข้ามาเกี่ยวข้อง

ตอบ ประเพณีไทยที่พระสงฆ์เข้ามาเกี่ยวข้อง เช่น ขึ้นบ้านใหม่ แต่งงาน งานศพ

เรื่องที่ 4 สามเณร และแม่ชี

1. คนที่จะบวชเป็นสามเณรต้องมีอายุเท่าใด

ตอบ คนที่จะบวชเป็นสามเณรต้องมีอายุไม่ต่ำกว่า 7 ขวบ และไม่เกิน 20 ปี

2. สามเณรจะต้องถือศีลทั้งหมดกี่ข้อ

ตอบ สามเณรจะต้องถือศีลทั้งหมด 10 ข้อ

3. ส่วนใหญ่เด็กไทยจะบวชเป็นสามเณรเมื่อใด

ตอบ เด็กไทยส่วนใหญ่จะบวชเป็นสามเณรเมือปิดเทอม

4. แม่ชี คือใคร

ตอบ แม่ชี คือ นักพรตหญิงในศาสนาพุทธนิกายเถรวาท .

5. แม่ชีอาศัยอยู่ที่ใด

ตอบ แม่ชีอาศัยอยู่ที่วัด

เรื่องที่ 5 วัดไทย

1. วัดไทยแบ่งออกเป็นกี่ส่วน อะไรบ้าง

ตอบ วัดไทยแบ่งเป็น 2 ส่วน คือ ส่วนที่ใช้ประกอบกิจกรรมทางศาสนา และส่วนที่เป็นกุฏิสงฆ์

2. คนไทยส่วนใหญ่ไปวัดในวันใดบ้าง

<u>ตอบ</u> ส่วนใหญ่คนไทยไปวันใน วันเกิด วันครบรอบ วันปีใหม่ หรือต้องการไปทำบุญที่วัด

3. ในวันสำคัญคนไทยไปทำกิจกรรมใดบ้างที่วัด

<u>ตอบ</u> กิจกรรมสำคัญที่คนไทยไปทำที่วัด คือ ทำบุญ ตักบาตร ปล่อยนกปล่อยปลา ให้ทาน

เรื่องที่ 6 ทำบุญตักบาตร

1. พระสงฆ์ออกบิณฑบาตเวลาใด

<u>ตอบ</u> พระสงฆ์ออกบิณฑบาตเวลาเช้า

2. เพราะอะไรพระสงฆ์ต้องออกบิณฑบาตทุกวัน

<u>ตอบ</u> เพราะพระสงฆ์ไม่สามารถเก็บอาหารข้ามคืนได้

3. คนไทยนิยมนำสิ่งใดมาตักบาตรถวายแด่พระสงฆ์

<u>ตอบ</u> สิ่งที่คนไทยนำมาถวายพระสงฆ์คืออาหารและน้ำดื่ม

4. คนไทยมีความเชื่อเรื่องการตักบาตรว่าอย่างไร

<u>ตอบ</u> คนไทยเชื่อว่าการตักบาตรเป็นการสร้างกุศลและเป็นการแผ่ส่วนกุศลให้กับญาติที่ล่วงลับไปแล้ว

เรื่องที่ 7 น้ำมนต์

1. น้ำมนต์คืออะไร

ตอบ น้ำมนต์คือ น้ำที่เสกเพื่อใช้อาบน้ำ กิน และประพรม เพื่อให้เกิดความเป็นศิริมงคล

2. หลังจากเสร็จพิธีทางศาสนาพุทธแล้วพระสงฆ์จะทำสิ่งใด

ตอบ หลังจากเสร็จพิธีทางศาสนา พระสงฆ์จะประพรมน้ำมนต์ให้แก่ผู้ที่มาร่วมงาน

3. ทำไมพระสงฆ์จึงประพรมน้ำมนต์ให้แก่ชาวพุทธ

ตอบ เพื่อให้เกิดความเป็นศิริมงคล

4. คนไทยนำน้ำมนต์มาประพรมภายในบ้านเพราะอะไร

ตอบ เพื่อเพิ่มความศักดิ์สิทธิ์ให้บ้าน กันผีสาง ทำให้เกิดความโชคดี และ กำจัดสิ่งอัปมงคล อันตรายต่างๆ

เรื่องที่ 8 สายสิญจน์

1. สายสิญจน์มีลักษณะอย่างไร

ตอบ สายสิญจน์มีลักษณะเป็นเส้นด้ายสีขาว ยาว ๆ

2. คนไทยนำสายสิญจน์มาวงไว้รอบบ้านเมื่อใด

ตอบ คนไทยนำสายสิญจน์มาวงรอบบ้านเมื่อเวลาทำบุญที่บ้าน

3. ทำไมคนไทยจึงนำสายสิญจน์มาวงไว้รอบบ้าน

ตอบ เพื่อความเป็นสิริมงคลเวลาทำบุญที่บ้าน

4. ทำไมคนไทยจึงเอาสายสิญจน์มาคล้องไว้ที่ข้อมือและคอ

ตอบ เพื่อป้องกันอันตรายจากผี หรือ โชคร้าย และเพิ่มความเป็นสิริมงคล

5. ในงานแต่งงานคนไทยใช้สายสิญจน์มาทำอะไร

ตอบ ในงานแต่งงานคนไทยนำสายสิญจน์มาสวมศรีษะของคู่บ่าวสาวเพื่อความเป็นสิริมงคล

เรื่องที่ 9 ศาลพระภูมิ

1. ศาลพระภูมิมีลักษณะอย่างไร

ตอบ ศาลพระภูมิมีลักษณะเป็นบ้านหรือวิหารหลังเล็ก ๆ ตั้งอยู่บนแท่น

2. คนไทยนิยมตั้งศาลพระภูมิไว้ที่ใด

ตอบ คนไทยตั้งศาลพระภูมิริมรั้วบ้านหรือมุมใดมุมหนึ่งของบ้าน

3. คนไทยเชื่อว่ามีสิ่งใดอาศัยอยู่ในศาลพระภูมิ

ตอบ คนไทยเชื่อว่ามี เทพารักษ์อาศัยอยู่ในศาลพระภูมิ

4. คนไทยใช้สิ่งใดในการไหว้ศาลพระภูมิ

ตอบ คนไทยใช้พวงมาลัยดอกไม้ และอาหาร ในการไหว้ศาลพระภูมิ

5. ศาลพระภูมิที่ถูกรื้อถอนจะนำไปไว้ที่ใด

ตอบ ศาลพระภูมิที่ถูกรื้อถอนจะนำไปไว้ที่วัด

เรื่องที่ 10 ครุฑ

1. ครุฑเป็นพาหนะของเทพองค์ใด

ตอบ ครุฑเป็นพาหนะของพระนารายณ์

2. ครุฑเป็นศัตรูกับอะไร

ตอบ ครุฑเป็นศัตรูกับนาค

3. จะเกิดอะไรขึ้นเมื่อครุฑกระพือปีก

ตอบ เวลาครุฑกระพือปีกจะทำให้เกิดพายุ

4. ครุฑอาศัยอยู่ที่ใด

ตอบ ครุฑอาศัยอยู่วิมานบนต้นงิ้ว

5. ตราครุฑคืออะไร

ตอบ ตราครุฑ คือดวงตราที่ใช้ประทับหนังสือราชการ

6. ประเทศไทยใช้ครุฑเป็นสัญลักษณ์ของอะไร

ตอบ ประเทศไทยใช้ครุฑเป็นสัญลักษณ์ของพระมหากษัตริย์

เรื่องที่ 11 นาค

1. คนไทยเชื่อว่านาคมีลักษณะอย่างไร

ตอบ นาคมีลักษณะคล้ายงูขนาดใหญ่

2. นาคเป็นเทพของอะไร

ตอบ นาคเป็นเทพของน้ำ

3. คนไทยเชื่อว่านาคอาศัยอยู่ที่ไหน

ตอบ คนไทยเชื่อว่านาคอาศัยในแม่น้ำโขง

4. เราสามารถเห็นรูปปั้นนาคได้ที่ใด

ตอบ เราสามารถเห็นรูปปั้นนาคที่ราวบันไดวัด

5. การสร้างพระพุทธรูป ปางนาคปรก เกิดจากความเชื่อเรื่องใด

ตอบ การสร้าพระพุทธรูปปางนาคปรกเกิดจากความเชื่อว่าพญานาคแผ่พังพาน ป้องกันฝนตกและลมไม่ให้ถูกร่างกายของพระพุทธเจ้า

เรื่องที่ 12 วัดพระแก้ว

1. วัดพระแก้วมีชื่อเรียกอีกชื่อหนึ่งว่าอย่างไร

ตอบ วัดพระแก้วมีชื่อเรียกอีกชื่อว่า วัดพระศีรัตนศาสดาราม

2. ใครเป็นผู้คิดให้มีการสร้างวัดพระแก้ว

ตอบ พระบาทสมเด็จพระพุทธยอดฟ้าจุฬาโลกมหาราชเป็นผู้คิดสร้างวัดพระแก้ว

3. เพราะอะไรจึงมีการสร้างวัดพระแก้วขึ้น

ตอบ เพื่อใช้เป็นที่ประดิษฐานพระแก้วมรกต

4. คนไทยนำพระแก้วมรกตมาจากที่ใด

ตอบ คนไทยนำพระแก้วมรกตมาจากกรุงเวียงจันทร์

5. คนไทยจะเปลี่ยนเครื่องทรงของพระแก้วมรกตกี่ครั้งต่อปี

ตอบ คนไทยจะเปลี่ยนเครื่องทรงของพระแก้วมรกต 3 ครั้งต่อปี

6. นักท่องเที่ยวมาที่วัดพระแก้วมรกตเพื่ออะไร

ตอบ นักท่องเที่ยวมาวัดพระแก้วมรกตเพื่อสักการะพระแก้วมรกตและชมจิตรกรรมฝาผนังที่ระเบียง

บทที่ 6 ศิลปะและประเพณีไทย

เรื่องที่ 1 ชุดไทย

1. คนไทยนิยมใส่ชุดไทยเมื่อใด

ตอบ คนไทยใส่ชุดไทยเมื่อมีโอกาสสำคัญหรือพิธีการพิเศษ

2. ชุดไทยแบ่งออกเป็นกี่ประเภท

ตอบ ชุดไทยแบ่งออกเป็น 8 ประเภท

3. ชุดประจำชาติไทยของผู้ชายเรียกว่าอะไร

ตอบ ชุดประจำชาติไทยของผู้ชายเรียกว่าเสื้อพระราชทาน

4. ชุดไทยสำหรับผู้หญิงประกอบไปด้วยอะไรบ้าง

ตอบ ชุดไทยผู้หญิงประกอบด้วย สไบ ผ้ายกมีเชิง เข็มขัด เครื่องประดับ

เรื่องที่ 2 ชุดไทยล้านนา

1. กระโปรงของชุดไทยล้านนาเรียกว่าอะไร

ตอบ กระโปรงของชุดไทยล้านนาเรียกว่า ซิ่นตวง หรือ ซิ่นบ้วง

2. ผ้าคลุมตัวนอกทำมาจากผ้าอะไร

ตอบ ผ้าคลุมตัวนอกทำมาจาก ผ้าแก้ว

3. ส่วนยอดของปิ่นปักผมประดับด้วยอัญมณีชนิดใด

ตอบ ส่วนยอดของปิ่นปักผมประดับด้วยทับทิม

เรื่องที่ 3 ชุดไทยภาคใต้

1. ผู้หญิงชาวใต้เสื้อสายจีนจะใส่เสื้อแบบใด

ตอบ ผู้หญิงชาวใต้เชื้อสายจีนจะใส่เสื้อฉลุลายดอกไม้ รอบคอ เอว และปลายแขน

2. ผู้หญิงชาวใต้เชื้อสายใดจะคลุมผ้าคลุมผม

ตอบ ผู้หญิงชาวใต้เชื้อสายมุสลิมเชื้อสายมลายูจะคลุมผมด้วยผ้าคลุมผม

3. ผ้าโสร่งผืนสั้นเรียกว่าอะไร

ตอบ ผ้าโสร่งผืนสั้นเรียกว่าผ้าซองเก็ต

เรื่องที่ 4 ชุดไทยภาคอีสาน

1. ยามว่างจากการทำนาหรืองานประจำคนอีสานจะทำกิจกรรมอะไร

ตอบ ยามว่างจากการทำนาหรืองานประจำคนอีสานจะทอผ้า

2. คนอีสานทอผ้าที่ไหน

ตอบ คนอีสานทอผ้าที่ใต้ถุนบ้าน

3. คนอีสานจะใส่ผ้าทอที่มีลวดลายสวยงามเมื่อใด

ตอบ คนอีสานจะใส่ผ้าทอสวยงามเมื่อมีโอกาสพิเศษ เช่น งานประเพณีต่าง ๆ

4. ผู้ชายชาวอีสานนิยมใส่เสื้อชนิดใด

ตอบ ผู้ชายชาวอีสานนิยมใส่เสื้อหม้อห้อม

5. ผู้ชายชาวอีสานนำผ้าอะไรมาคาดเอว

<u>ตอบ</u> ผู้ชายชาวอีสานนำผ้าขาวม้ามาคาดเอว

เรื่องที่ 5 มวยไทย

1. มวยไทยใช้สิ่งใดเป็นอาวุธในการต่อสู้

<u>ตอบ</u> มวยไทยใช้ร่างกาย เช่น หมัด ศอก เข่า เท้า เป็นอาวุธในการต่อสู้

2. ในอดีตคนไทยใช้มวยไทยเพื่อประโยชน์อะไร

<u>ตอบ</u> ในอดีตคนไทยใช้มวยไทยต่อสู้ในสงคราม

3. มวยไทยภาคใต้มีชื่อว่าอะไร

<u>ตอบ</u> มวยไทยภาคใต้มีชื่อว่า มวยไชยา

4. มวยไทยนิยมแบ่งคู่ต่อสู้เป็นอย่างไร

<u>ตอบ</u> มวยไทยแบ่งคู่ต่อสู้เป็นมุมสีแดงและมุมสีน้ำเงิน

5. ในปัจจุบันมีการถ่ายทอดมวยไทยในวันอะไร

<u>ตอบ</u> ในปัจจุบันมีการถ่ายทอดมวยไทยในวันเสาร์และวันอาทิตย์

เรื่องที่ 6 รำวง

1. คนไทยจะรำวงกันเมื่อใด

<u>ตอบ</u> คนไทยจะรำวงเมื่อมีงานเทศกาลรื่นเริง

2. ในอดีตใช้อะไรเป็นเครื่องกำหนดจังหวะในการรำวง

<u>ตอบ</u> ในอดีตใช้การเคาะไม้ และเคาะปี๊ปเป็นเครื่องกำหนดจังหวะ

3. เนื้อเพลงที่ใช้ในการรำวงใช้ภาษาเป็นอย่างไร

ตอบ เนื้อเพลงทีใช้ในการรำวงจะเป็นภาษาง่าย ๆ เป็นเชิงเย้าแหย่ หยอกล้อเกี้ยวพาราสีกัน ระหว่างหนุ่มสาว

เรื่องที่ 7 ฟ้อนเล็บ

1. การฟ้อนเล็บเป็นการแสดงของภาคใด

ตอบ การฟ้อนเล็บเป็นการแสดงของภาคเหนือ

2. การฟ้อนเล็บใช้เครื่องดนตรีชนิดใดบ้าง

ตอบ การฟ้อนเล็บใช้ กลองแอร์ กลองตะโล้ดโป๊ด ฉาบ ฆ้องโหม่งใหญ่ ฆ้องโหม่งเล็ก ฉิ่ง ปี่

3. การฟ้อนเล็บจะใช้จำนวนคนเท่าไร

ตอบ การฟ้อนเล็บจะใช้จะนวนคน 4 คู่ (8 คน) 6 คู่ (12 คน) หรือ 8 คู่ (16 คน)

4. ช่างฟ้อนเล็บจะใส่สิ่งใดที่นิ้วมือ

ตอบ การฟ้อนเล็บจะใส่ เล็บมือยาว เป็นกรวยที่ใช้สวมนิ้วมือทั้ง 8 นิ้ว

เรื่องที่ 8 เซิ้งกระติบข้าว

1. เซิ้งกระติ๊บข้าวเป็นการละเล่นพื้นเมืองของใคร

ตอบ เซิ้งกระติ๊บข้าวเป็นการละเล่นพื้นเมืองของชาวภูไทย เป็นชนกลุ่มน้อยในภาคอีสาน

2. เครื่องดนตรีใดบ้างที่ใช้ในการแสดงเซิ้งกระติ๊บข้าว

ตอบ เซิ้งกระติ๊บจะใช้กลองแต๊ะ กลองยาว แคน ฆ้องโหม่ง ฉิ่ง ฉาบ และกรับ

3. การเซิ้งกระติ๊บข้าวผู้หญิงจะนำกระติ๊บข้าวไว้ที่ไหน

ตอบ ผู้หญิงจะแขวนสะพายกระติ๊บไว้ข้างตัว

4. การเซิ้งกระติ๊บข้าวกำเนิดขึ้นจากอะไร

ตอบ การเซิ้งกระติ๊บเกิดจากผู้หญิงสะพายกระติบข้าวเพื่อนำอาหารไปส่ง ให้แก่สามี และญาติพี่น้องที่ออกไปทำงานอยู่นอกบ้าน

5. คนเซิ้งกระติ๊บข้าวจะสวมเสื้อแบบใด

ตอบ คนเซิ้งกระติ๊บจะสวมเสื้อแขนกระบอก

เรื่องที่ 9 โนรา

1. โนราห์มีชื่อเรียกอีกอย่างว่าอะไร

ตอบ โนราห์มีชื่ออีกอย่างว่า มโนห์รา

2. โนราห์เป็นการละเล่นของคนในจังหวัดใด

ตอบ โนราห์เป็นการละเล่นของคนจังหวัด นครศรีธรรมราช

3. คนภาคใต้จะแสดงโนราห์เมื่อใด

ตอบ คนภาคใต้จะแสดงโนราห์เมื่อมีงานเทศกาลนักขัตฤกษ์หรืองานมงคลต่างๆ

4. เครื่องดนตรีที่ใช้ประกอบในการแสดงโนราห์มีอะไรบ้าง

ตอบ เครื่องดนตรีที่ใช้ในการแสดงโนราห์มี กลอง ทับคู่ ฉิ่งโหม่ง ปี่ชวา และกรับ

5. ในอดีตนิยมใช้ผู้หญิงหรือผู้ชายในการแสดงโนราห์

ตอบ ในอดีตนิยมใช้ผู้ชายในการแสดงโนราห์

เรื่องที่ 10 ผ้าขาวม้า

1. ผ้าขาวม้ามีรูปทรงอย่างไร

ตอบ ผ้าขาวม้าเป็นผ้ารูปสี่เหลี่ยม

2. คนไทยใช้ผ้าขาวม้าทำอะไรบ้าง

ตอบ คนไทยใช้ผ้าขาวม้าในการนุ่งลำลอง นุ่งอาบน้ำ เช็ดตัว คลุมหัวกันแดด ทำเปล หรือ ใช้เป็นผ้าคาดเอว

3. คนภาคอีสานเรียกผ้าขาวม้าว่าอย่างไร

ตอบ คนภาคอีสานเรียกผ้าขาวม้าว่า ผ้าแพร

4. ลวดลายผ้าขาวม้าของคนภาคกลางเป็นลายใด

ตอบ ลวดลายบนผ้าขาวม้าของคนภาคกลางเป็นลายสก๊อต

เรื่องที่ 11 โจงกระเบน

1. การนุ่งผ้าโจงกระเบน คืออะไร

ตอบ การนุ่งผ้าโจงกระเบน คือการม้วนผ้านุ่งแล้วสอดไปใต้หว่างขา ดึงขึ้นไปเหน็บขอบผ้านุ่งด้านหลังระดับเอว

2. สมัยใดที่มีการนุ่งผ้าโจงกระเบน

ตอบ สมัยรัตนโกสินทร์ตอนต้นมีการนุ่งผ้าโจงกระเบน

3. เพราะอะไรคนไทยในอดีตจึงต้องนุ่งผ้าโจงกระเบนแบบผืนเดียวถกให้สั้นเหนือเข่า

ตอบ คนไทยในอดีตนุ่งผ้าโจงกระเบน เพื่อสะดวกในการออกแรงทำงาน

เรื่องที่ 12 หม้อห้อม

1. เสื้อหม้อห้อมมีลักษณะอย่างไร

ตอบ เสื้อหม้อห้อมมีลักษณะเป็นเสื้อคอกลม ผ่าอก

2. ผ้าหม้อห้อมมีสีอะไร

ตอบ ผ้าหม้อห้อมมีน้ำเงินเข้ม

3.หม้อห้อมเป็นเครื่องแต่งกายของชนชาติใดในประเทศไทย

ตอบ หม้อห้อมเป็นเครื่องแต่งกายของชาวไทลื้อ และชาวไทล้านนาทางภาคเหนือของไทย

4. เสื้อหม้อห้อมทำจากผ้าชนิดใด

ตอบ เสื้อหม้อห้อมทำมาจากผ้าฝ้าย

เรื่องที่ 13 โขน

1. คนไทยจะแสดงโขนเมื่อใด

ตอบ คนไทยจะแสดงโขนเมื่อมีโอกาสพิเศษ

2. การแสดงโขนผู้แสดงจะเต้นออกท่าทางตามลักษณะของสิ่งใด

ตอบ การแสดงโขนผู้แสดงจะเต้นออกท่าทางตามลักษณะของตัวละครที่ผู้แสดงสวมหน้ากาก

3. หน้ากากที่ผู้แสดงใช้สวมปิดบังใบหน้าเรียกว่าอะไร

ตอบ หน้ากากที่ผู้แสดงสวมปิดบังหน้าเรียกว่าหัวโขนหรือหน้าโขน

4. โขนที่นิยมใช้แสดงได้แก่โขนประเภทใด

ตอบ โขนที่นิยมแสดงได้แก่ โขนกลางแปลง โขนหน้าจอ และ โขนฉาก

เรื่องที่ 14 ลิเก

1. การแสดงลิเกได้รับความนิยมมากในจังหวัดใด

ตอบ การแสดงลิเกได้รับความนิยมมากในจังหวัดสุราษฎร์ธานีและจังหวัด ทางภาคใต้ทั่วไป

2. เครื่องดนตรีชนิดใดที่สำคัญในการแสดงลิเก

ตอบ เครื่องดนตรีที่สำคัญในการแสดงลิเก คือ ปี่พาทย์

3. นักแสดงลิเกจะแต่งกายเลียนแบบใคร

ตอบ นักแสดงลิเกจะแต่งกายเลียนแบบกษัตริย์

4. การแสดงลิเกนิยมแสดงที่ใด

ตอบ การแสดงลิเกจะแสดงที่ลานวัด ตลาด หรือสนามกว้าง ๆ

5. ฉากของการแสดงลิเกเป็นภาพอะไร

ตอบ ฉากของการแสดงลิเกจะเป็นภาพ เมือง วัง หรือป่าเขา

เรื่องที่ 15 หนังตะลุง

1. หนังตะลุง เป็นการแสดงของภาคใดในประเทศไทย

ตอบ หนังตะลุงเป็นการแสดงของ ภาคใต้

2. จอที่ใช้แสดงหนังตะลุงทำมาจากสิ่งใด

ตอบ จอที่ใช้แสดงหนังตะลุงทำมาจากผ้า

3.ตัวละครที่โดดเด่นในการแสดงหนังตะลุงคือตัวละครใด

ตอบ ตัวละครเด่นในการแสดงหนังตะลุง คือ ตัวตลก

4. ตัวหนังตะลุงทำมาจากสิ่งใด

ตอบ ตัวหนังตะลุงทำมาจากหนังสัตว์

เรื่องที่ 16 หุ่นกระบอก

1. หุ่นกระบอกในประเทศไทยเกิดขึ้นรัชกาลที่เท่าใด

ตอบ หุ่นกระบอกของไทยเกิดขึ้นในสมัยรัชกาลที่ 5

2. หุ่นกระบอกมีกี่ส่วน ประกอบไปด้วยอะไรบ้าง

ตอบ หุ่นกระบอกมี 4 ส่วน คือ ศีรษะ ลำตัว มือ เครื่องแต่งกายและเครื่องประดับ

3. ไม้ที่ต่อยาวลงมาจากมือหุ่นกระบอกเรียกว่าอะไร

ตอบ ไม้ที่ต่อยาวลงมาจากมือหุ่นกระบอกเรียกว่า ไม้ตะเกียบ

4.เครื่องดนตรีสำคัญที่ใช้ในการแสดงหุ่นกระบอกคืออะไร

ตอบ เครื่องดนตรีสำคัญที่ใช้ในการแสดงหุ่นกระบอก คือ ซออู้

5. หุ่นกระบอกนิยมทำเป็นตัวละครใดบ้าง

ตอบ ตัวละครที่นิยมทำเป็นหุ่นกระบอก ได้แก่ พระ นาง ยักษ์ ลิง ตลก หรือสัตว์

เรื่องที่ 17 โคมลอย

1. โคมลอยทำมาจากอะไร

ตอบ โคมลอยทำมาจากไม้ไผ่และกระดาษสา

2. ในภาคเหนือนิยมปล่อยโคมในประเพณีใด

<u>ตอบ</u> ในภาคเหนือนิยมปล่อยโคมในประเพณียี่เป็งหรือลอยกระทงแบบล้านนา

3. คนไทยภาคเหนือมีความเชื่อเรื่องการปล่อยโคมว่าอย่างไร

<u>ตอบ</u> การปล่อยโคมทำให้โชคดี เป็นการลอยปัญหาและความกังวลลอยไป

4. เปลวไฟในโคมลอยเป็นสัญลักษณ์ของอะไร

<u>ตอบ</u> เปลวไฟในโคมลอยเป็นสัญลักษณ์ของความรู้

5.นอกจากประเทศไทย มีประเทศอะไรอีกบ้างที่มีการลอยโคมไฟ

<u>ตอบ</u> ประเทศจีน ไต้หวัน บราซิลและโปรตุเกสมีการลอยโคมไฟ

เรื่องที่ 18 บ้านทรงไทย

1. อะไรเป็นสาเหตุให้บ้านทรงไทยแต่ละภาคมีลักษณะแตกต่างกัน

<u>ตอบ</u> บ้านทรงไทยในแต่ละภาคมีความแตกต่างกันตามสภาพแวดล้อม ภูมิอากาศ ภูมิศาสตร์ อาชีพ ฐานะ ความเชื่อและศาสนา

2. ลักษณะเฉพาะของเรือนไทยภาคเหนือคืออะไร

<u>ตอบ</u> ลักษณะเรือนไทยภาคเหนือจะมียอดจั่วจะประดับกาแลไม้สลักอย่างงดงาม

3. เพราะอะไรเรือนไทยภาคใต้จึงต้องมีโครงสร้างที่แข็งแรง

<u>ตอบ</u> เรือนไทยภาคใต้มีความแข็งแรง เพราะภาคใต้เกิดพายุไต้ฝุ่นและลมแรงเสมอ

บทที่ 7 อาหารไทย

เรื่องที่ 1 ข้าวไทย

1. ในหนึ่งวันคนไทยบริโภคข้าวกี่มือ

ตอบ คนไทยบริโภคข้าว 3 มื้อ

2. ข้าวสวยคืออะไร

ตอบ ข้าวสวยคือการนำข้าวเจ้ามานึ่งหรือมาต้มให้เดือด

3. ประเทศใดบ้างที่บริโภคข้าวสวยเป็นอาหารหลัก

ตอบ ประเทศที่บริโภคข้าวเป็นอาหารหลักได้แก่ ไทย พม่า ฟิลิปปินส์ เวียดนาม อินโดนีเซีย มาเลเซีย เกาหลี จีน ญี่ปุ่น

4. ขนมไทยอะไรบ้างที่ทำมาจากข้าว

ตอบ ขนมไทยที่ทำมาจากข้าว ได้แก่ ขนมข้าวเหนียวแก้ว กะละแม ข้าวต้มมัด ขนมสังขยา ขนมกล้วย ข้าวเม่าคลุกข้าวเม่าหมี่ กระยาสารท ขนมเทียน ขนมวง ข้าวต้มหัวหงอก ข้าวตัง ข้าวเหนียวมูน ขนมตาล และขนมกล้วย

5.ขนมชนิดใดที่นิยมทำในช่วงเข้าพรรษาหรือเทศกาลสงกรานต์

ตอบ ขนมเทียน ขนมวง ข้าวต้มหัวหงอก นิยมทำในช่วงเข้าพรรษาหรือสงกรานต์

เรื่องที่ 2 สมุนไพรไทย

1. สมุนไพรคืออะไร

<u>ตอบ</u> สมุนไพรคือ พืช สัตว์และแร่ธาตุ จากธรรมชาติที่ใช้เป็นยา เพื่อรักษาโรค บำรุงร่างกาย หรือนำมาปรุงอาหาร เครื่องดื่ม อาหารเสริมและเครื่องสำอาง

2. พืชชนิดใดมีสรรพคุณบำรุงสมองและรักษาสิวฝ้า

<u>ตอบ</u> หอมแดงมีสรรพคุณบำรุงสมองและรักษาสิวฝ้า

3. สมุนไพรไมยราบช่วยรักษาอาการอะไร

<u>ตอบ</u> ไมยราบช่วยรักษาอาหารไอ ขับเสมหะ รักษาอาการกระเพาะอาหารอักเสบ

4. ทำไมรัฐบาลไทยจึงส่งเสริมให้คนไทยใช้สมุนไพรไทย

<u>ตอบ</u> เพื่อลดการนำเข้ายาจากต่างประเทศที่มีราคาแพง

เรื่องที่ 3 น้ำจิ้ม

1. น้ำจิ้มมีรสชาติเป็นอย่างไร

<u>ตอบ</u> น้ำจิ้ม มีรสเปรี้ยว เค็ม หวาน และเผ็ด

2. ทำไมคนไทยต้องทานอาหารคู่กับน้ำจิ้ม

<u>ตอบ</u> เพราะจะทำให้อาหารมีรสชาติอร่อยขึ้น

3. น้ำจิ้มสุกี้มีรสชาติเป็นอย่างไร

<u>ตอบ</u> น้ำจิ้มสุกี้มีรสหวาน เผ็ด

4. น้ำจิ้มซีฟู้ดรับประทานคู่กับอาหารประเภทใด

<u>ตอบ</u> น้ำจิ้มซีฟู้ดรับประทานคู่กับอาหารทะเลย่าง

5. น้ำจิ้มอาจาดรับประทานคู่กับอาหารประเภทใด

<u>ตอบ</u> น้ำจิ้มอาจาดรับประทานกับทอดมัน ขนมปังหน้าหมู หรือ อาหารทอดต่างๆ

เรื่องที่ 4 น้ำพริก

1. คนไทยรับประทานน้ำพริกคู่กับอะไร

<u>ตอบ</u> คนไทยรับประทานน้ำพริกคู่กับผัก

2. ส่วนผสมหลักของการทำน้ำพริกคืออะไร

<u>ตอบ</u> ส่วนผสมหลักในการทำน้ำพริก คือ พริก

3. น้ำพริกของภาคอีสานใส่อะไรเป็นส่วนผสมหลัก

<u>ตอบ</u> น้ำพริกของภาคอีสานใส่ปลาร้า หรือ ข้าวคั่ว เป็นส่วนผสมหลัก

4. ทำไมน้ำพริกของภาคใต้จึงเก็บไว้ได้นาน

<u>ตอบ</u> น้ำพริกของภาคใต้เก็บได้นาน เพราะไม่ใส่มะนาวหรือน้ำตาล ทำให้แห้ง

5. ให้บอกชื่อน้ำพริกมาสามประเภท

<u>ตอบ</u> น้ำพริกอ่อง น้ำพริกกะปิ น้ำพริกปลาทู น้ำพริกตาแดง น้ำพริกนรก น้ำพริกเผา น้ำพริกหนุ่ม น้ำพริกแมงดา น้ำพริกมะขามสด

เรื่องที่ 5 ปลาร้า

1. ปลาร้าเป็นการถนอมอาหารของคนภาคใด

<u>ตอบ</u> ปลาร้าเป็นการถนอมอาหารของคนภาคอีสาน หรือ ภาคตะวันออกเฉียงเหนือ

2. ปลาร้ามีชื่อเรียกอีกอย่างหนึ่งว่าอะไร

ตอบ ปลาร้ามีชื่อเรียกอีกอย่างหนึ่งว่า ปลาแดก

3. การทำปลาร้าต้องนำปลามาหมักรวมกับอะไร

ตอบ การทำปลาร้าต้องนำปลาหมักรวมกับรำข้าวและเกลือ

4. ในการทำปลาร้าต้องใช้เวลาในการหมักนานเท่าใด

ตอบ การทำปลาร้าต้องหมัก ประมาณ 7-8เดือน ขึ้นอยู่กับขนาดของปลา

5. คนอีสานนำปลาร้าไปทำอาหารอะไรบ้าง

ตอบ คนอีสานนำปลาร้ามาทำ น้ำพริก หลน ทอด ต้ม

6. คุณภาพของปลาร้าขึ้นอยู่กับอะไร

ตอบ คุณภาพของปลาร้าขึ้นอยู่กับขนาดของปลา คุณค่าสารอาหาร รส กลิ่น และสี

เรื่องที่ 6 กะปิ

1. กะปิ คืออะไร

ตอบ กะปิ คือ เครื่องปรุงรสที่ได้มาจากการดองกุ้งเอาไว้รับประทานนาน ๆ

2. คนไทยทำกะปิจากอะไร

ตอบ คนไทยทำกะปิจาก กุ้ง เคย และเกลือ

3. กะปิมีรสชาติเป็นอย่างไร

ตอบ กะปิมีรสชาติ เค็ม

4. อาหารไทยที่มีชื่อเสียงที่ทำจากกะปิคืออะไร

ตอบ อาหารไทยที่มีชื่อเสียงทำจากกะปิ คือ ข้าวคลุกกะปิ

5. เครื่องเคียงของน้ำพริกกะปิมีอะไรบ้าง

ตอบ เครื่องเคียงของน้ำพริกกะปิ ได้แก่ ผักสด ชะอมชุบไข่ทอด

เรื่องที่ 7 กะทิ

1. กะทิมีลักษณะเป็นอย่างไร

ตอบ ลักษณะของกะทิเป็นน้ำสีขาวข้นคล้ายนม

2. กะทิได้มาจากพืชชนิดใด

ตอบ กะทิได้มาจากมะพร้าว

3. คนไทยใช้กะทิทำอะไร

ตอบ คนไทยนำกะทิมาประกอบอาหารทั้งอาหารคาว และอาหารหวาน

4. กะทิมีรสชาติเป็นอย่างไร

ตอบ กะทิมีรสชาติหวาน มัน

5. คนไทยใส่กะทิในแกงอะไรบ้าง

ตอบ คนไทยใส่กะทิในแกงเผ็ด แกงเขียวหวาน

6. ให้บอกชื่อขนมไทยมาสามประเภทที่ต้องใช้กะทิในการทำ

ตอบ วุ้นกะทิ ไอศกรีมกะทิสด ขนมตะโก้ ลอดช่องน้ำกะทิ

เรื่องที่ 8 แกงส้ม

1. เพราะอะไรคนไทยถึงนิยมรับประทานแกงส้ม

<u>ตอบ</u> คนไทยนิยมรับประทานแกงส้ม เพราะมีคุณค่าทางโภชนาการสูง

2. ผักอะไรบ้างที่คนไทยนำมาใส่ในแกงส้ม

<u>ตอบ</u> ผักที่นำมาใส่แกงส้มได้แก่ ผักบุ้ง มะละกอ หัวไชเท้า กะหล่ำดอก ดอกแค

3. ส่วนผสมสำคัญที่ใช้ในการทำแกงส้มคืออะไร

<u>ตอบ</u> ส่วนผสมที่ใช้ในการทำแกงส้ม ได้แก่ น้ำพริกแกงส้ม มะขาม น้ำตาลปี๊บ และ เกลือ

4. แกงส้มมีรสชาติอย่างไร

<u>ตอบ</u> แกงส้มมีรสชาติเผ็ด หวาน เค็ม และ เปรี้ยว

5. ทางภาคใต้จะใส่อะไรเพิ่มในน้ำพริกแกงส้ม

<u>ตอบ</u> ทางภาคใต้จะใส่ขมิ้น ในน้ำพริกแกงส้ม

6. แกงส้มทางภาคใต้เรียกว่าอย่างไร

<u>ตอบ</u> ทางภาคใต้เรียกแกงส้มว่า แกงเหลือง

เรื่องที่ 9 แกงเขียวหวาน

1. ทำไมชาวต่างชาติถึงนิยมรับประทานแกงเขียวหวาน

<u>ตอบ</u> ชาวต่างชาติชอบทานแกงเขียวหวาน เพราะมีรสชาติที่ทานง่ายและมีกลิ่นหอมของน้ำกะทิ

2. คนไทยใช้มะเขืออะไรบ้างในการทำแกงเขียวหวาน

ตอบ คนไทยใช้ มะเขือยาว มะเขือเปราะ มะเขือพวง ในการทำแกงเขียวหวาน

3. ทำไมพริกแกงเขียวหวานจึงมีสีเขียว

ตอบ พริกแกงเขียวหวานมีสีเขียว เพราะใช้พริกขี้หนูสดสีเขียว ในการทำพริกแกง

4. คนไทยนิยมรับประทานแกงเขียวหวานคู่กับอะไร

ตอบ คนไทยรับประทานแกงเขียวหวานกับข้าวสวยหรือขนมจีน

5. หากรับประทานอาหารกะทิมาก ๆ จะส่งผลอย่างไรต่อร่างกาย

ตอบ การรับประทานกะทิมากๆ ทำให้อ้วน

เรื่องที่ 10 ผัดไทย

1. ผัดไทยเป็นอาหารที่ได้รับอิทธิพลจากประเทศอะไร

ตอบ ผัดไทยเป็นอาหารที่ได้รับอิทธิพลจากประเทศจีน

2. ชื่อเดิมของผัดไทยคืออะไร

ตอบ ก๋วยเตี๋ยวผัด คือ ชื่อเดิมของผัดไทย

3. คนไทยนิยมรับประทานผัดไทยกับอะไร

ตอบ คนไทยทานผัดไทยกับใบกุยช่าย ถั่วงอกสด และหัวปลี

4. ผัดไทยมีรสชาติเป็นอย่างไร

ตอบ ผัดไทยมีรสชาติกลมกล่อม ไม่เผ็ดเกินไป

เรื่องที่ 11 ส้มตำ

1. ส่วนผสมหลักของส้มตำคืออะไร

ตอบ ส่วนผสมหลักของส้มตำ คือ มะละกอดิบ

2. หากต้องการส้มตำที่มีรสเปรี้ยวต้องใส่สิ่งใดเพิ่ม

ตอบ หากต้องการให้ส้มตำมีรสเปรี้ยวให้ใส่มะนาว

3. คนไทยนิยมรับประทานส้มตำกับอะไร

ตอบ คนไทยรับประทานส้มตำกับ ข้าวเหนียว ไก่ย่าง แคบหมู เส้นหมี่ ขนมจีน และผักสด

4. คนอีสานนิยมใส่อะไรลงไปในส้มตำ

ตอบ คนอีสานนิยมใส่ปลาร้าในส้มตำ

5. ส้มตำมีกี่ประเภท อะไรบ้าง

ตอบ ส้มตำปลาร้า ส้มตำปู ส้มตำปูปลาร้า ส้มตำไทย และ ส้มตำลาว

เรื่องที่ 12 น้ำตก

1. น้ำตก คืออาหารที่มีการทำอย่างไร

ตอบ การทำน้ำตก คือ นำเนื้อวัว เนื้อหมู เนื้อไก่ มาย่างให้สุกเล็กน้อย หั่นเป็นชิ้นบางๆ หรือสับ แล้วปรุงด้วยเครื่องปรุงและสมุนไพรต่างๆ

2. น้ำตกมีรสชาติอย่างไร

ตอบ น้ำตกมีรส เผ็ด จัดจ้าน

3. คนอีสานนิยมรับประทานน้ำตกกับอะไร

ตอบ คนอีสานรับประทานน้ำตกกับข้าวเหนียว ส้มตำ ซุปหน่อไม้ และผักสดต่างๆ

4. ทำไมคนภาคอื่น ๆ ถึงได้มีโอกาสกินอาหารอีสาน

ตอบ คนทุกภาคได้ทานอาหารอีสาน เพราะคนอีสานเดินทางมาทำงานประจำในกรุงเทพฯ จำนวนมาก และเปิดร้านขายอาหารอีสาน

เรื่องที่ 13 ขันโตก

1. ขันโตกคืออะไร

ตอบ ขันโตก คือ ภาชนะที่ใช้สำหรับวางสำรับอาหารของชาวล้านนา

2. ขันโตกเป็นวัฒนธรรมของคนไทยภาคใด

ตอบ ขันโตกเป็นวัฒนธรรมของภาคเหนือ

3. ขันโตกทำมาจากสิ่งใด

ตอบ ขันโตกทำมาจากไม้และหวาย.

4. นอกจากนำขันโตกมาวางถ้วยอาหารแล้ว คนไทยยังนำขันโตกมาทำอะไร

ตอบ คนไทยนำขันโตกใช้ในการใส่ดอกไม้ธูปเทียน เครื่องคำนับ และใส่ผลหมากรากไม้(ผลไม้)

5. ขันโตกชนิดใดที่ประชาชนนิยมนำไปถวายวัด

ตอบ ขันโตกหลวง นิยมนำไปถวายวัด

เรื่องที่ 14 แกงไตปลา

1. แกงไตปลาเป็นอาหารของคนไทยภาคใด

ตอบ แกงไตปลาเป็นอาหารของคนภาคใต้

2. อะไรคือส่วนประกอบสำคัญในการทำแกงไตปลา

ตอบ ไตปลา คือ ส่วนประกอบสำคัญในการทำแกงไตปลา

3. น้ำพริกแกงไตปลามีอะไรเป็นส่วนประกอบบ้าง

ตอบ ส่วนประกอบของน้ำพริกแกงไตปลา ได้แก่ พริกขี้หนูแห้ง เกลือ พริกไทยเม็ด ตะไคร้ ผิวมะกรูด กระเทียม ขมิ้น หอม และกะปิ

4. การหมักดองพุงปลาเพื่อถนอมอาหารใช้เวลากี่วัน

ตอบ การหมักดองพุงปลาใช้เวลา 10-30 วัน

5. คนไทยนิยมนำไตปลามาทำอาหารอะไร

ตอบ คนไทยนิยมนำไตปลามาทำ แกงไตปลา น้ำพริกไตปลา แกงพุงปลา ไตปลาผัดน้ำพริกแกง

เรื่องที่ 15 ผลไม้ไทย

1. เพราะอะไรประเทศไทยจึงมีผลไม้หลากหลายและมีตลอดปี

ตอบ ประเทศไทยมีผลไม้หลายชนิด เพราะประเทศไทยมีแผ่นดินและสภาพอากาศเหมาะกับการเพาะปลูก

2. ผลไม้ไทยอะไรบ้างที่นิยมในต่างประเทศ

ตอบ ผลไม้ไทยที่นิยมในต่างประเทศ ได้แก่ ลำไย ทุเรียน ลิ้นจี่ มังคุด มะม่วง ส้มโอ เงาะ สับปะรด มะพร้าวน้ำหอม มะขาม

3. คนไทยนิยมรับประทานผลไม้อะไร

ตอบ คนไทยนิยมรับประทาน กระท้อน ชมพู่ น้อยหน่า พุทรา มะปราง ฝรั่ง ลองกอง ลางสาด สละ ขนุน มะนาว องุ่นและกล้วย

타이어 표현 색인

ก

ข

ค

จ

ฉ

ช

บ

ป

ห

อ

한국어 표현 색인